Taylor Swift

Taylor Swift

A história completa

3ª edição

Tradução
Carolina Simmer
Nina Lua
Thaíssa Tavares

CHAS NEWKEY-BURDEN

BestSeller
Rio de Janeiro | 2024

TÍTULO ORIGINAL
Taylor Swift: The Whole Story

TRADUÇÃO
Carolina Simmer, Nina Lua e Thaíssa Tavares

DESIGN DE CAPA
Caroline Bogo

IMAGENS DE CAPA
Kevin Mazur / Getty Images for the Recording Academy
Rich Graessle / Icon Sportswire via Getty Images
Steve Granitz / FilmMagic
Steve Granitz / WireImage

CIP-BRASIL. CATALOGAÇÃO NA PUBLICAÇÃO
SINDICATO NACIONAL DOS EDITORES DE LIVROS, RJ

N457t Newkey-Burden, Chas
Taylor Swift : a história completa / Chas Newkey-Burden ; tradução Carolina Simmer, Nina Lua, Thaíssa Tavares. - 3. ed. - Rio de Janeiro : BestSeller, 2024.

Tradução de: Taylor Swift : the whole story
ISBN 978-65-5712-416-1

1. Swift, Taylor, 1989-. 2. Cantoras - Estados Unidos - Biografia. I. Simmer, Carolina. II. Lua, Nina. III. Tavares, Thaíssa. IV. Título.

24-91331 CDD: 782.42164092
CDU: 929:78.071.2

Gabriela Faray Ferreira Lopes - Bibliotecária - CRB-7/6643

Texto revisado segundo o novo Acordo Ortográfico da Língua Portuguesa.

Publicado originalmente em língua inglesa pela HarperCollins Publishers Ltd. sob o título TAYLOR SWIFT: THE WHOLE STORY (UPDATE EDITION)

Impresso no Brasil
ISBN 978-65-5712-416-1

Seja um leitor preferencial Record.
Cadastre-se no site www.record.com.br e receba informações sobre nossos lançamentos e nossas promoções.

Atendimento e venda direta ao leitor:
sac@record.com.br

Introdução

Ao olhar para tudo o que tinha acontecido no ano de 2013, Taylor Swift mal podia acreditar no quanto aqueles 12 meses tinham sido monumentais. Seu quarto álbum, *Red*, tinha alcançado um recorde de mais de 26 milhões de cópias vendidas. Além disso, suas músicas agora totalizavam 75 milhões de downloads, transformando-a na artista de singles digitais mais lucrativa de todos os tempos.

As conquistas de Taylor eram ainda mais impressionantes ao serem comparadas com as de outros astros da indústria musical. No começo daquele ano, ela se tornara a primeira artista desde os Beatles a passar seis semanas ou mais com três álbuns consecutivos no topo das paradas.

Todas essas proezas incríveis foram alcançadas antes do seu aniversário de 24 anos. Ainda assim, a jovem Taylor foi tratada como uma veterana do mercado musical quando, em novembro de 2013, recebeu da American Music Association o Pinnacle Award, sua estatueta que homenageia contribuições artísticas feitas em vida. A maioria das premiações oferece uma homenagem como essa para artistas que já passaram dos 50 anos. Na cerimônia, foi exibido um tributo em vídeo, no qual Julia Roberts, Justin Timberlake e Mick Jagger elogiavam o talento e a influência de Taylor.

Enquanto o mercado mais maduro da música country trata Taylor como uma estadista experiente, o mundo pop impulsionado por adolescentes grita sua admiração por ela como uma de suas contemporâneas. Veículos especializados se referem a ela com reverência, enquanto tabloides de fofoca destrincham obsessivamente sua vida amorosa. Quem além de Taylor conseguiria transitar entre o country e o pop com tamanha graciosidade e parecendo tão descolada?

Ela é a princesa dos paradoxos. Enquanto alguns artistas se sentem reprimidos por limites de gênero musical e imagem, ela passa por cima deles com leveza. Além de se aventurar pelas águas do pop, ela escreveu ousadas canções que flertam com o rock e até mesmo fez experimentações com o dubstep.

A fascinante jovem cheia de contrastes consegue, no mesmo álbum, sussurrar suavemente letras que oferecem uma perspectiva doce e tocante sobre amor e romance, para logo em seguida esbravejar refrões furiosos de vingança, rebeldia e desabafo. Taylor é uma loira de beleza convencional que mesmo assim assume o papel perene de garota estranha e desajeitada.

Em uma era de produções ousadas protagonizadas por estrelas como Rihanna e Lady Gaga, Taylor se destaca com uma imagem comportada — uma diva discreta, doce como uma torta de maçã.

Apenas semanas após sua amiga Miley Cyrus criar um bafafá por rebolar no palco de uma premiação, a discreta Taylor estampava as manchetes por ter compartilhado um microfone com o príncipe William e Jon Bon Jovi em um evento beneficente em Kensington Gardens.

Sendo assim, um ano que começou com Taylor beijando o queridinho do One Direction, Harry Styles, em Manhattan, terminaria com ela dando um *high five* no homem que está na linha de sucessão para se tornar o futuro rei da Inglaterra. Enquanto isso, a capa da influente revista *New Yorker* a nomeava "A maior estrela do pop mundial". A respeitada publicação musical *Rolling Stone* também se juntava ao coro de elogios a Taylor. Focada no desempenho dela durante a turnê *Red*, a revista foi efusiva: "Assistir a Taylor Swift ao vivo em 2013 é como ver um maestro no auge de sua carreira."

Por fora, Taylor se mostrava tranquila, agindo como se todos esses acontecimentos fossem corriqueiros. Mas, por dentro, mal conseguia acreditar no quanto sua vida se tornara incrível. O mundo em que ela havia crescido era completamente diferente daquilo tudo.

Capítulo 1

As coisas poderiam ter sido muito diferentes... Ninguém imaginava que Taylor Swift se tornaria cantora e compositora; ela deveria ter se tornado corretora financeira. Seus pais até escolheram um nome com a carreira no mercado financeiro em mente. A mãe, Andrea, preferiu um nome neutro para a filha, para que, quando ela crescesse e começasse a se candidatar a vagas em um mercado predominantemente masculino, não fosse possível identificar se a pessoa se candidatando era homem ou mulher. O plano era bem-intencionado, mas jamais se concretizaria. Em vez disso, milhões e milhões de fãs no mundo inteiro saberiam exatamente o gênero da primogênita de Andrea sem nunca tê-la encontrado pessoalmente.

Na canção "The Best Day", na qual Taylor emociona ao evocar uma infância cheia de encantamento, ela menciona o "excelente" pai, que tem "força para me tornar mais forte". Esse excelente pai é Scott Kingsley Swift, que estudou Administração na Universidade de Delaware. Ele morava no dormitório Brown. Lá, fez muitos amigos, e um deles, Michael DiMuzio, mais tarde cruzaria o caminho profissional de Taylor. Scott se formou com diploma de excelência acadêmica e seguiu construindo sua carreira de maneira igualmente impressionante. Talvez o talento para os negócios esteja no sangue: o pai e o avô dele também trabalhavam no mercado financeiro.

Scott abriu a própria firma de investimentos, o Swift Group, oferecendo consultoria financeira como parte do banco Merrill Lynch. Ele havia se juntado à renomada empresa na década de 1980 e crescido rápido na carreira, ocupando o cargo de primeiro vice-presidente. O cargo exigia viagens frequentes, e foi em uma delas, a Harris, no Texas, que Scott conheceu uma jovem chamada Andrea Gardner Finlay, seis anos mais nova que ele. Assim como Scott, ela trabalhava no mercado financeiro, mas como gerente de marketing em uma agência de publicidade, e era uma pessoa determinada e muito motivada.

Apesar de os dois terem muito em comum, Andrea estava mais preocupada com a carreira do que com planos de casamento quando Scott surgiu em sua vida. Ela precisara se esforçar muito para crescer no mercado financeiro, um setor predominantemente masculino no fim da década de 1970. E, apesar disso, teve sucesso, algo de que se orgulhava muito. Como Taylor mais tarde contaria em uma entrevista a um programa de TV, sua mãe tinha, antes de conhecer Scott, "uma carreira e morava sozinha", e era independente financeiramente. Ter dimensão dessa parte do passado da mãe era algo que dava a Taylor muito orgulho e teve influência em sua perspectiva em relação ao trabalho e à vida como um todo.

Tendo se esforçado tanto e sido tão forte, Andrea não tinha planos de mudar seu foco. Mas quando conheceu Scott seu coração amoleceu, e os dois se apaixonaram perdidamente. Eles se casaram no Texas, em 20 de fevereiro de 1988, mas se mudaram para a Pensilvânia e foram morar na cidade de West Reading, no condado de Berks. Então, aos 30 anos, Andrea descobriu que estava grávida da primeira filha. A menina nasceu em 13 de dezembro de 1989, na cidade de Reading. Eles a batizaram de Taylor Alison, e desde muito cedo a menina mostrava sinais de que seria uma estrela. Poucas horas após o parto, a bebê já tinha impressionado um funcionário do hospital. Um pediatra disse a Andrea: "Ela é uma bebê muito tranquila, mas sabe exatamente o que quer e como conseguir as coisas do seu jeito!" Na época, Andrea ficou chocada com o comentário do médico. Como ele poderia interpretar a personalidade de um bebê daquele jeito, após apenas algumas horas de seu nascimento? Com o tempo, Andrea teria de concordar que a descrição tinha acertado na mosca.

Para aqueles que acreditam na "ordem do nascimento" — a teoria de que boa parte do temperamento e da experiência de vida é determinada pela ordem em que você nasceu na família, sendo o primogênito, o filho do meio, o caçula ou filho único —, o status de Taylor como a filha mais velha é pertinente. Primogênitos recebem atenção ilimitada dos pais até a chegada de um irmão. Suas características típicas incluem um desejo intenso de agradar e uma forte tendência a seguir regras. No entanto, também são propensos a demonstrar responsabilidade ou liderança em momentos de crise.

Primogênitos também costumam ser protetores e carinhosos, mas são vulneráveis a episódios de autocrítica e ciúme — emoções que surgem no dia em que percebem que não são mais a única criança da família, vendo a atenção e o afeto dos pais se direcionarem a outra pessoa. Já os astrólogos associam características variadas ao signo solar de Taylor, Sagitário. As características positivas daqueles que nascem sob esse signo são honestidade, generosidade e um enorme carisma. No sentido menos positivo, eles também podem ser imprudentes, fúteis e insensíveis. Outros sagitarianos famosos incluem Nicki Minaj, Jimi Hendrix, Frank Sinatra e Brad Pitt.

O primeiro lar de Taylor foi a fazenda de mais de quatro hectares que tinha sido do pai de Scott e que cultivava pinheiros de Natal. Localizada na cidade de Cumru, ela gerava renda adicional para a família e trazia esplendor para a infância de Taylor. Para ela, a propriedade parecia imensa. "E era o lugar mais mágico e incrível do mundo", Taylor já declarou. Ela podia correr por onde quisesse, deixando a imaginação fluir, algo que se mostraria essencial para seu desenvolvimento emocional e criativo. Enquanto a infância pode ser um período que suprime toda a aspiração artística de algumas crianças, a de Taylor protegeu e incentivou seus sonhos. Em seu inspirador livro *O caminho do artista*, Julia Cameron descreve de forma convincente a importância disso para o jovem criativo. Se os sonhos de Taylor tivessem sido destruídos na infância, ela poderia ter seguido uma carreira no mercado financeiro, como os pais planejavam; se tornando mais uma aspirante a artista frustrada.

Aos 3 anos, Taylor ganhou um irmão caçula, Austin, que nasceu no dia 4 de março de 1993. Dois anos após a chegada dele, Andrea decidiu deixar a carreira para se dedicar aos filhos. A influência de Andrea sobre Taylor permanece profunda. "Sem dúvida, ela me criou para ser uma pessoa lógica e prática", disse Taylor. "Cresci com uma figura feminina muito forte como exemplo, e acho que isso tem muito a ver com o fato de eu não gostar de fazer nada pela metade." Taylor fala sobre os pais com tons contrastantes, mas que se equilibram. A natureza racional e pé no chão de Andrea é contrabalançada por

Scott, que, segundo Taylor, "é uma manteiga derretida que sempre me diz que tudo que eu faço é perfeito". Enquanto Andrea é descrita como "realista", Scott é definido como alguém otimista, que "vive no mundo da lua".

Ainda assim, ele não se limita à jovialidade sonhadora que sempre enxerga o copo meio cheio: seu conhecimento financeiro sólido foi de grande ajuda para Taylor, especialmente desde que ela ficou famosa. "Quando se trata de negócios, ele é brilhante", disse ela. Apesar de os pais terem imaginado o caminho que Taylor trilharia no mercado financeiro, ela tinha outros planos. Aos 3 anos, ela começou a cantar, apresentando até uma versão impressionante do clássico vocalmente desafiador "Unchained Melody", dos Righteous Brothers. Ela gostava da sensação de cantar com doçura a letra das canções e descobriu que tinha boa memória para palavras e melodias. Quando Scott e Andrea a levavam ao cinema, ela voltava para casa cantando as trilhas sonoras, de algum jeito conseguindo aprender as letras e as músicas após ouvi-las uma única vez. Taylor contou para o *Daily Mail* que os pais ficavam assustados com essa façanha de memória musical. "Eu me lembrava mais de músicas do que de qualquer outra coisa", acrescentou ela.

De onde veio essa mágica? Para encontrar habilidade musical na árvore genealógica da família, precisamos pular uma geração até a avó materna de Taylor, Marjorie Finlay. Uma mulher carismática e alto astral, Finlay se tornou uma cantora de ópera bem-sucedida, admirada em muitos países. Ela se casou com um homem cujo trabalho na indústria do petróleo o levava a viajar pelo mundo. Com isso, ela pôde se apresentar em muitos países além dos Estados Unidos, como Singapura e Porto Rico.

Dez anos após dar à luz Andrea, Finlay e a família se estabeleceram nos Estados Unidos. Lá, ela recebeu uma série de novas oportunidades, incluindo a entrada na Grande Ópera de Houston. Ela participou de musicais com tendências líricas — como *O barbeiro de Sevilha*, de Rossini, e *A noiva vendida*, de Smetana —, além de outras produções mais *mainstream*, incluindo *West Side Story*, de Leonard Bernstein. Ela também trabalhou na televisão como apresentadora de um programa de variedades chamado *The Pan American Show*, exibido na América Latina. Ela era uma figura alegre e ocasionalmente cômica. Taylor contou à revista *Wood & Steel* que o espanhol da avó era tão ruim que ela se tornou piada entre alguns telespectadores, que a consideravam "engraçadíssima".

O carisma de Marjorie foi transmitido para a neta. Scott observou várias semelhanças entre a sogra e Taylor. "As duas têm alguma mágica que faz com que entrem em um lugar e se lembrem do nome de todo mundo", disse ele. "Taylor tem a graciosidade e o porte da mãe de Andrea. Ela tinha uma qualidade única: todo mundo se apaixonava por Marjorie assim que ela chegava em algum lugar." Taylor, que se lembra da "empolgação" de ouvir a avó cantar, também notou o carisma de Marjorie — e de ter gostado do que viu. "Quando ela chegava, virava o centro das atenções, não importava o que estivesse acontecendo", contou Taylor para o *Sunday Times*. Para a jovem Taylor, esse *je ne sais quoi* que ela identificava na avó oferecia algo pelo que muitas crianças buscam nos adultos. Era algo que a tornava, segundo Taylor, "diferente de todo mundo". E a jovem Taylor também queria ser assim.

Mas apesar dessa influência da indústria do entretenimento em sua árvore genealógica, Taylor cresceu em um clã bastante tradicional. Os Swift são uma família católica. Taylor fez a pré-escola no colégio Alvernia Montessori, que é administrado por freiras. "Ela sempre gostou de cantar", disse a diretora, a irmã Anne Marie Coll, para o *Reading Eagle*. A família frequentava a igreja com regularidade, e as missas ofereciam a Taylor mais uma oportunidade para cantar. Com 6 anos, ela passou a ouvir músicas com mais atenção. Uma das primeiras artistas a chamar sua atenção foi LeAnn Rimes, a cantora de country/pop que ficou famosa aos 14 anos.

Swift precisou descobrir o encanto por Rimes por conta própria, já que esse tipo de música não era comum na casa da família. Andrea, por exemplo, preferia bandas de rock como Def Leppard. Taylor conta que a mãe ouvia muita música enquanto estava grávida dela. No entanto, os Swift eram uma "família eclética quando se tratava de gosto musical", o que significava que Taylor podia traçar seu próprio caminho e descobrir seus gostos. "LeAnn Rimes foi a primeira artista country que eu conheci", declarou ela para o *Guardian*. "Ganhei o primeiro álbum dela quando eu tinha 6 anos. Eu adorava como ela fazia músicas e tinha uma carreira mesmo sendo tão nova."

Taylor também se apaixonou por outras artistas, como Shania Twain e as Dixie Chicks. Então começou a explorar a história da música country, se aprofundando até descobrir, para sua alegria, estrelas mais antigas, como Patsy Cline e Dolly Parton. Ela ficou, em suas próprias palavras, "encantada" com o som e o estilo "contador de histórias" do gênero. "Eu me identificava com elas. Não sei explicar muito bem por quê. Para mim, foi instintivo." Aos 10 anos, sua admiração por Shania Twain só crescia. Taylor ficava impressionada com a natureza independente de Twain e o fato de que ela "escrevia todas as suas letras". Segundo uma declaração para a revista *Time*: "Aquilo era tão importante para mim, mesmo aos 10 anos. Saber que as histórias que ela contava nas músicas eram as histórias dela."

Enquanto isso, Taylor continuava exibindo vislumbres do potencial para o estrelato de sua avó cantora. Andrea ainda se lembra da ocasião em que a família foi tirar fotos para cartões de Natal, quando Taylor tinha 5 anos. Em uma entrevista para a revista *Sugar*, a mãe de

Taylor explicou que a filha "posava de verdade" para as fotografias. Tanto que o fotógrafo sugeriu que Taylor seguisse carreira como modelo infantil em Los Angeles. Sabendo como a indústria poderia ser cruel, Andrea decidiu que aquele não era o caminho que gostaria que a filha seguisse.

Em vez disso, Taylor continuou em sua trajetória mais artística — que não incluía apenas música. Ela contou ao *Washington Post* que escrever era uma obsessão desde pequena. "Escrever é bastante involuntário para mim", disse ela. "Sempre estou escrevendo." A obsessão começou com um fascínio por poesia e por "tentar entender a combinação perfeita de palavras, com a quantidade perfeita de sílabas e as rimas perfeitas para fazê-las ganharem vida no papel". Assim como acontecia com a música, ela notou que decorava os poemas que lia; ela repetia as rimas interessantes que tinha lido e tentava criar as próprias. Nas aulas de inglês, muitos dos colegas de Taylor reclamavam quando o professor pedia que escrevessem poemas. Ela, não. Quando dava por si, já tinha escrito três páginas de versos. Muitos deles promissores.

Na quarta série, ela se inscreveu em uma competição de poesia com uma obra intitulada *Monster in My Closet* [Monstro no meu armário]. Ela ficou muito animada em participar. Alguns versos: "Há um monstro no meu armário, e não sei como me salvar / Você já o viu? / Ele já tentou lhe assustar?" O poema era longo e foi cuidadosamente selecionado entre os outros da sua coleção. "Escolhi o mais fantasioso que eu tinha; não queria apresentar nada muito pesado", explicou Taylor. Ela ficou encantada ao vencer e foi tomada pelo desejo de aproveitar o sucesso para escrever versos ainda mais impressionantes.

Ela também adorava histórias: gostava de ler, incluindo *A árvore generosa*, um livro infantil escrito e ilustrado por Shel Silverstein.

Originalmente publicado na década de 1960, é a história de uma árvore e um menino que se tornam amigos. Taylor também gostava da série *Amelia Bedelia*, escrita por Peggy Parish e, mais recentemente, por seu sobrinho Herman Parish. Histórias eram uma paixão para a jovem Swift; ela adorava ouvi-las e contá-las. "Eu só queria falar, e eu só queria escutar histórias", declarou ela para a jornalista e apresentadora Katie Couric. "Minha mãe ficava louca comigo", acrescentou ela. No geral, ela se recusava a dormir sem que alguém lhe contasse uma história. "E eu sempre queria ouvir histórias novas", disse ela. A leitura fez a centelha da criatividade se acender na menina. Andrea se recorda de Taylor passar "o tempo todo escrevendo" na infância. Ela acredita que, se a filha não tivesse encontrado sucesso na música, acabaria se tornando escritora ou jornalista. É possível que ela ainda siga esse primeiro caminho. Em um verão, durante as longas férias da escola, Taylor até escreveu um livro. Foi um trabalho de 350 páginas sobre o qual ela pouco falou. Mas como a possibilidade de publicá-lo um dia também não foi descartada, talvez os Swifties ainda tenham a chance de ler a história. Com certeza, seria uma obra que atrairia muita atenção e vendas.

Os leitores não deveriam se surpreender se o livro tiver uma pegada mais sombria. Na infância, Taylor costumava criar conversas imaginárias e enredos que envolviam os esquilos e pássaros que eram mortos perto de sua casa por gatos de rua. Esses momentos mórbidos sugerem um lado mais melancólico de sua personalidade, por trás da imagem da loirinha americana bem-comportada. Ela também escrevia contos que impressionavam seus professores, mostrando a eles um domínio precoce do idioma. A fazenda de pinheiros de Natal é creditada como a fonte de sua imaginação. Lá, enquanto corria por onde quisesse, ela podia "inventar histórias e contos de fadas a partir da rotina".

A fazenda também oferecia uma atividade para Taylor durante a infância. Ela recebeu uma tarefa estranha e peculiar: colher os ovos de louva-a-deus das árvores. Essa era uma missão importante para evitar uma infestação das criaturas na vizinhança. Então ela fazia a ronda pelos muitos pinheiros e removia o máximo de ovos possíveis. A importância do trabalho ficou clara na ocasião em que ela se esqueceu de verificar as árvores e uma ninhada de louva-a-deus se espalhou pelas casas ao redor. "Havia centenas de milhares deles", recordou ela em uma entrevista com Jay Leno no *Tonight Show*. "E eles tinham filhotinhos, e não dava para matá-los, porque isso resultaria em um péssimo Natal."

No entanto, apesar de contratempos como esse, era raro que ela sofresse punições radicais na infância — principalmente porque ela se mostrava sua maior crítica, sendo meio que autodisciplinadora. "Quando eu era pequena e fazia alguma besteira, costumava me colocar de castigo no meu quarto", contou ela para o *Daily Mail*. Andrea não deixava os filhos fazerem o que quisessem — longe disso, na verdade —, mas hesitava em punir Taylor porque a filha era "tão dura consigo mesma". Nessa época, Taylor não sabia o que queria fazer quando crescesse. Era comum que ela dissesse para as pessoas que se tornaria corretora financeira, porém, apesar do histórico familiar no mercado, ela admite que nem sabia o que isso significava. Entre os amiguinhos havia o desejo de se tornar bailarinas ou astronautas. "E eu dizia: 'Vou ser corretora financeira'", contou ela.

Para Scott e Andrea, havia sido difícil se ajustar à realidade da vida no interior — especialmente para Scott, cuja rotina era tomada por contrastes: o trabalho no poderoso mercado financeiro na cidade grande durante o dia e as obrigações do campo na região rural à noite. Taylor, por outro lado, adorava a rotina interiorana. Ela cavalgava em pôneis, fazia passeios de trator, construía fortes no palheiro, vagava por pomares e adotava bichinhos de estimação entre os vários animais silvestres. Essa existência rústica e o amor pela natureza influenciariam sua música nos anos seguintes. Porém, na infância, era algo que afetava sua aparência: o cabelo de Taylor vivia embaraçado e bagunçado. A própria Taylor já afirmou que adorava viver em um espaço onde era livre para ser "uma garotinha doida de cabelo embaraçado".

Conforme se aproximava da marcante idade de 10 anos, Taylor começava a acrescentar o pop aos seus gostos musicais que tendiam para o country — ou pelo menos tentava. Entre os artistas que escutava estavam Natasha Bedingfield, Spice Girls e Hanson. Indícios da influência desses três podem ser encontrados em seu quarto álbum, *Red*. Ela também escutava Backstreet Boys e Britney Spears, criando passos ao som de seus maiores sucessos com uma amiga. O pop não se mostrou um amor muito marcante para Taylor, mas foi divertido enquanto durou.

Ainda aos 10 anos, ela decidiu que queria estar nos palcos. Ela já havia participado de pequenas produções locais, interpretando até um personagem masculino chamado Freddy Fala-Rápido em uma peça. Para Taylor, o fato de o personagem ser um garoto, e ainda por cima um *vilão*, não fazia diferença. "Eu pensei: 'Tudo bem me vestir como um garoto; quero cantar essa música'", explicou ela. O próximo empurrãozinho nessa direção veio quando ela soube que um grupo de teatro infantil local, a Associação de Teatro para Jovens no Condado de Berks (BYTA, na sigla em inglês), produziu uma versão de *A fantástica fábrica de chocolate*, o clássico de Roald Dahl. Ela assistiu à peça e adorou, e sentiu vontade de estar no palco. Em questão de dias, ela estava de volta ao teatro, agora para um teste para a produção de *Annie*. Sua performance foi impressionante o suficiente para garantir uma vaga no grupo. Lá, Taylor conheceu outros jovens com quem compartilhava uma semelhança importante: eles tinham fome de se apresentar e ter sucesso. Havia bastante competitividade naquele ambiente, e um pouco de inveja também, mas a motivação daquelas crianças impulsionava Taylor, garantindo que ela se esforçasse e permanecesse focada. Foi nesse espaço que as ambições dela foram nutridas.

Com o tempo, a BYTA lhe mostraria que ela tinha muitas vantagens: por ser alta, conseguia ter o domínio do palco exigido para papéis principais. No entanto, ao chegar no grupo, ela acreditava que sua altura era uma desvantagem — fazendo-a se destacar entre os colegas e deixando-a desconfortável. Isso só serviu para aumentar as pontadas de ansiedade que sentia no começo. Por sorte, ela ainda conseguiu garantir um papel em *Annie*, mesmo que pequeno. De acordo com uma fonte, praticamente todos que fizeram o teste acabaram participando da produção.

A confiança adquirida pela experiência em *Annie* a ajudou a conseguir seu primeiro papel como protagonista — no conhecido musical *A noviça rebelde*. Ela encarnou o papel com muita presença de palco — tanto que, ao contrário dos procedimentos normais da BYTA, não foi substituída em metade das apresentações do fim de semana. Em vez disso, ela participou de todas. E então conseguiu outra protagonista, dessa vez foi Sandy na montagem de *Grease: Nos tempos da brilhantina*.

Ao cantar as músicas de Sandy, Taylor percebeu que o tom de sua voz pendia para o country. "Eu só ouvia esse tipo de música, então acho que foi natural", explicou ela para o canal de televisão Great American Country. Esse foi o momento que definiu o restante da história de Taylor: ela conta que foi ali que decidiu que "música country era o que eu deveria fazer".

Durante algum tempo ela considerou seriamente a possibilidade de tentar uma carreira em musicais. Ela foi a Nova York para fazer testes para produções na Broadway e off-Broadway. Seu professor de canto, Kirk Cremer, se tornou seu empresário não oficial durante essas aventuras. Ele levou Taylor para tirar fotos profissionais e a acompanhava nas viagens para os testes em Manhattan. Durante uma conversa com a *Inquirer Entertainment*, ela lembrou que ficava "na fila em um corredor imenso, com muita gente". Mais tarde, de volta à cidade natal, ela deu vida a outra protagonista em *Adeus, amor*. Nessa peça, interpretou Kim MacAfee, personagem que é secretamente apaixonada por um astro do rock. A produção teve menos sucesso do que as anteriores, tendo sido assolada por uma série de problemas. Mas como ela já havia decidido que seu futuro estava na música country, conseguiu lidar bem com a decepção.

A partir dessa percepção, ela iniciou um processo que, dadas as devidas proporções, se perpetua até os dias de hoje: passou a procurar oportunidades de cantar suas músicas favoritas para uma plateia. Tudo começou com karaokê, usando o aparelho do teatro. Ela escolhia as canções de que gostava e as cantava para os colegas de elenco em festas, uma experiência de que gostou tanto que aquilo se tornou sua "atividade favorita no mundo". Suas performances no karaokê recebiam muitos elogios. Uma noite, enquanto Taylor entoava outro clássico do country, alguém se aproximou de sua mãe e disse que a jovem deveria ganhar a vida fazendo aquilo. Era uma impressão que Taylor e a família compartilhavam cada vez mais.

Ela só precisava se lançar e cantar para novos públicos. Um dos estabelecimentos que ela passou a frequentar foi o Pat Garrett Roadhouse, onde participava de competições de karaokê. O bar fumacento não era lá muito adequado para uma pré-adolescente, mas seus pais entenderam o quanto aquela experiência era importante para ela e permitiram que fosse competir, desde que estivessem presentes em todos os momentos. Embora um pai da BYTA supostamente tenha acusado os pais de Taylor de fazerem parte daquela terrível espécie, os "pais ambiciosos", a própria Taylor prefere encarar o apoio deles como "encorajamento", não como pressão.

Em uma entrevista para a Country Music Television, ela deu mais detalhes sobre sua visão a respeito da criação de filhos e pressão. Para Taylor, dizer para uma criança que ela pode ser o que quiser e que deve ir atrás dos seus sonhos é apenas parte do processo. A outra parte é que os pais acreditem de verdade nesses sentimentos — "Meus pais acreditaram mesmo", disse ela. No entanto, ela deixa claro que os dois nunca a "forçaram a nada". E acrescenta que, se fosse o caso, era bem provável que ela tivesse encontrado menos sucesso.

Então, ela seguiu frequentando o estabelecimento de Pat Garrett toda semana. Seus pais podiam não ser ambiciosos, mas Taylor era — e com orgulho. "Eu meio que ficava enchendo o saco", contou ela para a CMT News. "Não deixava o pessoal em paz. Eles faziam umas competições de karaokê... Eu participava até ganhar." Ela também tocava violão em vários outros locais, incluindo cafés, e até em reuniões de escoteiros.

Sua persistência foi recompensada, e o sucesso vinha rápido na sua direção. Em uma ocasião importante, ela ganhou uma competição de karaokê ao cantar "Big Deal", de LeAnn Rimes. Como parte do prêmio, ela participou da abertura de um show da lenda do country Charlie Daniels. Depois de impressionar as plateias geralmente esparsas de suas apresentações no karaokê, Taylor passou a buscar públicos maiores. No topo de sua lista de alvos estavam equipes esportivas que precisavam de alguém para cantar o hino nacional antes das partidas. O Reading Phillies, o time de beisebol local, foi um dos primeiros a convidá-la para cantar. Depois de fazer algumas apresentações, ela passou a ter objetivos ainda maiores. Para ela, era uma equação simples. "Pensei que, se soubesse cantar o hino, poderia me apresentar para 20 mil pessoas sem nem ter lançado um disco", explicaria para a *Rolling Stone* mais tarde.

Ela cantou no torneio de tênis US Open e depois em uma partida do Philadelphia 76ers. Era abril de 2002. Taylor usava um look incrivelmente patriota ao subir no palco com uma blusa estampada com bandeiras americanas. Ao refletir sobre aquela noite tempos depois, ela acharia graça de como parecia nervosa. E ela estava mesmo, admitiu, mas achou a experiência "incrível".

Ao sair do campo após esta última apresentação, ela viu o famoso rapper Jay-Z na plateia. Ele se inclinou para a frente quando ela passou e bateu na sua mão, parabenizando-a. Taylor ficou tão empolgada que passou "tipo, um ano inteiro" se vangloriando desse encontro. Que honra para uma cantora em ascensão! Cantar o hino nacional foi se tornando mais fácil com o tempo, mas ela admitiu o nervosismo ao se apresentar na partida da World Series entre o Philadelphia Phillies e o Tampa Bay Rays. O "desafio", segundo ela, era o "completo silêncio de mais de 40 mil pessoas em um estádio de beisebol, com você sendo a única cantando". Taylor se recordou de como esse primeiro instante de silêncio era "surreal". Mas então ela fazia aquilo que todos os artistas anseiam fazer, por mais aterrorizante que seja: preenchia o silêncio com sua própria voz doce.

"Era meio assustador no começo", explicou ela para a revista *Elle Girl*. Com o tempo, ela descobriria que a melhor reação ao nervosismo era simplesmente continuar cantando. "Sempre que você faz um novo show, fica melhor", acrescentou. Essa estratégia era mais eficiente do que outras. Quando ela tentou a técnica de imaginar todos na plateia de roupa íntima, não deu muito certo — "nem um pouco". Saber desse nervosismo hoje seria surpreendente para quem a conhecia naquela época, já que ela se mostrava totalmente confiante.

Seu empresário improvisado, Kirk, ficou tão impressionado com o progresso contínuo da pupila que a levou para gravar algumas faixas no estúdio de seu irmão mais velho, Ronnie. Entre as músicas estavam covers de algumas das cantoras favoritas de Taylor, incluindo: "Here You Come Again" (Dolly Parton); "One Way Ticket" (LeAnn Rimes); "There's Your Trouble" (Dixie Chicks), entre outras. Ela adorou estar no estúdio, diante do microfone com headphones, e ficou curiosa para saber o que todos os controles da mesa de mixagem faziam; mas, acima de tudo, sentiu que estava se tornando uma artista profissional, como suas heroínas.

Essas heroínas a influenciaram de formas diferentes. Ela usou o exemplo de três estrelas diferentes para se inspirar e orientar, como mais tarde explicaria em uma entrevista para a revista *Rolling Stone*. "Notei que Shania Twain tinha uma independência, uma versatilidade; que Faith Hill tinha um glamour, uma beleza e uma graciosidade clássicos; e que as Dixie Chicks tinham um ar de 'a gente não liga para o que pensam da gente'. Eu adorava tudo que essas mulheres faziam e o que tinham a oferecer à música country." Ela se inspirava tanto como uma artista quanto como garota; aquilo era *girl power*, mas com um toque country.

A vida na estrada era empolgante, e a vida em família também era agradável e confortável. O trabalho duro dos seus pais tinha sido recompensado e oferecia condições de vida muito boas para os Swift. A nova casa de seis quartos da família era uma construção confortável e admirável, em uma ótima localização na Grandview Boulevard, nº 78, Reading, Pensilvânia. De acordo com relatos, a casa tinha um elevador e uma piscina interna com jacuzzi. Seguindo o estilo da arquitetura neoclássica, o lugar era grande e espaçoso, com 470 metros quadrados. Um anúncio posterior da propriedade trazia um "escritório bem-iluminado", onde Taylor costumava tocar violão. O valor do imóvel em 2013, quando foi colocado à venda, era de 799.500 dólares. Na época, Taylor habitava o sótão. Devido ao tamanho da casa, isso basicamente significava que ela tinha um andar inteiro para si, composto por três cômodos, incluindo um quarto. Era quase como se Taylor tivesse seu próprio apartamento aos 11 anos. E quando amigos e colegas do grupo de teatro visitavam a casa, o choque reinava, assim como um pouquinho de ciúme, quando viam o esplendor em que ela vivia. O grupo do teatro incluía crianças que mal imaginavam ser possível viver em meio a tanto luxo.

Taylor tinha uma vida boa e se esforçava ao máximo para ignorar olhares reprovadores. No verão, a família passava a temporada em uma linda casa de veraneio em Stone Harbor, Nova Jersey. O local é o destino de férias de muitos norte-americanos que vivem na Costa Leste. O *New York Times* descreve a área como "um quarteirão atrás do outro de mansões idênticas e lojas elegantes", estando entre uma das cidades mais ricas dos Estados Unidos. Nos tempos atuais, a cidade ganhou mais notoriedade graças à sua participação no apelativo e divertido reality show *Jersey Shore*. Para Taylor, Stone Harbor foi uma parte central da sua juventude: "Foi lá que criei a maior parte das minhas memórias de infância", declarou ela.

Taylor — que certa vez contou para a revista *Sea Ray* que "vivia de colete salva-vidas" desde os 4 anos — adorava o refúgio à beira-mar, onde sua família comprou uma propriedade no seu segundo ano de vida. Ela achava que Stone Harbor era "mágica" e adorava nadar no mar e praticar esportes aquáticos, incluindo andar de jet-ski e veleiro, apesar de não ser uma pessoa naturalmente esportiva. Às vezes, a família via golfinhos, e estar perto de uma beleza tão natural parecia gerar um otimismo maravilhoso em relação à vida. "Havia tantos lugares para serem explorados, fosse encontrando uma nova ilha na baía ou caminhando pela 96th Street para comprar um sorvete", disse ela. Quando visitava a Springer's, a sorveteria que tanto amava, ela era tomada pela indecisão. A enorme lista de sabores em uma placa lá no alto tornava difícil escolher apenas um. No entanto, ela costumava optar pelo de cookies. O outlet, administrado com orgulho pela família Humphreys, era um dos grandes favoritos de Taylor. Ela gostava de frequentar um restaurante italiano na mesma rua, onde devorava saladas Caesar e pizzas. Segundo ela, graças aos verões dos Swift em Stone Harbor, "seria impossível ter tido uma infância mais legal".

A casa da família ficava diante de um santuário de pássaros, onde Taylor podia observar nossos amigos emplumados sem nem ter que pisar na rua. Bastava abrir a janela, pegar os binóculos e apreciar os pássaros. Havia dias em que ela praticamente só fazia isso, tamanho era seu fascínio. Outros eram dedicados a travessuras, principalmente o desfile anual de barcos no Dia da Independência dos Estados Unidos. "A gente costumava se reunir no cais na hora em que o desfile de barcos passava, e jogava balões cheios de água neles", disse ela para o site Philly.com. Mas esses verões também renovavam sua criatividade. Muitos artistas sentem que estar perto da água é uma experiência mágica, inspiradora, e isso certamente parecia ser o caso de Taylor. "Na minha infância, meus pais me deixavam ser meio estranha, desajeitada e criativa, e essa era minha parte favorita de estar na praia", disse ela.

Parte dessa energia criativa dava vazão a experimentos musicais e experimentações literárias, incluindo o já mencionado livro. Ela ficava motivada a escrever porque sentia falta dos amigos. Colocá-los no papel os fazia parecer mais próximos. "Eu mandava capítulos para eles lerem", disse ela. Mas alguns de seus projetos eram mais domésticos. Desde cedo, Taylor dava sinais de gostar de cuidar da casa. Ela ficou com o quarto em cima da garagem e o transformou em seu refúgio particular, um santuário em que ela reinava. "Pintei o quarto de cores diferentes e costumava passar o dia inteiro lá, só aproveitando meu clubinho particular, sem fazer nada", disse ela, "porque ele era meu."

Mas havia uma coisa — ou melhor, uma pessoa — que ela não poderia considerar sua, por mais que quisesse. Um menino que morava na casa vizinha ao lar de veraneio dos Swift capturava sua imaginação. Ele passava muito tempo com a família de Taylor, já que seus pais eram amigos. Não demorou muito para que ela começasse a sonhar com o dia em que ficariam juntos. Na verdade, ela decidiu que se casaria com ele. Enquanto Taylor desejava que ele a chamasse para sair, ele desabafava com ela sobre todas as outras meninas de quem gostava, compartilhando detalhes torturantes. A rejeição sentida pelo crush não correspondido foi o gatilho que inspirou uma de suas primeiras composições. "Eu me sentia... invisível", disse ela. "É óbvio. Então escrevi uma música sobre isso." Como veremos mais adiante, a canção foi incluída em seu primeiro álbum como faixa bônus. Ela também compôs outra, chamada "Smoky Black Nights". Esta, sobre a vida na praia, é descrita como "uma fitinha demo que gravei aos 11 anos".

Apesar da desilusão amorosa e da música triste que a acompanhou, as férias de verão eram relaxantes e divertidas, mas não dissipavam seu apetite por novas oportunidades para se apresentar nos palcos. Ela encontrou bons estabelecimentos na Third Avenue e na 98th Street. "Eu cantava no karaokê do Henny's e tocava violão na Coffee Talk, um pequeno café na 98th Street", disse ela. "Vivia arrastando meus pais para esses lugares, e todos os amigos deles apareciam para colocar gorjetas na minha caixinha." Havia ocasiões em que ela fazia apresentações longas e acabava sem repertório. Sem querer sair dos holofotes, ela improvisava músicas novas. Cantar em público, golfinhos e uma paixão não correspondida: essas eram as idílicas férias de verão dos Swift, e Taylor se deliciava com toda a diversão e o drama.

A essa altura, sua habilidade no violão também havia melhorado. Ela tinha ganhado o primeiro violão aos 8 anos. Mas após algumas tentativas frustradas de aprender a tocá-lo ela se sentiu confusa e desanimada, e o instrumento foi abandonado. Muito tempo depois, um técnico em informática foi à casa da família para consertar um computador. Ao ver o violão, ele se ofereceu para ensinar alguns acordes para Taylor. Ela rapidamente se tornou mais confiante ao manejar o instrumento, e o técnico acabou voltando para mais algumas aulas. Não demorou muito para Andrea notar que Taylor estava praticando tanto que as cordas machucavam seus dedos. "Eu nunca a vira tão motivada a fazer algo", observou a mãe. A determinação de seus ancestrais, principalmente do lado materno, ardia dentro de Taylor.

Ela começou a cogitar a ideia de mudar para um violão de 12 cordas. Quando um professor lhe disse que aquele seria um desafio difícil demais para ela, Taylor foi tomada por um único desejo: provar que ele estava errado. "Na verdade, aprendi a tocar em um violão de 12 cordas, só porque um cara disse que eu nunca conseguiria, que meus dedos eram muito curtos. Quando alguém me diz que não consigo fazer alguma coisa, isso só aumenta minha determinação." Essa teimosia em provar que os outros estão errados ajudou muito Taylor desde então.

De volta à casa na Pensilvânia, ela se sentia descansada e inspirada pela resolução de transformar seu sonho em realidade estava mais forte do que nunca. Queria se tornar cantora de música country. Mas ela tinha percebido que para isso acontecer seria necessário convencer a família a se mudar para bem longe. O que era mais fácil na teoria do que na prática para uma criança de 11 anos, mas Taylor sempre soube ser insistente.

Capítulo 2

Foi uma cantora que mostrou a Taylor o caminho para Nashville, Tennessee. Como já vimos, uma das primeiras heroínas de Taylor na música country foi a cantora Faith Hill. A carreira de Hill, nascida no Mississippi em 1967, só decolou após sua mudança para Nashville. Coração da música country, a cidade quase se tornou sinônimo do gênero.

Conhecida como a "cidade americana da música", Nashville se orgulha de seu histórico musical, que data da primeira metade do século XIX. Mas foi durante o século seguinte que as coisas realmente deslancharam por lá, com a criação do Grand Ole Opry, show de música country semanal, em 1925. Nas décadas seguintes, tantas gravadoras abriram escritórios na cidade que uma área específica, próxima ao centro, se tornou conhecida como "Music Row", ou o distrito musical. É difícil andar pela região sem encontrar uma figura importante da indústria musical falando de trabalho.

No meio do século XX, a cidade havia criado o próprio gênero musical. Chamado de "o som de Nashville", era uma combinação de country e folk com uma pitada divertida de pop, produzindo canções cativantes e memoráveis. A Decca Records, a RCA Records e a Columbia Records se tornariam as principais produtoras do estilo, que influenciaria muitos artistas, inclusive Taylor. Brenda Lee, Jim Reeves e Dottie West estão entre seus pioneiros. Elvis Presley também foi uma figura importante. Apesar de ter sido lançado em Nashville e muito influenciado pelo country, Presley foi responsável por difundir o rock 'n' roll pelo país, tornando o gênero preferência nacional.

Mais recentemente, figuras como Dolly Parton e Garth Brooks levaram o country e Nashville de volta ao foco das atenções musicais. Na época em que Taylor, aos 11 anos, se apaixonava ainda mais pelo estilo, a cidade já tinha voltado a ser o coração pulsante do movimento. Nessa época, Taylor decidiu que, se a carreira de Faith Hill tinha decolado após sua mudança para Nashville, ela também precisava ir para lá. Mais tarde, ela se recordaria de que foi como se um "sininho" soasse em sua mente, levando-a à conclusão de que simplesmente tinha que morar na cidade. Fazia um tempo que ela acreditava que Wyomissing era "o lugar mais aleatório do mundo para lançar uma cantora de música country". Algo precisava mudar.

Então ela deu início a uma campanha incansável e insistente, perguntando com frequência aos pais: "Mãe, pai, a gente pode se mudar para Nashville?" Andrea e Scott ficaram compreensivelmente surpresos e confusos no começo. Eles tinham construído um lar tão estável e confortável para a família na Pensilvânia, além de terem uma linda casa de veraneio na praia, e se mostraram um pouco atordoados diante da ideia de largar tudo para se mudarem para o Tennessee.

Mas Taylor estava determinada. Na verdade, duas características que permeiam sua vida são a determinação e a disposição em persistir e se arriscar. Essas qualidades têm um destaque especial neste capítulo. Diante da oposição inicial ao seu plano de mudança para Nashville, Taylor insistiu. Ela continuou a implorar pela mudança que acreditava ser necessária para a realização de seu sonho. Andrea foi especialmente pressionada, talvez porque Taylor esperasse que a mãe — também uma mulher determinada — se identificasse com sua motivação. Com o tempo, Andrea cedeu — em parte. Ela autorizou uma viagem como um primeiro passo. A mãe de Taylor declarou ter ficado muito impressionada pelo fato de a filha nunca mencionar a fama como um objetivo para ir para Nashville. Ao contrário de muitos aspirantes que surgem em nossas telas durante reality shows de competição musical, declarando que sempre sonharam em ser famosos, Taylor tinha uma visão diferente. Ela dizia que só queria estar lá para trabalhar com os artistas que adorava e respeitava, e que torcia para um dia ser capaz de emocionar as pessoas do mesmo jeito que eles a emocionavam. Como Andrea explicou: "A ideia era se mudar para um lugar em que ela pudesse trabalhar com pessoas que lhe ensinassem algo."

Taylor tinha um segundo motivo para ficar empolgada com a movimentação de Andrea em relação a Nashville. Ela estava sofrendo bullying na escola. Infelizmente, uma série de fatores fazia com que ela fosse alvo de ressentimento dos colegas de classe — a vida confortável em casa e os pais ricos, por exemplo. Além disso, a mídia havia começado a escrever sobre ela, o que acabou alimentando ainda mais uma inveja velada. A atenção da imprensa foi ao mesmo tempo positiva e negativa para Taylor. Apesar de fazer bem para a autoestima e ser bom para sua carreira, também era algo que aumentava as provocações e a exclusão que ela sofria. Quando uma de suas apresentações do hino nacional foi anunciada em um jornal local, ela soube que o dia seguinte "seria um dia difícil para mim na escola".

Além disso, sua preferência pela música country também era motivo de implicância. Como ocorre com muitos jovens que se interessam por músicas de gêneros menos convencionais, zombavam dela por ousar ser diferente. Segundo Taylor, seus colegas de classe "passavam os fins de semana na casa um dos outros surrupiando garrafas de bebidas dos pais", enquanto o único foco dela era a música. Isso a destacava. Alguns colegas ridicularizavam até seus dedos, machucados após horas tocando violão. Andrea fazia os curativos em suas mãos. Para os implicantes, esse era mais um motivo para Taylor ser chamada de "esquisita". Um dia, um grupo de garotas com quem ela tinha uma boa relação decidiu excluí-la. Assim que Taylor se sentou à mesa delas para almoçar, todas se levantaram e foram para uma mesa diferente. De vez em quando, colegas de turma gritavam piadinhas desagradáveis para ela. Andrea por vezes ajudou Taylor a superar esses "terríveis" incidentes. "Eu precisava levantá-la do chão", disse ela. Para uma mãe, era torturante saber que a filha sofria tanto.

Taylor percebeu que era considerada "estranha" graças à sua originalidade. Sob a pressão das provocações e da exclusão, ela foi contra sua natureza independente e tentou se encaixar com os colegas. E isso lhe ensinou uma lição importante. Ela descobriu que, quanto mais tentava seguir a manada, menos era respeitada. "Então entendi que tentar ser igual a todo mundo não dá certo", explicou ela.

Em um dia especialmente doloroso, ela convidou algumas garotas que conhecia para irem ao shopping. Taylor achou que seria um passeio divertido, mas ficou decepcionada quando todas disseram que tinham outros planos. Ela acabou indo com Andrea. Quando ela e a mãe chegaram ao shopping, o grupinho estava lá. "Eu me lembro do que aconteceu... como se fosse ontem", contou Andrea para a *Elle*

Girl. "Entrei em uma loja com Taylor, e demos de cara com as seis meninas que disseram estar 'muito ocupadas'."

Taylor se sentiu extremamente chocada e magoada. Andrea a levou embora para um shopping diferente, longe dali, onde fizeram compras. Ao se lembrar desse dia horrível, Taylor disse que a memória é "uma dessas coisas dolorosas que são impossíveis de superar por completo". Ela ficou grata pela atitude de Andrea naquele dia. Ir para um shopping diferente e se divertir por lá foi a melhor resposta para as pessoas que a rejeitaram. O shopping King of Prussia ficava a uma hora e meia de onde elas moravam, mas a viagem valeu a pena.

Mas Taylor não vivia em um isolamento social completo. Ela havia feito amizade com uma garota chamada Brittany Maack quando as duas eram praticamente bebês, e essa amizade continuou florescendo durante e após a infância. "Nós éramos mais irmãs do que amigas", disse Maack para o *Reading Eagle*. "A família de Taylor era minha família." Esse laço, porém, não era suficiente para curar a mágoa que ela sentia com as provocações dos outros adolescentes. Muitos a achavam "irritante" e "chata". Entre as coisas que mais abalavam sua capacidade de ser descolada estava o fato de que ela não tinha qualquer interesse em bebidas alcoólicas. Ela sabia que isso a tornava estranha perante os colegas, mas também achava estranho ver jovens de 12 anos ficando bêbados em festas. Uma vez, durante uma festa do pijama na casa de uma amiga, alguém sugeriu que fossem à casa de um cara que podia conseguir umas cervejas. Enquanto seus amigos se empolgaram com a ideia, Taylor se sentiu horrorizada. Ela queria ligar para Andrea ir buscá-la.

Ao relembrar esse dia, ela entende que os colegas do ensino fundamental, populares ou não, praticando ou sendo alvo de bullying, lutavam contra as próprias inseguranças. Mas, na época, era difícil. Ela chegava na escola sem saber se teria alguém com quem conversar naquele dia. "E isso é muito assustador para uma menina de 12 anos", disse ela. Nesses momentos difíceis, ela descreveu sua existência como a de uma pessoa excluída que estava sempre "tentando se encaixar", mas, novamente, o tempo oferece uma perspectiva sobre a questão. Essas memórias dolorosas serviram como inspiração para suas músicas. O tema da exclusão, presente em tantas canções de tantos gêneros, era um solo rico e fértil. E ele estava presente em uma letra escrita por Taylor aos 12 anos, e, como veremos, viria à tona em muitas outras depois disso.

O isolamento durante os anos de ensino fundamental também oferecia muito tempo para Taylor se concentrar na música. Se ela ainda estivesse convivendo com o grupinho da escola, teria dedicado mais tempo a atividades normais de uma adolescente, não a sessões solitárias com seu violão e sua criatividade — os dois amigos queridos e leais que permanecem ao seu lado desde então. O fato de ela poder recorrer ao violão quando ficava triste também a manteve longe do álcool e das drogas como forma de escapismo. "A música sempre foi meu jeito de fugir", disse ela.

Então, Taylor hoje encara com gratidão aqueles que a rejeitaram, reconhecendo o presente que ganhou com o bullying. A tristeza já mostrou ser o campo criativo mais fértil para tantos artistas, porém essa inspiração cobra, por definição, um preço, que Taylor pagou ao ser atormentada e excluída.

Então imagine o alívio imenso que ela sentiu ao descobrir que Andrea havia começado a ceder diante da sua determinação em se mudar para a cidade dos seus sonhos. A princípio Andrea concordou apenas em levar Taylor a Nashville para uma visita temporária. Durante as férias da escola, Andrea atravessou mais de mil quilômetros com Taylor e o filho caçula para conhecerem Nashville. O plano era que Taylor distribuísse seu CD demo para as gravadoras, torcendo para que alguma delas a contratasse após ouvir suas músicas. Apesar de a mãe de Taylor ter autorizado e organizado a viagem, ela também determinou limites sobre o próprio papel naquela empreitada. Ela apoiava a filha, mas foi rígida. "Deixei bem claro: tudo bem, se você quer fazer isso, precisa tomar a iniciativa", contou ela para o programa de televisão *Teen Superstar.* Ela acrescentou que nunca fez planos de se tornar empresária da filha e com certeza não se considerava o tipo de mãe que sonha com a fama dos filhos. Então a única coisa que ela fazia era acompanhar Taylor até as gravadoras. Depois de passarem pela porta da frente, a jovem precisava se virar sozinha. Lembrando com orgulho das conquistas da própria carreira, Andrea queria que a filha tivesse a mesma sensação.

O CD demo de Taylor tinha uma produção simples. A capa era uma foto de seu rosto e as palavras "Me liga". No verso, havia seu número de telefone e e-mail. Enquanto passavam pela rua, Taylor dava gritinhos ao ver alguma gravadora. "Ali é a Mercury Records!", berrava ela. "Estaciona! Preciso entregar minha demo lá!" Ela ia até a recepção, entregava seu CD caseiro e dizia: "Oi, tenho 11 anos e quero gravar um álbum." Então, ecoando o slogan impresso na capa, acrescentava com um sorriso: "Me liguem!" Era uma apresentação fofa, mas pouco elaborada. Mais tarde, pensando nessas ocasiões com a perspicácia oferecida pelo tempo e pela experiência, ela conseguiria achar graça. Ela diria: "Que resultado teve isso tudo? Nenhum!"

Logo após a viagem, ela ficou extremamente decepcionada quando apenas uma das gravadoras entrou em contato. Taylor ficou esperando um telefonema ou um e-mail, mas nada aconteceu. Foram dias desanimadores — que passavam tão devagar, tão vazios, que pareciam durar semanas. Até que, um belo dia, um homem de uma das gravadoras ligou para dizer que a abordagem dela provavelmente não daria certo. "Ele foi tão legal", se recordaria Taylor mais tarde.

Ela achava que era especial, mas, com o tempo, percebeu que havia "centenas de pessoas" tentando encontrar sucesso em Nashville, e que todas tinham "o mesmo sonho". Ela entendeu que não era assim tão única quanto pensava e que teria que se esforçar de verdade para mostrar o quanto poderia se destacar. Apesar de essa ser uma percepção nova, ela não a encarou como uma notícia ruim. Na verdade, isso a motivou a ser mais proativa. Taylor gosta de desafios. "Eu pensei: ninguém faz sucesso em Nashville do dia para a noite. Preciso me dedicar bastante a algo que mostre que sou diferente", disse ela para a *Teen Superstar.*

A curta visita a Nashville não havia rendido os resultados imediatos que Taylor esperava. Na verdade, ela chamaria atenção de uma grande gravadora pela primeira vez como resultado das suas apresentações esportivas, sendo notada por um homem chamado Dan Dymtrow. Na época, ele era empresário da princesa do pop, Britney Spears. Ele procurou Taylor e perguntou se ela poderia oferecer evidências do seu talento e personalidade. Scott decidiu que a melhor maneira de fazer isso seria filmar um vídeo caseiro divertido, mostrando Taylor sob uma perspectiva interessante. "Meu pai gravou um 'vídeo típico de pai', com o gato mastigando o braço [do violão] e coisas assim", contou Taylor para a *Wood & Steel.* Foi suficiente para Dymtrow convidá-la para uma reunião em seu escritório. Ela foi acompanhada de seu fiel violão de 12 cordas e tocou algumas músicas.

Ele ficou impressionado. Mas o primeiro projeto que a chamou para participar era mais associado a um trabalho como modelo do que à música. Usando roupas da Abercrombie & Fitch, ela foi fotografada em uma sessão para a revista *Vanity Fair* chamada "Novas estrelas". O ensaio promocional associava a marca a potenciais estrelas do futuro e as trajava com a coleção de outono. Após Dymtrow mandar as informações de Taylor para a equipe, ela foi convidada para participar da sessão de fotos. Nelas, Taylor usa uma blusa branca e calça jeans, fazendo o papel de menina triste, secando uma lágrima com um lenço. Mesmo carregando um violão nas imagens, aquilo ainda estava bem longe do que ela realmente queria fazer. Ela também tinha medo de não ser tão "descolada" para fazer algo assim — talvez um resquício de suas experiências na escola.

A ironia era que ela com certeza *era* descolada para participar de algo assim, mostrando aos seus detratores que, no fim das contas, ela não era a menina estranha e excluída. Fazer parte da conhecida campanha "Novas estrelas" era uma grande honra. Entre os selecionados anteriormente pela Abercrombie & Fitch estavam nomes como Channing Tatum, Jennifer Lawrence, Ashton Kutcher e Penn Badgley. Depois de Taylor outros nomes escolhidos pela marca incluem o astro de *Glee* Jacob Artist, Lily Rabe, de *American Horror Story*, Scott Eastwood, de *O massacre da serra elétrica 3D*, e vários outros jovens talentos. Agora, Taylor fazia parte da lista, apesar de se sentir um peixe fora d'água.

Ela se preocupava com várias possibilidades, inclusive com a de sua foto não ser publicada. Então imagine sua empolgação quando, em julho de 2004, a fotografia estava nas bancas, na revista *Vanity Fair*. Lá estava ela, na imagem de página inteira, junto com uma breve passagem em que ela explicava quem era para os leitores. "Depois que cantei o hino nacional no US Open no ano passado", começava ela, "um grande empresário passou a me agenciar." Ela seguia explicando seu amor pela música country: "Adoro o som de violinos e bandolins ressoando em meus ouvidos, e adoro as histórias contadas pelas baladas country. Às vezes, escrevo sobre amores adolescentes, mas sou uma jovem de 14 anos que não tem namorado. Há momentos em que acho que uso algum tipo de repelente de homens, mas então percebo que ainda estou descobrindo quem eu sou como pessoa."

Ela concluiu: "Neste momento, a música é a coisa mais importante para mim, e quero emocionar as pessoas com as minhas canções."

Ela sonhava em estar no topo, mas não hesitava em aceitar papéis de aprendiz no mercado da música country. Um exemplo disso foi quando agarrou com unhas e dentes uma vaga de estagiária no Festival de Música CMA, organizado anualmente pela Associação de Música Country de Nashville. Ela recebeu uma prancheta e se jogou no trabalho administrativo. Era hipnotizante ver fãs caçadores de autógrafos abordando os astros a quem ela servia. "Lembro de sentir que, tipo, se algum dia houvesse a possibilidade de as pessoas fazerem fila para eu autografar alguma coisa para elas, esse seria um momento muito, muito bom", disse ela.

Outra atividade promocional nessa época fez com que ela participasse de um álbum de compilações organizado pela empresa de cosméticos Maybelline. Uma de suas músicas fez parte do álbum *Chicks With Attitude*. Seu empresário então a fez embarcar em uma turnê para reuniões com gravadoras. A turnê valeria a pena — de certa forma. Reuniões desse tipo rendem uma grande variedade de resultados. Às vezes, os executivos mal conseguem conter a empolgação com os jovens talentos que encontram. Outras vezes, sumariamente os dispensam. Também é comum ouvir casos de aspirantes que são rejeitados assim que pisam na recepção.

Taylor ansiava se envolver com projetos mais musicais e, no começo, ficou encantada quando Dymtrow conseguiu um contrato com a RCA Records. Aquilo parecia ser exatamente o que ela queria — o reconhecimento de uma grande gravadora de Nashville. Por um tempo, pareceu que ela finalmente tinha dado o importante passo com que tanto sonhava. Tudo era tão empolgante. "Fiquei nas nuvens", contou ela para a *CMT Insider* mais tarde. "Era, tipo, 'Ai, caramba! Essa gravadora imensa me ofereceu um contrato de desenvolvimento. Estou tão feliz!'" A princípio, parecia haver muitos motivos para otimismo. A RCA lhe deu dinheiro e tempo para as gravações.

No entanto, o acordo acabou sendo menos empolgante do que ela esperava. "Um contrato de desenvolvimento é um contrato de intervalo entre álbuns", explicou ela para a NBC. "É como se um cara dissesse que quer sair com você, mas não ser seu namorado. Sabe, eles não querem oferecer um contrato de gravação de verdade nem lançar um álbum seu. Eles querem observar seu progresso durante um ano." Aos 14 anos de idade, ela foi informada de que a gravadora queria lhe deixar de molho até os 18. Para uma garota no meio da adolescência, isso foi insuportável — quatro anos parecia uma eternidade. Ela sentia que seu tempo estava acabando. Para Taylor, a adolescência não era um período inconveniente que precisava ser superado antes de ela poder se tornar cantora e compositora. Ela queria ser essa pessoa imediatamente. "Eu queria capturar esses anos da minha vida em um álbum enquanto eles ainda representavam as coisas pelo que eu estava passando", se recorda ela.

Sua autoconfiança logo seria recompensada quando os pais concordaram em fazer uma mudança mais permanente para Nashville após as negociações com a RCA. "Meu pai podia trabalhar de qualquer lugar", explicou ela para a revista *Blender*. "Eles se mudaram para o outro lado do país para eu conseguir realizar meu sonho." Colocado nesses termos, o sacrifício que Scott e Andrea fizeram parece menor. Taylor tinha consciência da imensidão de tudo de que eles estavam abrindo mão, apesar do fato de seus pais se esforçarem para minimizar essa sensação. Ninguém a pressionava nem a fazia se sentir culpada por isso. Na verdade, os dois agiam como se tivessem tomado a decisão por conta própria, seguindo os próprios desejos.

Taylor não se iludia. Segundo disse para a revista *Self*: "Eu sabia que eles estavam se mudando por minha causa. Mas ninguém queria me pressionar. Eles diziam 'Bom, nós estávamos mesmo querendo mudar de ares', e 'As pessoas são tão simpáticas no Tennessee'." A parte crucial foi que os dois se certificaram de que houvesse o mínimo de expectativas possível em cima de Taylor. Com a família inteira se mudando para centenas de quilômetros de distância por causa dela, seria fácil para Taylor acreditar que decepcionaria todo mundo se não fizesse um sucesso estrondoso. Mas, como Andrea explicou para a *Entertainment Weekly*: "Nunca quis que a mudança girasse em torno das conquistas dela." Seu medo era que as coisas ficassem "terríveis" se Taylor não tivesse êxito.

Enquanto procurava casas em Nashville, Andrea encontrou uma de que gostou na Old Hickory Lane. Ela levou a família toda para uma visita. Scott contou ao site Sea Ray que foi rapidamente convencido. "No caminho até a casa, paramos no píer para dar uma olhada nela de longe", recordou ele. "Olhei para a enseada do lago, imaginei minha lancha ancorada ali e falei 'Vamos ficar com ela'." Até a corretora se surpreendeu: "O senhor não quer olhar a casa por dentro antes de decidir?", perguntou ela.

Ele se sentiu em casa, assim como os filhos. Taylor e Austin foram matriculados em uma escola de ensino médio chamada Hendersonville. Para o alívio de Taylor, seus novos colegas de classe não encaravam suas aspirações musicais com suspeita ou inveja. Muito pelo contrário — eles se impressionavam com seu esforço e ficavam felizes em ajudá-la a realizar seus sonhos. "Todo mundo era tão legal comigo", disse ela mais tarde para a *New Yorker*. "Eles diziam, tipo, 'Ficamos sabendo que você é cantora. Vai ter um show de talentos na semana que vem, quer se inscrever?'." Tudo era muito revigorante; ela mal conseguia acreditar no quanto a mudança para Nashville estava dando certo. Era como se aquele fosse um mundo completamente diferente da vida turbulenta que ela tivera na Pensilvânia. "As pessoas me apoiavam demais", contou ela sobre os novos vizinhos.

Taylor deu o primeiro beijo aos 15 anos. No entanto, foi um namorado posterior, Brandon Borello, que a inspirou a escrever uma música. Ela estava no primeiro ano do ensino médio quando precisou compor uma canção para o show de talentos da escola. "Fiquei pensando, preciso escrever uma música animada com que todo mundo possa se identificar", explicou ela para o portal AOL. "E, na época, eu estava saindo com um cara, e nós não tínhamos uma música. Então escrevi uma para a gente e a toquei no show. Meses depois, as pessoas ainda me paravam para dizer 'Adorei a música que você tocou'. Elas só tinham escutado a música uma vez, então vi que existia um potencial ali."

No primeiro dia de aula, ela se sentou ao lado de uma garota na aula de inglês. As duas começaram a conversar e logo ficaram próximas. A garota era Abigail Anderson. O laço entre elas pareceu instantâneo, baseado no fato de que ambas se sentiam intrusas ali, mas tinham ambições bem-definidas: Anderson se tornaria nadadora profissional. Finalmente, Taylor tinha uma amiga com quem se identificava de várias maneiras. As duas eram pessoas excluídas que desejavam se tornar, no sentido mais amplo, vitoriosas. Elas também compartilhavam um senso de humor travesso.

Anderson não era a única coisa positiva nas aulas de inglês para Taylor. Amante das palavras e da escrita, ela adorava essas aulas. Entre os livros estudados na classe estava um marco da educação de muitos jovens: o romance *O sol é para todos*, de Harper Lee. Esse clássico da literatura norte-americana a inspirou muito. "Sabe, quando você se depara com uma narrativa como a de Harper Lee em *O sol é para todos*... a mente vai longe", declarou ela. "Você sente que o mundo se torna mais amplo. E ler algo assim faz você pensar mais nas coisas, em conceitos mais abrangentes."

Após estudar como qualquer adolescente durante o dia, à noite ela entrava em um mundo bem mais adulto, se juntando a compositores bem-estabelecidos no mercado para sessões criativas. Mais tarde, ela descreveria a dualidade peculiar desses dias como "uma vida muito estranha — eu era adolescente durante o dia, na escola, e então parecia ter 45 anos à noite. Minha mãe me buscava na escola, e eu ia para o centro da cidade escrever músicas com compositores de sucesso".

Para a revista *American Songwriter*, ela contou que entendeu a oportunidade que aqueles encontros lhe proporcionavam. Ainda assim, ela estava ciente de que precisava parecer o mais confiante possível. "Eu sabia que, sendo uma garota de 14 anos, qualquer um pensaria: 'Vou ter que escrever uma música para uma criança hoje.' O que é compreensível." Ela estava determinada a não deixar que isso acontecesse. "Então eu chegava com umas dez ou 15 melodias ou refrões prontos. Eu só queria que todo mundo entendesse o quanto eu levava aquilo a sério."

Ela passava o tempo todo em busca de novas inspirações e da oportunidade de gravá-las. Quando momentos de inspiração aconteciam, ela anotava em qualquer coisa que estivesse à mão: os livros da escola, lenços de papel. Às vezes, isso gerava momentos desconfortáveis. Professores pediam para verificar cadernos e se surpreendiam ao encontrar as letras angustiadas de Taylor junto com suas tarefas de escola. "Mas eles aprenderam a lidar comigo", disse ela. Em outras ocasiões, uma melodia surgia em sua cabeça. Ela a gravava no celular. Era comum que colegas de classe a encontrassem — e a ouvissem — no banheiro, cantarolando uma melodia no telefone.

Nesse ponto, encontramos a diferença crucial entre a nova e a antiga escola. Antes, seus colegas a inspiravam apenas por meio das atitudes mais cruéis e involuntárias. Ao excluí-la e torná-la alvo de bullying, eles faziam Taylor mergulhar em tanta infelicidade que ela escrevia para conseguir se reerguer. Agora, no entanto, seus colegas ofereciam inspiração proposital e positiva. Grupos se juntavam a Taylor ao redor de uma fogueira e a escutavam cantar suas canções e tocar violão. Esses jovens estavam na faixa etária que Taylor gostaria de alcançar, então eram o público perfeito para testar suas músicas e ideias.

As anotações obsessivas e apresentações experimentais regulares faziam com que Taylor aparecesse nas sessões de composição com muito material a oferecer. Ninguém colocaria em questão o fato de ela ser uma jovem pupila inexperiente sem o apoio de talentos mais velhos e mais sábios. Ela trabalhou, por exemplo, com uma colega compositora chamada Liz Rose. "Acho que ela só aceitava escrever comigo porque eu não mudava nada do que ela fazia", contou Rose para a *American Songwriter.* "Eu tentava fazer melhorias, dar um pouco mais de forma e polimento às letras, e [dizia] 'aguente firme' e 'anote isso'; era assim que funcionava para nós. Eu a respeitava de verdade e entendia o que ela queria fazer, e não queria obrigá-la a escrever seguindo a mesma receita habitual das composições de Nashville."

Rose ficou impressionada com sua jovem parceira de composições. Na época, ela tinha a sensação de que era mais como uma revisora de Taylor. "Ela escrevia sobre como tinha sido seu dia na escola", contou Rose para a *Blender.* "Sua visão sobre o que queria dizer era tão clara. E ela já chegava com ganchos incríveis." As duas descobriram que se complementavam bem nessas sessões. Esses encontros geraram a canção que de fato lançaria a carreira de Taylor: "Tim McGraw". As primeiras origens da música surgiram na escola. Segundo Taylor, ela começou a cantarolar uma nova melodia durante a aula de matemática e levou menos de meia hora para compor a estrutura básica da canção. Quando chegou em casa, ela a revisou e a aprimorou um pouco, acrescentando uma melodia de piano. Então a levou para uma sessão com Rose.

A música, que originalmente se chamaria "When You Think Tim McGraw" [Quando você pensar em Tim McGraw], transmite um misto de emoções, com Taylor refletindo sobre um relacionamento com um garoto que muitos acreditam ser seu ex-namorado Brandon Borello. A letra tem a forma de uma carta escrita para um antigo namorado. Borello estava no último ano da escola quando ele e Taylor, que estava no primeiro ano, namoraram. Isso explica o mês inteiro de lágrimas em setembro, no começo do ano letivo, quando os dois estavam separados.

Ao elucidar o que ela acreditava ser o ponto forte da música, Taylor disse: "Ela lembra e reflete sobre um relacionamento que você teve e perdeu." E acrescentou: "Acho que uma das emoções humanas mais poderosas é a sensação do que poderia ter acontecido, mas não se tornou realidade. Foi uma ótima música para começar, porque muita gente entende como é desejar ter algo impossível." Ela sabia como compor uma música boa, tanto intelectualmente quanto por instinto. "Tim McGraw" seria a primeira faixa do seu álbum de estreia — e tudo começou em uma aula de matemática.

Taylor logo entrou no embalo. Segundo contou ao *Washington Post*, ela conseguia "encontrar inspiração em tudo". Ela explicou o que isso significava. "Se você sabe contar boas histórias, é capaz de pegar um olhar feio que alguém lança na sua direção, ou se um cara que você tinha crush começa a sair com uma garota diferente, ou se alguém com quem você está batendo papo diz algo muuuuito irritante — você consegue criar um enredo inteiro com base nisso."

Outra das suas primeiras músicas se chamava "Lucky You". "É sobre uma garota que ousa ser diferente", disse ela. Os paralelos autobiográficos são nítidos. "Na época, eu estava me descrevendo", acrescentou ela. Depois dessa e de "Tim McGraw", ela escreveu uma canção sobre um cara chamado Drew Hardwick, por quem era "apaixonadinha", apesar de não ser correspondida. Em uma entrevista para o *Country Standard Time*, ela acrescentou: "Todo dia [ele] vinha falar comigo sobre outra garota: como ela era linda, como era legal, inteligente e perfeita." Era como se ela tivesse voltado no tempo, com a paixão não correspondida das férias de verão. Mais uma vez, ela se esforçava para fingir sorrisos enquanto ouvia sobre as outras garotas, se perguntando se ele sabia que ela passaria a noite inteira pensando nele.

A música, que citaria diretamente o nome de Drew, se chamaria "Teardrops on My Guitar". Ela começou a escrevê-la enquanto voltava da escola. Levando em consideração sua intensidade, maturidade e compostura, é impressionante que a canção tenha sido composta sob essas circunstâncias. Na letra, ela anseia pela aparência impecável de Drew, que a deixa sem fôlego. Tudo o que resta a Taylor é torcer, com um toque de amargura, para que a garota perfeita de Drew cuide bem dele. A imagem de um cara sendo a canção que ela canta no carro oferece à essa faixa o apelo universal que programas de rádio transmitidos durante a hora do rush adoram. Quando o ouvinte se conecta de verdade com as letras de Taylor e as emoções que ela descreve, acabam derramando algumas lágrimas também.

Suas canções se mostravam muito interessantes. Logo começou a correr pela cidade a notícia de que uma jovem incrível criava composições com muita autoconfiança e habilidade. Não demorou muito para ela ser contratada pela poderosa Sony. Eles a recrutaram como compositora para escrever potenciais letras para artistas já lançados no mercado. Taylor aceitou e se tornou a compositora mais jovem a ser contratada pela renomada editora musical Sony/Tree. A importância disso era algo impressionante: uma adolescente tinha assinado contrato com uma das maiores gravadoras do mundo para escrever músicas para artistas muito mais velhos.

Então veio um passo ousado: Taylor decidiu sair da RCA e buscar uma gravadora que acreditasse de verdade no seu potencial. Foi uma decisão difícil, tomada após muita reflexão. Quanta coragem e autoestima foram necessárias para rejeitar o interesse de uma gravadora importante. No entanto, a discrepância entre a artista e o selo era marcante: ela acreditava que "estava pronta" naquele momento. A gravadora achava que ela precisava de tempo e aprimoramento, principalmente porque seu desejo era entrar no mercado da música country — cheio de letras de desilusão em relação ao mundo e fãs cada vez mais velhos — em vez do pop, que era muito mais receptivo a astros adolescentes.

Mas Taylor estava completamente segura. "Meu pensamento foi que, se eles não acreditavam em mim àquela altura, não acreditariam em mim nunca", explicou ela. Foi preciso respirar fundo, ir embora e continuar a se preparar para o dia em que o sucesso chegaria. Ela treinava até como daria autógrafos, preenchendo um caderno com sua assinatura em preparação para o dia em que seria famosa a ponto de assinar o próprio nome para os fãs. Embora os autógrafos já tivessem sido substituídos pelas selfies quando Taylor alcançou o estrelato esses treinos mostravam que ela estava determinada a ser uma verdadeira estrela.

Mais uma vez, sua coragem foi recompensada. Logo veio o momento que mudou tudo: foi então que entrou em cena Scott Borchetta, o homem que a transformaria em rainha. Para ele, a decisão de contratá-la era óbvia. "Eu me apaixonei por ela", disse ele. "Foi muito simples." Nascido na década de 1960, Borchetta sempre foi uma pessoa competitiva e motivada. No ensino fundamental, ele apostava corrida de carro com os amigos. Como contaria para a *Forbes* mais tarde, ele descobriu que tinha um "demônio da corrida" dentro de si. Após se formar, ele resolveu seguir carreira na indústria musical. Seu primeiro emprego na área foi na sala de correspondência da empresa de marketing independente do pai. Ele não foi o primeiro executivo de gravadora a começar a carreira na sala de correspondências — o famoso Simon Cowell seguiu um caminho semelhante. Borchetta se mudou da Califórnia para Nashville para trabalhar no departamento de marketing da gravadora MTM, de Mary Tyler Moore. Ele então passou um tempo administrando a própria empresa de marketing antes de entrar para a MCA Records.

Depois disso, lançou a DreamWorks Nashville em associação com o Universal Music Group. Lá, ele fez parte de uma das maiores gravadoras do planeta. Porém, sua divisão foi fechada em 2005. Ele buscava uma nova estrela para lançar seu novo selo. Taylor, que seria a escolha perfeita, cruzou seu caminho em um prestigiado evento para novos talentos de Nashville, no Bluebird Café. O show seria uma oportunidade empolgante para Taylor, que tocaria para uma plateia composta por caça-talentos da indústria fonográfica local. A instituição tinha suas histórias de sucesso, e nenhuma — antes da chegada de Taylor — era mais impressionante do que a de Garth Brooks. Ele havia sido descoberto no evento em 1987 e recrutado pela Capitol Records. Foi assim que ele entrou para a história.

A noite em que Taylor foi se apresentar também entraria para a história. Ela subiu no palco com seu violão e fez um show acústico. A essa altura, ela já se sentia confortável tocando ao vivo, mas sabia que aquela era uma plateia atípica. Em algum lugar por ali, havia um empresário capaz de realizar seus sonhos. Enquanto isso, Borchetta estava ali com um sonho compatível. Ele queria encontrar um talento que pudesse transformar em sucesso internacional.

Quando Taylor subiu no palco, tanto ela quanto Borchetta — que não passavam de desconhecidos naquele momento, apesar de um breve encontro durante o tempo dele na DreamWorks Nashville —

respiraram fundo e torceram para ter sorte. Borchetta se lembra de fechar os olhos e pensar: "Será que ela vai me impressionar? E impressionou em cheio." Ele contou para o Great American Country: "Fui conquistado na mesma hora. Foi como ser atingido por um raio." Assim que a apresentação acabou, ele marcou uma conversa com Taylor e os Swift, para explicar como poderia ajudá-los.

Ele disse para Taylor: "Tenho uma notícia boa e outra ruim: a boa é que quero lhe oferecer um contrato de gravação; a ruim é que não estou mais na Universal Records." Ele explicou que queria que ela esperasse um pouco, já que ele estava prestes a lançar a própria gravadora. "Estou começando um negócio", explicou ele. Taylor foi convencida; ele dava a impressão de que tinha uma carta na manga, e ela queria fazer parte daquilo.

Refletindo sobre como foi conquistado por ela, Borchetta declarou à NBC: "Acho que foi em agosto de 2005. Taylor me mostrou uma música chamada 'When You Think Tim McGraw'. Quando ela terminou eu disse: 'Você tem ideia do que escreveu? Você tem noção?' Foi um momento de revelação. E isso abalou todas as estruturas." Inspirado, ele contou a amigos que tinha encontrado uma futura sensação da música country. Quando explicou que se tratava de uma adolescente, viu o ceticismo estampado o rosto das pessoas. "Ninguém me levou a sério", disse ele. "Parecia que estavam deletando meu contato do celular enquanto eu falava." Porém, para ele, Taylor parecia tão promissora quanto seus grandes trunfos anteriores, Sugarland e Trisha Yearwood.

Então qual era o projeto que Borchetta tinha na manga para Taylor? A nova gravadora que ele estava abrindo se chamava Big Machine Records. "O nome é meio que uma piada", explicou ele em uma entrevista para o Fast Company, "porque a verdade é que estamos longe de ser uma empresa grande." A empresa abriu as portas poucos meses após o encerramento do selo DreamWorks Nashville. Seus critérios para contratar artistas para a Big Machine sempre foram os mesmos: "Ou eu me apaixono pela música de um artista, ou não", disse ele. A nova gravadora tinha uma missão ambiciosa, colocar "a música e o artista em primeiro lugar". Ele acrescentou: "Estamos na indústria da *música*. Não é uma *indústria* de música." Borchetta também gostava de definir a si mesmo e sua equipe como viciados em trabalho. "Não existem atalhos", disse ele em um evento. "Nós trabalhamos de domingo a domingo, o dia inteiro, e com prazer."

Ele havia se apaixonado de verdade pelo material de Taylor, por isso agora ela finalmente tinha alguém ao seu lado que poderia ajudá-la a realizar seus objetivos. Em várias ocasiões, tinha sido difícil permanecer determinada, mas o caminho rumo à grandiosidade agora estava ao seu alcance. Ela havia passado por cima do bullying na escola, se mudado para longe de casa, encarado várias rejeições, desistido de um contrato decepcionante com uma grande gravadora e mantido sua autoconfiança tanto quanto possível durante esse tempo. Com tanto otimismo no ar após suas primeiras reuniões com Borchetta, o orgulho que sentia de si mesma era merecido.

Mas ela sempre se manteve próxima, e ainda se mantém, da sua maior fonte de apoio: os pais. Para ser lembrada do papel deles em seu sucesso, bastava olhar para uma amiga. "Sou muito próxima de Kellie [Pickler], que foi abandonada pela mãe", contou Taylor para o *Washington Post*. "Olho para minha mãe, que esteve comigo em todos os momentos, e penso que, se eu estivesse na situação de Kelly, provavelmente não teria dado conta de tudo. Olho para outras pessoas com pais ausentes ou mães egoístas, e me sinto tão sortuda." Os Swift se mostravam uma equipe imbatível.

Capítulo 3

Como artista, Taylor se considera alguém que foge da tentação de recorrer a artifícios baratos, por mais que eles possam parecer superficialmente interessantes a curto prazo. Com o contrato com a gravadora assinado e a aprovação dos pais em relação a todo o plano, tinha chegado o momento de Taylor reunir as músicas às quais havia se dedicado ao longo dos anos em um produto que se tornaria seu primeiro álbum. Sua artista interior queria produzir um álbum do qual se orgulhasse. Seu lado empreendedor gostaria que o álbum tivesse sucesso financeiro.

Quanto mais ela elaborava as canções, mais percebia como suas percepções juvenis chamariam atenção no mundo do country, focado no público adulto e dominado por pessoas de meia-idade. "'Todas as músicas que eu ouvia no rádio eram sobre casamento, filhos e ter uma vida em família", disse ela. Eram temas com que tinha dificuldade em se identificar. Em vez de se tornar artificial, cantando sobre assuntos nitidamente avançados demais para sua idade, ela preferiu se ater àquilo que sabia. Ela não tinha qualquer pretensão de se tornar uma artista jovem que cantava baladas que remetiam a uma maturidade incongruente, como um horripilante número de cabaré.

Na opinião de Taylor, não existia nenhuma regra que ditasse que canções country não podiam contar histórias de pessoas jovens. Se ela precisasse superar as dúvidas de grandes nomes da indústria a respeito desse argumento, tudo bem — ela sempre se sentiu confortável quando precisava contar com o próprio potencial. Na verdade, algumas pessoas próximas juram que o clima de rivalidade a motiva. "Eu escrevia músicas sobre o cara com quem tinha saído por algumas semanas e que me traiu, sobre coisas da minha vida", explicou ela para a *Entertainment Weekly*. "Não havia motivo para a música country não ser voltada para pessoas da minha idade se alguém da minha idade estivesse escrevendo as letras." Ela voltou a esse assunto durante uma entrevista para a *Billboard*: "É claro que eu escrevia sobre as mesmas coisas que escrevo agora: garotos. E sempre tive fascínio pela maneira como as pessoas tratam umas às outras e como interagem. Essas coisas me deixam muito, muito fascinada, sempre deixaram."

Esses seriam os temas centrais do seu álbum de estreia. Uma equipe de produtores organizou o projeto, mas o primeiro e principal talento era Nathan Chapman. Ele entrou para o grupo após conhecer Liz Rose. Apesar de já ter produzido música antes, nunca tinha encarado um álbum completo. Desde que terminara o bacharelado em Língua Inglesa na Universidade Lee, em 2001, ele buscava por uma boa oportunidade. Trabalhar com Taylor definitivamente se encaixaria nessa definição. Já Taylor ficou impressionada com os controles do estúdio. Os dois começaram pelas demo. Quando ele deu prosseguimento ao trabalho no álbum como um todo, não decepcionou. Como ela contou à Country Music Television (CMT) em 2006: "Gravei com um monte de produtores muito legais em Nashville, mas nada teve um som como o de Nathan... foi uma questão de química."

Ela havia encontrado a pessoa certa para o trabalho — e estava pronta para deixá-lo brilhar. Ao contrário de algumas divas, Taylor reconhece a importância dos produtores no processo criativo, mas tem uma abordagem proativa no estúdio. Ela é uma artista que acredita que tem muito a contribuir com o processo de produção. "Quando escrevo uma música, escuto como ela deveria soar na minha cabeça", disse ela. "Consigo escutar a produção. Consigo escutar a bateria, o bandolim, o baixo, enquanto componho. Então, no geral, quando chegamos no estúdio, só preciso passar dez minutos com Nathan e dizer 'É assim que quero que fique', e ele [transforma] tudo em realidade."

O som da bateria, do bandolim, do baixo e dos outros instrumentos na sua estreia seria uma mistura agradável. Ela levou quatro meses para terminar o álbum — e ficou encantada com o resultado. Não era de surpreender, então, que seu álbum de estreia, *Taylor Swift*, tenha se mostrado uma coleção fascinante de músicas. Já falamos sobre as origens da faixa de abertura, "Tim McGraw". A produção final foi uma melodia elaborada, com sons em *slide guitar* — para dar o tom desde o começo. Durante a música, Taylor reflete sobre o relacionamento que é o centro da letra como algo que gera um "misto de emoções". A canção em si também é emocionalmente oscilante — ao mesmo tempo romântica e empolgante, mas também triste e avassaladora. Ela inclui momentos de humor — como a tendência da picape do cara de ficar "atolada" em ruelas vazias à noite — e imagens vívidas, como a lua iluminando um lago como um holofote. É um começo promissor e adequado para a estreia de Taylor.

Algumas das músicas vão ganhando o coração do ouvinte após serem escutadas repetidas vezes. Outras os cativam imediatamente. Uma das integrantes desta última categoria é "Picture to Burn", na qual somos apresentados à tendência de Taylor a desabafar uma raiva imensa em suas composições. De fato, é a fúria da canção que capta a atenção do ouvinte. Ela explicou a história por trás da música. "É sobre um cara de quem eu gostava, mas que não gostava de mim, sabe?", disse ela. Os dois nunca saíram juntos, porque Taylor ficou extremamente incomodada com a "arrogância" e o narcisismo do garoto — "e foi a partir daí que a canção surgiu".

Ao falar sobre a faixa com a *CMT Insider*, Taylor admitiu: "Essa é a música raivosa do álbum." Mas a questão não é apenas a ira. Ela exibe seu talento para vocais petulantes no segundo verso da música — cantando, com muita sabedoria, que o narcisista sempre amará mais a si mesmo do que seria capaz de amá-la. O verso seguinte acabaria sendo trocado para o lançamento nas rádios, já que brincava sobre contar aos amigos dela que o garoto era "gay", por um receio de que acabasse ofendendo os ouvintes.

O refrão é entoado, tornando a canção contagiante de um jeito bom, divertido, que dá vontade de jogar as mãos para o alto. Com seu banjo elaborado e a guitarra instantaneamente cativante, "Picture to Burn" parece ter tido influências musicais de Amy Dalley e Ashlee Simpson — tornando-a ainda melhor por isso. Ainda assim, a raiva continua sendo impressionante. Conforme Taylor entoa repetidas vezes a palavra "burn", "queimar" em inglês, no fim da canção, o clima fica bem agressivo para uma jovem tão fofa. O tema geral da música se encaixa na ideia da "moça rebelde" adotada por tantas cantoras do country. Por exemplo, "Goodbye Earl", das Dixie Chicks — uma das músicas favoritas de Taylor na sua fase do karaokê — faz parte do gênero, apesar de não exibir a mesma raiva ardente que a faixa de Taylor.

Ainda assim, como ela disse à *CMT Insider*, também há sagacidade e diversão na música. "Acho que as garotas conseguem se identificar com a letra, porque falo basicamente sobre estar irritada", disse ela. "E não tem problema nenhum ficar irritada após um término ou quando algo dá errado em um namoro. Ela é só, tipo, completa e extremamente sincera. E também meio engraçada. Há um tom cômico." Os críticos adoraram: entre os elogios oferecidos estavam "compreensível em sua franqueza" e "inteligente, atrevida, animada".

Passando para as experiências da vida real por trás da faixa, a música em si transmite uma imagem nada positiva do garoto que a enfurece. Ele é retratado como raivoso e sem noção. Talvez o sinal mais gritante de seu narcisismo seja que, até onde Taylor sabe, ele nem desconfia que tenha sido a inspiração para a letra. O fato de ele não ter conseguido ligar os pontos e entender seu papel sugere grande capacidade de se autoiludir. Nos anos que se passaram desde o lançamento do álbum, conforme Taylor amadureceu e evoluiu, tanto como compositora quanto como cantora, a adolescente furiosa que escreveu a música mudou. "Tenho uma música chamada 'Picture to Burn' que fala sobre como 'Odeio sua picape' e 'Odeio que você tenha me ignorado', 'Odeio você'", disse ela para a MTV. "Hoje, eu diria essas coisas e sofreria de maneiras muito diferentes." Ainda assim, como veremos adiante, ela se manteve satisfeita com o álbum como um todo.

A terceira faixa é a hoje icônica "Teardrops on My Guitar". Ela é mais descolada e calma do que sua antecessora, mas permanece sendo impressionante e inspiradora. Como sabemos, Taylor escreveu a música sobre o amigo Drew Hardwick. Ela era perdidamente apaixonada por ele, embora não fosse correspondida. "Eu gostava tanto dele e não conseguia parar de me perguntar: 'Por que sou tão invisível para ele? Por que ele tem namorada?' Nunca contei que eu gostava dele, mas escrevi uma música com seu nome."

A versão final, que foi para o álbum, é uma faixa belamente produzida, em midtempo. Ela começa tranquila, com Taylor cantando o verso inicial com um estilo meio distante. Ainda assim, conforme os versos se aproximam da ponte, o ritmo e a intensidade aumentam. O refrão chega com uma onda de energia. O efeito geral é de Taylor fazendo o que faz melhor e sendo completamente sincera. Essa foi a faixa que cativou a atenção da mídia e, na verdade, do mundo. Ela tirou Taylor do country e do mercado adolescente, tornando-a interessante para todos. Como descreveu a revista *Billboard*, é "fácil de se identificar" com a música, e Taylor "dá vida ao coração partido". É uma canção sensível.

Enquanto as primeiras faixas falam sobre experiências universais, a quarta conta uma história muito específica ocorrida com Taylor. E apesar de "A Place in this World" ser uma canção com a qual muitos ouvintes podem se identificar, a letra é explicitamente autobiográfica, falando sobre os esforços de Taylor para conquistar o sucesso na indústria da música e no mundo. Seus primeiros dias em Nashville a inspiraram a escrevê-la. Seu sonho inicial tinha se realizado — ela se mudara para o coração da indústria que desejava conquistar. No entanto, após chegar lá, ela se sentia atordoada pelo tamanho do desafio que tinha pela frente. Como explicou para a emissora de televisão Great American Country (GAC), estava "olhando para todos aqueles prédios grandes e pessoas importantes, me perguntando como eu me encaixaria ali".

Qualquer ouvinte é capaz de entender essa sensação e associar a um exemplo ocorrido em sua própria vida: talvez no primeiro dia de faculdade ou em um emprego novo. Quem sabe até após uma mudança de bairro. Sem dúvida, a existência humana é impulsionada por um desejo de encontrar um lugar neste mundo. E esse desejo nunca é saciado de verdade, não importa quanto tempo passe. Não pela primeira — nem pela última — vez, Taylor havia encontrado ouro em uma música: um tema que pessoas de todas as idades, gêneros e situações de vida conseguiam entender. No aspecto comercial, esse é o tipo mais inteligente de composição. No aspecto musical, ela tem um clima de show em estádio, fazendo-a parecer mais parte da era *Red* do que de seu álbum de estreia.

"Cold As You" inclui "alguns dos melhores versos que já escrevi na vida", disse Taylor na época. De fato, é impressionante que uma adolescente tenha escrito uma letra tão adulta e sombria. Ela nunca especificou quem foi sua inspiração para escrever a música, se é que foi escrita sobre alguém de verdade. Talvez seja melhor assim; seja lá quem for esse cara, ele passa uma péssima impressão. Alguns dos protagonistas de suas músicas de término aparentam não ser bons para Taylor, e não simplesmente pessoas ruins. O dessa canção — seja ele real ou não — parece uma figura conturbada.

A música faz muitos ouvintes sentirem um frio na barriga. Aqui, não estamos falando do amor melancólico e não correspondido das letras anteriores, mas de um desequilíbrio sombrio e arrepiante. Apesar de não ser o destaque musical do álbum, a letra — os sorrisos com ar de superioridade, os dias chuvosos e as barreiras emocionais pintadas de cinza — a transforma em um dos pontos altos da carreira de Taylor, na opinião de muitos Swifties. Ela se empolga ao falar sobre a estrutura musical das canções, porém o que mais parece animá-la é uma letra poderosa, cheia de energia. "Adoro versos que fazem você ficar pensando 'que fora'", disse ela para a *Rolling Stone*. Ironicamente, há muitos trechos desdenhosos em "Cold As You". Essa é outra música que apresenta considerável compostura, cheia de maturidade.

Na faixa "The Outside", Taylor desabafa sobre alguns dos problemas de quando era mais nova. Ela escreveu a letra quando tinha apenas 12 anos. Com dificuldade para se encaixar com os colegas da escola, ela colocou seus sentimentos no papel para tentar entendê-los. "Escrevi sobre a coisa mais assustadora que já senti: ir para a escola, andar pelos corredores, olhar para todos aqueles rostos e não saber com quem falar naquele dia", contou ela para a *Entertainment Weekly*.

Ironicamente, conforme ela explicaria, a rejeição que sentiu na escola a tornou mais resiliente e determinada, fazendo-a perder o medo de ser rejeitada pelas gravadoras quando se apresentava. Ela sabia que nada do que pudesse ouvir seria tão doloroso quanto seus dias de escola. É fascinante refletir sobre o presente que as pessoas que a atormentavam lhe deram sem querer. Sempre há um lado positivo em todo amargo desafio que a vida nos impõe.

No aspecto musical, essa é basicamente uma canção animada com uma justaposição cáustica: letras tristes sobre solidão associadas a uma melodia e produção felizes. Ao longo da história do pop, muitos artistas notaram que esse é um truque eficiente, quando feito da maneira correta. Porém, em sua essência, "The Outside" transmite a mensagem de que até os desafios da vida oferecem vantagens. Sua posição no álbum é importante: ela acelera o ritmo exatamente quando isso se faz necessário.

Não apenas "The Outside" parcialmente esconde seu tema triste por trás de uma melodia alegre, como também reflete, em certo grau, a essência da sétima faixa. Em "Tied Together With a Smile", Taylor canta sobre como as pessoas se mostram corajosas em público sem deixar transparecer seus problemas. Elas se escoram em um sorriso, canta ela, enquanto suas vidas desmoronam. A inspiração veio de quando ela descobriu que uma amiga — amplamente considerada pelo seu grupo como uma "menina de ouro" — sofria de bulimia. Ao receber a notícia, Taylor disse que foi "um desses momentos em que seu coração parece parar". Portanto, acrescentou ela, foi uma música "difícil" de escrever, porque falava sobre algo tão doloroso e "real".

Mas, ela quis que a música tivesse um tom de redenção e esperança. A canção, no fim das contas, fala sobre "como, não importa o que aconteça com meus amigos, sempre vou amá-los". Em certo sentido, ela é irmã de "The Outside". Na faixa anterior, ela indiretamente falava sobre as vantagens de ser excluída; aqui, mostra que fazer parte de um grupo pode ser difícil. Ela adora desconstruir conceitos para ver no que dá. Segundo Taylor: "É sobre aquele momento [quando] alguém percebe que estava se doando para alguém que não era bem o que imaginava, e que estava tentando inventar desculpas para alguém que não merece. E que algumas pessoas simplesmente nunca vão amar você." No sentido musical, a música não é grande coisa se comparada com as melhores do álbum, mas seu tema impactou profundamente os ouvintes.

Desilusões amorosas, paixões não correspondidas e bulimia — até aqui, o álbum tinha sido uma jornada difícil. Em "Stay Beautiful", ela alivia a carga enquanto elogia um garoto que parece não perceber a própria beleza. Apenas vê-lo passar na rua é um dos pontos altos do seu dia — e ela, como canta, está longe de ser a única que o admira. Ela torce para um dia ele bater à sua porta, mas, mesmo que isso não aconteça, deseja que ele continue sendo lindo. A sensação por trás da canção remete a "You're Beautiful", de James Blunt. Com seu som em *slide guitar* e o ritmo que faz qualquer um querer seguir o embalo mesmo sentado, é uma música alegre. E também é bem-vinda: ela deixa de lado a melancolia cada vez maior das suas antecessoras.

No entanto, voltamos para tons mais sombrios em "Should've Said No", um hino que se tornou uma de suas canções mais marcantes. Aqui, reina a fúria. Ela sai da esfera do country e entra no terreno dos clássicos adolescentes. Taylor diz que escreveu a canção vinte minutos antes de gravar. "Meio que cuspi as palavras, e agora a música está no meu CD player", explicou ela. Na canção, ela se dirige a um garoto chamado Sam, que a traiu. O formato pop-rock se encaixa perfeitamente em sua indignação raivosa, mas desafiadora. Alguns críticos, em especial os que faziam parte da comunidade country, acharam "Should've Said No" raivosa demais. Mas essa canção vingativa foi extremamente bem-aceita pelo grande público. Ela também é perfeita para apresentações ao vivo e já foi cantada por aspirantes em shows de talento na televisão com ótimos resultados.

Taylor diz que aprendeu a lição com o incidente por trás da canção e outros parecidos. Ela concluiu que uma decisão crucial ou tentação surgem muito cedo na vida. Se você conseguir dizer não para a tentação, segundo ela, a vida pode ser bem mais fácil. Ela usa a sempre influente Andrea para fortalecer esse argumento. "Antes de tomar decisões, sempre penso: o que minha mãe vai pensar quando eu contar isso a ela? Minha mãe vai ficar chateada se descobrir?" Esse exercício de pensamento com frequência é suficiente para convencer Taylor a dizer não nos momentos certos.

Portanto, talvez seja possível identificar uma preocupação mais ampla aqui. Será que Taylor, que por muito tempo almejou se posicionar como a filha bem-comportada do mundo ocasionalmente depravado do pop, queria dizer que todos deveríamos dizer não às tentações? Será que isso seria, em parte, uma mensagem de moderação e abstinência influenciada pelo cristianismo em um mundo cheio de cobras? Uma coisa é certa: o protagonista da canção se sentiu desconfortável com a faixa. Ao deixar maiúsculas certas letras no encarte do CD, ela soletrou "Sam" repetidas vezes, oferecendo uma identificação parcial do seu vilão. Ele começou a mandar mensagens de texto raivosas para Taylor. Seu medo era que ela o colocasse ainda mais em foco durante entrevistas e que o "crucificasse" na televisão. "A única coisa em que pensava era, bem, você devia ter dito não", disse ela para a *Women's Health*. "É disso que fala a música."

Finalmente, após tanta raiva, tristeza e acusações, em "Mary's Song (Oh My My My)", Taylor oferece alguma esperança. Nessa música redentora, ela acompanha a vida de um casal amoroso e feliz. A inspiração surgiu após um casal que morava na casa vizinha ter ido jantar com os Swift. Conforme Taylor ouvia as histórias sobre como tinham se conhecido e ficado juntos, ela quis transformá-las em canção. A história dos vizinhos de Taylor foi muito inspiradora. Era um contraste estimulante para as coisas que ela via no mundo. "Achei tão fofo, porque você vai ao mercado e vê os tabloides e fica sabendo quais casais terminaram ou quem traiu quem — ou escuta minhas músicas... Mas foi muito reconfortante saber que bastava chegar em casa e olhar para meus vizinhos para encontrar um exemplo perfeito de final feliz."

Se "Mary's Song (Oh My My My)" animou o clima do álbum, então "Our Song" o deixou ainda mais leve. A música foi escrita quando ela estava na escola de ensino médio Henderson e percebeu que não tinha uma música com o namorado. Então resolveu isso da melhor forma possível. Em vez de escolher uma música que já existisse Taylor explicou que "sentei um dia com meu violão e entrei no clima". Assim nasceu "Our Song". A produção é divertida, e os banjos e violinos trazem um clima festivo.

A maioria das pessoas, se olhasse para seus diários de adolescência, se sentiria um pouco envergonhada pelos sentimentos e devaneios da juventude. Por sorte, elas podem guardar para si aquilo que criaram. Quando se trata de Taylor, seus pensamentos mais íntimos, na forma como foram gravados em um álbum, serão eternizados publicamente e conhecidos por milhões de ouvintes. Essas músicas refletem seus sentimentos antes e durante a adolescência.

Então é algo positivo que Taylor sinta tanto orgulho dessa parte inicial de sua obra. "Quando olho para o álbum que gravei aos 16 anos, fico tão feliz por ele existir", disse ela para a MTV em 2011. "Pude imortalizar as emoções de uma época em que você sente tanta raiva e odeia tudo. É como gravar seu diário ao longo dos anos, e isso é um presente." Para Taylor, o álbum envelheceu bem, e ela, como já vimos, é uma de suas maiores críticas.

Já os críticos da imprensa ficaram impressionados quando tiveram acesso ao álbum. O *New York Times* admirou a forma como ela escreveu sua estreia "como um diário, deixando intactos nomes e detalhes incriminatórios". A autenticidade da abordagem de Taylor era admirada tanto por ouvintes quanto pela imprensa. Jon Caramanica acrescentou: "O resultado foi uma pequena obra prima do country voltada para o pop, ingênuo e cínico ao mesmo tempo, costurado pela voz firme e suplicante da Srta. Swift. As melhores músicas — 'Picture to Burn', 'Should've Said No' — também são um pouco odiosas, animadas por algo mais mordaz do que a tradicional revolta adolescente."

Chris Neal, da revista *Country Weekly*, afirmou que Taylor mostrava em sua estreia "uma honestidade, inteligência e um idealismo com que ouvintes de todas as idades podem se identificar". Ele também sugeriu que "o material mais reflexivo sugere um talento que tem chances de durar mesmo após os anos de escola". O site AllMusic criticou elementos da produção do álbum, que parecia artificial demais em certos momentos. No entanto, o avaliador separou essa questão da artista em si. "Swift não tem nenhuma dificuldade em passar por cima de qualquer meiguice que a cerca", dizia a crítica. "Ela apresentou um álbum de estreia louvável, tão bom quanto o de qualquer veterano no mercado há dez anos com muito mais chão e que já sentiu muito mais emoções."

A revista *Country Standard Time* disse que o álbum tinha um ótimo equilíbrio entre dois gêneros, tendo "um clima de iPod, com tanto pop quanto country misturados nas 11 faixas". O crítico Rick Bell prosseguiu: "O melhor de Taylor são as canções extremamente pessoais, de autoria própria, em especial 'The Outside' e 'Our Song', que ela canta com uma convicção emocionante." Ele acrescentou: "É uma estreia impressionante."

O álbum finalmente foi lançado no dia 24 de outubro de 2006 — um dia de muito orgulho para Taylor. E também de bastante ansiedade: ela estava tão nervosa que acordou às cinco da manhã. Como seria entrevistada no programa matinal *Good Morning America*, estava hospedada em um hotel em Manhattan. A aparição promocional tão marcante era um trunfo para ela — muitos artistas estabelecidos no mercado tentam, sem sucesso, conseguir um destaque como esse. Entre as atividades promocionais, Taylor queria fazer mais uma coisa agora que o álbum estava à venda: comprar uma cópia. "Eu só quero fazer isso e colocá-lo no caixa de cabeça para baixo", disse ela. "Não consigo nem explicar como estou empolgada e nervosa. É um dia tão legal, porque estou em Nova York, que parece ser o lugar onde um álbum deveria ser lançado." Sua própria compra acabaria se perdendo em um mar de vendas que a levaria à 19ª posição na parada dos 200 mais vendidos da *Billboard*.

Então o que o álbum de estreia de Taylor nos ensina sobre a cantora? Podemos observar como ela é implacável: suas músicas costumam ser tristes ou sombrias; também há uma boa parcela de raiva no álbum. Como refletiu o *The New York Times*, sua ira parece ir além da angústia tão "tradicional" entre adolescentes. Apesar da mistura de country/pop, há uma dimensão quase grunge ou punk-rock em sua fúria. Em "Picture to Burn" e "Should've Said No", em específico, tanta raiva é externada que o ouvinte acaba pensando que é bom que

Taylor tenha uma válvula de escape musical. Guardar tanta fúria dentro de si não seria saudável.

Como vimos, as pessoas ao redor de Taylor começaram a ficar nervosas ou empolgadas diante da possibilidade de figurarem em suas canções. "Acho que é um dos assuntos favoritos das pessoas — sobre quem escrevi minhas músicas", disse ela para a *Entertainment Weekly*. "Com certeza há mais gente que acha que inspirou uma letra do que a quantidade real de pessoas que o fez", acrescentou ela. Porém, ela não negou que seu material era baseado nas próprias experiências — "É muito autobiográfico", disse ela. Sendo assim, sua vida e sua mente são expostas em muitas das letras de suas canções.

Em boa parte, as canções giram em torno de experiências reais, uma vez que Taylor insiste que suas letras são tão autênticas quanto possível. Essa abordagem é uma tendência crescente entre artistas mulheres do século XXI. Amy Winehouse se tornou famosa — ou infame, talvez — após escrever dois álbuns sobre relacionamentos específicos. *Back to Black* — a faixa e o álbum de mesmo nome — narrava o relacionamento tumultuado com Blake Fielder-Civil. As canções exalam sofrimento e desilusão amorosa, se tornando ainda mais dilacerantes diante da morte precoce de Winehouse. É tentador especular que havia certo grau de autossabotagem na vida de Amy, de forma a inspirá-la a escrever estonteantes faixas cheias de mágoa e desespero. Que preço horrível a excelência musical cobrou dela. (A sugestão não é tão absurda quanto parece: a cantora Lily Allen admitiu em uma entrevista com a *Radio Times* que terminava com namorados apenas para ter inspiração. "Quando entro em uma fase em que não consigo compor nada, levanto e vou embora", disse ela. "É meio cruel, mas é verdade.")

Essa é uma questão antiga para músicos. O famoso compositor britânico Noel Gallagher — que já fez parte da banda de rock Oasis, original de Manchester, e agora é um artista solo bem-sucedido e um veterano do rock inglês — refletiu sobre como era mais fácil escrever músicas com que as pessoas se identificavam quando ele era um jovem faminto, sem dinheiro, que sonhava com o alívio oferecido pelo fim de semana. Depois que se tornou um multimilionário famoso, com uma vida glamorosa e confortável, sendo adorado por milhões de fãs, ele subitamente notou que suas experiências de vida não pareceriam interessantes para o público. E apesar de o declínio do sucesso crítico de sua banda ter acontecido por uma série de motivos, um deles certamente foi o dilema da composição de músicas.

Taylor tinha consciência desse problema. Ao ser perguntada se isso poderia vir a ser uma questão no futuro, sua resposta foi dar de ombros, despreocupada. "Compor músicas é uma questão de conseguir criar e contar uma história, e às vezes isso significa falar sobre si mesmo", disse ela. "Às vezes, significa usar a imaginação para voltar ao momento em que foi alvo de uma mentira. Eu também escrevo quando estou feliz. Minha música de maior sucesso foi escrita enquanto eu namorava." Agora sabemos que essa autoconfiança era merecida. Taylor é famosa por ter uma vida pessoal agitada e turbulenta mesmo após anos de fama e fortuna. Isso significa que suas músicas permaneceram tendo uma profunda carga emocional, mesmo conforme sua carreira tornava a vida bem mais confortável em termos materiais. Bater o pé no começo da sua trajetória profissional, insistir que tentaria escrever da maneira mais autêntica possível, foi o que gerou sua entrega avassaladora.

Ela descreveu a extensão da autonomia que tinha na administração da sua carreira. "Quando estou em reuniões de gerenciamento, quando estamos decidindo meu futuro, essas decisões cabem a mim", disse ela em uma entrevista com a *Harper's Bazaar*. "Eu sou a pessoa que vai cumprir todas essas obrigações, então sou eu que devo decidir quais prefiro fazer. É nessa parte da minha vida que me sinto mais no controle." Ela também assumiu um papel proativo na promoção do álbum. O poder da internet e das redes sociais era algo muito presente em sua mente há anos, como explicou em entrevista para a *Billboard*. "Eu tinha, tipo, 12 anos quando comprei o domínio taylorswift.com e comecei a montar versões diferentes do site", disse ela. "E quando nos mudamos para Nashville, eu e minha mãe nos dedicamos para deixá-lo muito, muito bom. Nós procuramos a Mad Dancer Media e explicamos que queríamos que parecesse um caderno de colagens. E há um monte de botões nele, e o caderno abre, e há abas e páginas que queríamos que fossem interativas e muito apropriadas para a fase em que minha vida estava naquele momento. Eu não queria um site arrumadinho, moderno demais. Eu queria que ele refletisse quem eu era como pessoa e quem sou como pessoa. Então é mais descontraído."

Outro aspecto de sua presença virtual era a conta na rede social descolada da época, o MySpace. O site havia sido usado com muito sucesso para lançar dois dos artistas mais famosos no Reino Unido, Lily Allen e os Arctic Monkeys. Ambos o usaram para reunir e manter seguidores, passando por cima da mídia tradicional. Quando Taylor se tornou uma jovem artista reconhecida, o MySpace havia passado dos tempos áureos. Um excesso de aspirantes a famosos inundaram a rede, torcendo para alguma mágica acontecer em suas vidas. Além disso, o Facebook dava seus primeiros passos, minando aos poucos a popularidade do MySpace.

Sendo assim, para qualquer usuário se destacar no site — sendo famoso, não famoso ou algo no meio do caminho —, seria necessário utilizá-lo com inteligência. Taylor encarou bem o desafio. Ela admitiu que passava "muito tempo no MySpace", explicando que, lá, era pessoalmente responsável pela própria imagem. "Meu MySpace é algo que eu fiz", disse ela. "O fundo de tela que aparece lá, encontrei em um site, copiei o código e colei na seção "Sobre mim". Atualizo todas as fotos, leio os comentários, cuido de tudo naquela página. Para mim, é muito importante e muito especial quando alguém me fala 'Sou seu amigo no MySpace'. Sempre me orgulhei tanto dele, porque é algo muito pessoal para mim." Ela também usava a rede social como fã. E adorava descobrir novos artistas por lá. Muitos pelos quais se apaixonou foram recomendações da página do MySpace de sua amiga Abigail. "Tudo que [ela] escuta no MySpace costuma ser legal e novo, e geralmente são músicas que acabo baixando", disse Taylor.

No entanto, a parte mais importante de sua atividade no MySpace era como ele complementava a promoção do seu single e álbum de estreia. A forma como Scott Borchetta incluiu seu single nas playlists das rádios de música country mostra como essa tática foi sagaz. Ele se certificou de que ela tivesse uma forte presença virtual. E lançou o clipe de "Tim McGraw" antes do single. Como resultado, quando começou a visitar as todo-poderosas estações de música country para pedir que tocassem a música, conseguia fazer isso em uma posição vantajosa. "Nós dizíamos: 'Vocês estão sitiados e nem sabem'", explicou ele. A maioria dos artistas, especialmente no começo da carreira, chegam nas reuniões com as rádios com uma mentalidade bem menos confiante e muito mais servil.

Na verdade, esse relato é levemente mais brutal e agressivo do que a realidade. Taylor acrescentava um charme fofo ao contexto. Por exemplo, ela escrevia bilhetes pessoais, à mão, para qualquer estação que tocasse sua música. Os bilhetinhos adolescentes encantadores derretiam os corações de muitos radialistas frios. E também acrescentava autenticidade. Taylor e Andrea pessoalmente embalavam muitos dos CDs demo do single. Conforme fazia isso, Taylor sussurrava uma mensagem desejando boa sorte a cada um. Com as rádios tocando a música, o single vendeu bem. Ele alcançou a 6ª posição na parada Hot Country Songs [Músicas Country do Momento] da *Billboard* e ficou entre as 10 mais tocadas por 35 semanas. Na parada principal da *Billboard*, ela alcançou a 40ª posição.

Sua vida havia mudado como resultado da fama e da fortuna, mas Taylor tentou evitar a tentação de reclamar. Muitas celebridades modernas se tornaram infames por lamentar a vida sob os holofotes. Robbie Williams, por exemplo, saiu da animação de mal-acredito-na-minha-sorte em relação à sua fama e passou a se portar com autopiedade, seguindo a mentalidade a-vida-é-terrível-quando-você-é-famoso. Taylor seguiu um caminho mais comedido, apesar de ainda ter que acrescentar a escola à sua lista de responsabilidades. "Não é difícil equilibrar tudo", disse ela. "Quer dizer, não tenho do que reclamar. Estou me divertindo mais do que nunca. Tenho tanta sorte. Quando saio em público e vou ao shopping, sim, é muito diferente do que era há dois anos, mas é um diferente lindo. É o tipo de diferente que eu sempre quis. Acredito demais que, se você passar a vida inteira se dedicando, se esforçando e desejando tanto uma coisa, nunca deveria reclamar depois de conquistá-la."

No entanto, os desafios estavam sempre batendo à porta. Um deles era que ela teria que sair da escola e passar a estudar em casa. Havia se tornado impossível promover suas músicas da maneira correta e acompanhar os horários e exigências tradicionais da escola. Também havia o medo de sua fama e estilo de vida cada vez mais empolgante causarem inveja entre os colegas de classe. Ninguém na família queria correr o risco de Taylor voltar aos tempos terríveis em que era cruelmente provocada por seus companheiros de estudo. No entanto, talvez houvesse um excesso de preocupação nesse sentido, já que ela deixaria uma escola em que tinha muitos amigos e onde se divertia. Taylor ficou triste por ir embora, e sua melhor amiga

Abigail Anderson precisou se ajustar à vida na escola sem sua querida Tay. Anderson admite que foi difícil se adaptar: "Quer dizer, qualquer garota sabe que, se sua melhor amiga a abandonar no segundo ano do ensino médio, é tipo 'Tá, o que vou fazer agora?'. Então foi muito difícil, para nós duas", contou ela para o jornal *Lawrence Journal--World*. "Eu meio que tive que me reinventar na escola, e ela precisou seguir sozinha por aí e perder tudo que tinha feito parte da sua vida nos últimos anos. Mas como ela fez tanto sucesso de cara... não dava para pensar em outras coisas."

Durante as férias de verão, ela partiu em uma turnê pelas rádios para promover seu trabalho. Com 2.500 estações para visitar, seria necessário um esforço hercúleo. Ela seguia uma equação simples que lhe havia sido aconselhada: se você quiser vender 500 mil discos, então precisa almejar conhecer 500 mil pessoas. Ela dormia no banco traseiro do carro enquanto Andrea as levava de estação em estação. Andrea disse que foi "muito trabalhoso" ajudar a promover a filha — "mas também muito divertido". Para acrescentar outro toque pessoal, Taylor fazia cookies para entregar aos radialistas.

Ela se lembrará para sempre de onde estava quando ouviu uma de suas músicas no rádio pela primeira vez. "Eu estava dirigindo quando alguém ligou pedindo para tocar a minha música, e quase saí da estrada", contou ela para a revista *Seventeen*. "O presidente da minha gravadora ainda guarda a mensagem que eu mandei berrando, me esgoelando; mal dá para entender o que eu digo, porque estou chorando — foi incrível." Esse foi outro marco para Taylor — de repente, o bullying e o isolamento que ela havia sofrido anos antes na escola pareciam muito distantes. Agora, era como se todo mundo prestasse atenção nela.

Durante a turnê pelas rádios, ela ficou encantada por impressionar os radialistas. Ela também recebeu uma nova onda de ânimo ao receber uma ligação da banda de country Rascal Flatts. O popular grupo com três integrantes, conhecido por sucessos como "Bless the Broken Road" e "What Hurts the Most", estava em uma situação complicada após o artista que fazia o show de abertura da sua turnê ter desistido do trabalho. Taylor foi convidada para substituí-lo. A boa notícia era que isso lhe daria a oportunidade de se apresentar ao vivo, diante de grandes plateias. A ruim era que ela só teria 48 horas para se preparar. No entanto, Taylor não se intimidou e aceitou o desafio. "Estou tão empolgada e mal consigo expressar o quanto eu gritei quando recebi a notícia", escreveu ela no MySpace. Em seu show de abertura para o evento principal, ela tocou um pequeno set de seis músicas. Os críticos observaram que ela construía uma conexão com a plateia que só artistas muito mais velhos e experientes costumavam conseguir. Na época, uma set list comum de Taylor começava com "I'm Only Me When I'm With You" e terminava com "Picture to Burn". Entre essas duas, ela tocava "Our Song", "Teardrops on My Guitar", "Should've Said No" e — é claro — sua marca registrada de sucesso, "Tim McGraw".

A aprovação durante a turnê dos Rascal Flatts aumentou os convites para cantar ao vivo — em pouco tempo, outros artistas começaram a chamá-la para acompanhá-los na estrada. O veterano do country George Strait convidou-a para se juntar a uma turnê com vinte datas. Conhecido como o "rei do country", Strait é uma lenda da indústria. Esse sinal de aprovação dele foi muito importante para Taylor. Ela acredita em tentar ser autêntica quando se apresenta ao vivo, independentemente do tamanho da plateia ou do estabelecimento. Foi naquele momento que ela prometeu que jamais "faria as coisas no automático" no palco, mas que sempre se esforçaria para fazer apresentações apaixonadas. Na sua opinião, não há onde se esconder quando você toca ao vivo: "As pessoas veem estampado no seu rosto o que a música significa para você." Ela jurou que nunca se apresentaria de forma distante. "Eu escrevi essas músicas, e todas significam algo para mim", prosseguiu ela. "Adoro olhar para a frente do palco e ver as pessoas cantando a letra das minhas músicas. Adoro olhar para alguém, fazer esse contato, concordar com a cabeça e dizer obrigada por estar aqui."

A turnê com o Rascal Flatts tinha sido uma "combinação perfeita" para Taylor. No entanto, com Strait, havia o imenso bônus de poder se apresentar "diante de uma 'plateia mais tradicional do country'". Ela escreveu em seu blog: "Sou fã demais de George Strait, então vai ser MUITO divertido." Após suas apresentações, ela assistia ao show de Strait dos bastidores. A intensidade do respeito da plateia por Strait a fascinava, lhe dando a impressão de que era algo "quase religioso". Ela mesma se sentiu praticamente recebendo a Sagrada Comunhão quando, na primeira noite da turnê, no Lafayette de Los Angeles, Strait citou seu nome no palco. "George Strait FALOU MEU NOME", escreveu ela em seu blog mais tarde. "Nós estávamos assistindo ao show... e de repente ele disse 'Estou muito feliz por ter a talentosa senhorita Taylor Swift conosco'. SIIIIM. Foi incrível, meio que um momento que mudou minha vida."

As coisas continuaram a melhorar. O próximo a colocar os holofotes nela foi o roqueiro country Brad Paisley. "Eu estava cogitando muitos artistas para nos acompanhar na turnê", contou ele para a revista *Blender*, "mas, assim que baixei o álbum dela, soube que não havia mais ninguém. As letras acabaram comigo. Adoro o fato de ela não fingir ter 30 anos em suas músicas. Sua voz é muito genuína." Para Taylor, era emocionante ter outra oportunidade de cair na estrada. Igualmente satisfatório era o fato de Paisley entender seu trabalho. Várias figuras da indústria tinham sugerido que ela abandonasse a natureza adolescente de seu material e escrevesse canções na voz de alguém bem mais velho. Taylor ficou feliz por Paisley enxergar as vantagens de sua abordagem alternativa. Ela encarou o tempo que passaram juntos na estrada como uma oportunidade de "ouvir suas opiniões e aprender o máximo possível com ele".

Outra presença na turnê *Bonfires & Amplifiers* de Paisley era Kellie Pickler. Ela e Taylor se tornaram grandes amigas. Nascida em 1986, Pickler ficou famosa ao participar da quinta temporada do *American Idol.* Apesar de ter ficado em sexto lugar, ela chamou atenção tanto dos telespectadores quanto de gigantes da indústria. Seu álbum *Small Town Girl* foi lançado poucos meses após o fim da temporada. Taylor se deu bem com ela logo de cara. As duas pareciam mais do que meras amigas — sua relação ganhou uma proximidade quase familiar. "Ela é como uma irmã", disse Taylor. "As pessoas acham que somos muito diferentes, mas é isso que nos torna próximas. Ela é extremamente direta. Adoro isso. Se ela não gosta de algo que um cara me disse ou fez, pega meu celular e fala 'Vou apagar o número dele'."

As duas também adoravam pregar peças. Elas pregaram uma em Paisley durante a turnê. Junto com o colega artista Jack Ingram, elas se fantasiaram e entraram no palco com Paisley em uma noite, para a surpresa dele. Enquanto ele cantava a música "Ticks", carrapatos em inglês, de repente se deparou com Taylor e Pickler vestidas de carrapatos, dançando ao seu redor. Então Ingram surgiu fantasiado de dedetizador. Ele fingiu borrifar o palco, e então os dois "carrapatos" executaram uma morte dramática. Foi uma brincadeira boba, mas divertida. "Eu ria tanto que mal conseguia respirar", escreveu Taylor em seu blog. "Então fiquei deitada no palco, me fingindo de morta, olhei para Brad, ele olhou para mim e disse 'Bom trabalho'. Acho que ele entrou no clima."

Depois da turnê com Paisley, ela fez o show de abertura de outro astro da indústria, o cantor Kenny Chesney. Assim como antes, ela era só elogios e empolgação. "Abrir para Kenny Chesney é uma das coisas mais legais que já fiz", disse ela, toda contente com a experiência. No entanto, o clima era diferente do que tinha sido na turnê com Paisley. "É tudo muito casual, e o pessoal é bem maneiro de trabalhar. E Kenny Chesney é tão simpático. Simpático de verdade." Ela também observou, com admiração, sua ética de trabalho. "Kenny acorda muito cedo, dá uma volta pelo lugar do show, se apresenta para todo mundo, desde o pessoal da checagem de som até os fãs", contou ela para o jornal *USA Today*. Ele vivia de um jeito que parecia se encaixar com os princípios de Taylor, assim como o de seus atenciosos pais.

Era no fim de cada turnê, quando ela saía da bolha da vida na estrada e voltava à rotina normal, que sua juventude se mostrava. De fato, suas publicações na Internet oferecem uma visão agradável do contraste entre seus dias de turnê e em casa. "Acabei de voltar de uma temporada de cinco shows na estrada", escreveu ela. "Agora, estou sentada na minha cozinha... na bancada. Comendo chantili. Tentando pensar em coisas para fazer com meu gato, e bolando uma playlist com músicas tristes." Assim como muitas garotas do interior, Taylor adorava passar tempo em casa, apesar dos momentos na estrada serem emocionantes. Ela se deliciava com sua popularidade e a facilidade com que tudo parecia estar se encaixando. Seus fãs a deixavam encantada, assim como o apoio de muitas figuras famosas e importantes do mercado. Juntando tudo isso, ela sentia que tinha conquistado respeito e fama. Todos os verdadeiros artistas anseiam por essas duas coisas em igual medida.

No geral, sua carreira e sua vida iam bem. Taylor parecia estar indo no embalo, e 2007 foi um ano de ouro — literalmente, às vezes. Seu álbum de estreia ganhou o disco de ouro, marcando a venda das primeiras 500 mil cópias. Esse era um marco simbólico por outro motivo: era a quantidade redonda que ela almejava vender. Em abril, ganhou seu primeiro prêmio sério. Ela ganhou um "Buckle" (assim batizado por ter o formato de uma fivela) no CMT Music Awards por Clipe de Estreia do Ano, pelo videoclipe de "Tim McGraw". No entanto, no mês seguinte, durante o Prêmio da Academia de Música Country, ela sentiu que havia se estabelecido de verdade no mercado. Apesar de não vencer nenhum prêmio naquela noite, o evento foi um marco. Ela cantou "Tim McGraw" para a plateia, que incluía nada menos do que o próprio Tim McGraw. Cada grande passo para a frente subitamente parecia levar a outro. Quando ela se apresentou no Gold Country Casino & Hotel, no mesmo mês, um crítico escreveu: "Acabei de assistir ao show de uma futura superestrela." Eram essas as palavras que ela sonhava em ouvir. Para todo lado que olhasse, Taylor encontrava previsões de glórias futuras. Ainda assim, seu presente era mais glorioso do que ela esperava naquele momento.

Em junho, ela tocou no Country Music Festival. Foi uma ocasião extremamente simbólica em vários sentidos. Enquanto estava lá, ela recebeu a notícia de que seu álbum seria disco de platina. O marco foi alcançado apenas oito meses após sua estreia — uma conquista fenomenal. Ela avaliou seu sucesso em comparação com as duas visitas anteriores ao festival. "No meu primeiro ano, fui voluntária (com 14 anos) e ajudei a levar os artistas para suas entrevistas com as rádios", escreveu ela no blog. "No ano passado, eu estava lá dando autógrafos (ninguém me conhecia, foi engraçado) e contando para todo mundo que eu estava prestes a lançar um single chamado 'Tim McGraw', implorando para que ligassem nas rádios pedindo para tocar a minha música... rá-rá. Então, um ano depois, lá estava eu, ganhando um disco de platina por ter vendido um milhão de cópias do meu álbum. Foi um bom ano." No mês seguinte, o álbum alcançaria o primeiro lugar da parada de álbuns de country da *Billboard*.

Ela se pegou encarnando o papel de irmã mais velha para seus jovens fãs. Eles acreditavam que podiam aprender bastante com suas músicas e declarações públicas. Isso colocou a jovem sob bastante pressão: um passo em falso teria o potencial de causar consequências para muitos dos seus fãs. Ainda assim, ela lidou bem com a responsabilidade. No outono, aceitou participar de uma iniciativa de educação pública para chamar atenção sobre predadores na Internet e uma série de crimes virtuais cometidos contra crianças. Unindo-se ao governo do Tennessee e a uma associação policial, ela falou diretamente com jovens em idade escolar para tomarem cuidado quando conhecessem pessoas na Internet, "porque, quando você conhece alguém pelo computador, nunca sabe com quem está falando de verdade". Sendo bem franca, ela acrescentou: "Se alguém aqui estiver se sentindo solitário depois da escola, e uma pessoa aleatoriamente entra em contato [por mensagem] e diz que tem 19 anos, estuda em Yale e trabalha como modelo, é bem provável que ela tenha 45 anos e more no porão dos pais", disse Swift. "E é possível que seja um tarado da internet. Essa é a realidade."

Além de dedicar tempo a causas importantes, ela também ajudava financeiramente. Quando Cedar Rapids, em Iowa, sofreu uma forte inundação, ela prometeu doar 100 mil dólares para o projeto da Cruz Vermelha de recuperar e auxiliar a comunidade. "Eles me apoiaram; lotaram meu show", explicou ela para a revista *People*. "Na vida, a gente precisa retribuir — e foi isso que fiz com Cedar Rapids."

Enquanto isso, em outubro de 2007, ela lançou um álbum temático para as festas de fim de ano. Era uma edição limitada com algumas composições originais e quatro covers de clássicos natalinos: "Santa Baby", "Silent Night", "Last Christmas" e "White Christmas". Apesar de os covers oferecerem uma familiaridade festiva à coleção, Taylor também insistiu em incluir canções inéditas. "Precisa haver alguma coisa muito original e diferente no álbum", disse ela, fugindo da tentação de fazer o lançamento preguiçoso de um compilado de músicas bregas. Taylor gosta do Natal, tanto em termos religiosos quanto de tradição. "Adoro tudo em relação a essa época do ano, mas principalmente o jeito como as pessoas ficam mais próximas daqueles que amam", escreveu ela no blog. Uma das canções originais do álbum, "Christmases When You Were Mine", está entre suas composições mais poderosas e dolorosas. É uma pena que tenha sido escondida em um lançamento obscuro.

O mesmo pode ser dito sobre algumas das faixas que só foram lançadas na edição bônus de *Taylor Swift*. Por exemplo, "I'm Only Me When I'm With You" é espirituosa e festiva, ideal para dançar. Os versos são carregados da sensação de que algo belíssimo está a caminho, e o refrão parcialmente satisfaz essa ânsia. Ainda assim, fica a sensação de que ainda há algo por vir. Esse algo realmente chega após o refrão; conforme os violinos e a percussão tocam ao fundo, é como se a canção levasse o ouvinte ao céu, onde sua chegada é recepcionada por confete, champanhes estourando e fogos de artifício. Em algum lugar entre o refrão e os versos subsequentes, o ouvinte é tomado pela sensação de invencibilidade.

Na cerimônia de 2007 do Country Music Award, Taylor venceu o muito desejado Horizon Award, que celebra o artista revelação. Ao conquistar o prêmio, ela se juntou a uma lista prestigiosa. Vencedores anteriores incluem Garth Brooks, Dixie Chicks e Carrie Underwood. De fato, a cerimônia de 2007, que ocorreu no Sommet Center (atualmente Bridgestone Arena), foi uma noite importante para Underwood. Pelo segundo ano consecutivo ela recebeu dois prêmios de prestígio — Melhor Single e Melhor Vocalista Feminina. Com 24 anos de idade, a cantora de country — que agradeceu a Deus durante seu discurso — era um exemplo fascinante para Taylor.

Taylor cantou seu mais novo sucesso, "Our Song", na premiação. Talvez ela tenha refletido sobre o simbolismo de sua posição central nesse evento importantíssimo no calendário de Nashville. Ela foi a primeira dos cinco indicados ao Horizon Award a cantar naquela noite. Ela usava um vestido preto curto com mangas compridas. Se sua apresentação demonstrava certo nervosismo, a emoção realmente ficou evidente quando ela voltou ao palco para receber o prêmio. Ele foi apresentado pela onipresente Underwood.

Taylor — que, após uma mudança de figurino, com certeza parecia uma vencedora em seu vestido dourado — cobriu o rosto com as mãos em choque quando seu nome foi anunciado. Ela se virou para Andrea, que estava sentada ao seu lado, e mãe e filha se abraçaram em comemoração. Ela precisou levantar o vestido comprido enquanto subia os degraus até o palco. Ofegante e trêmula, Taylor começou seu discurso de agradecimento. "Nem consigo acreditar que isto está acontecendo", disse. Ela então seguiu a linha religiosa antes de concluir com um tom jovial. "Quero agradecer a Deus, e à minha família por se mudar para Nashville para eu conseguir fazer isso. Quero agradecer à Country Radio; nunca vou me esquecer de como se arriscaram por mim. Brad Paisley, obrigada por me levar na sua turnê." Ela também agradeceu a Scott Borchetta e "todo mundo na Big Machine Records". Conforme as lágrimas vieram, ela encerrou com um agradecimento "aos fãs — vocês mudaram a minha vida. Este com certeza é o melhor momento do meu último ano do ensino médio!"

O termo "último ano do ensino médio" arrancou risadas da plateia. Foi um discurso fofo. No mês seguinte, ela foi novamente o charme em pessoa ao participar do anúncio dos indicados ao Grammy. No palco, revelando alguns dos nomes que poderiam ser premiados na 50ª cerimônia anual, ela pareceu surpresa ao ouvir os Foo Fighters anunciando seu nome como indicada na categoria Melhor Artista Revelação.

Ela foi correndo até Dave Grohl e Taylor Hawkins, membros da banda, e os envolveu em um abraço entusiasmado. "Não se preocupe, Taylor", disse um Grohl bem-humorado, "você vai levar." Mais tarde, ela diria: "Foi um ano incrível, e tivemos muito sucesso nos CMAs, ganhei o Horizon Award — e isso foi maravilhoso." Ao ser questionada sobre se passaria noites em claro nas semanas que antecederiam a cerimônia do Grammy, agora que sabia ser uma das indicadas. Sua resposta foi: "Sabe, sobre ter problemas para dormir — ninguém tem controle sobre premiações. Aceitei o fato de que posso controlar o que eu digo, posso controlar como me comporto, posso controlar o que faço em um palco, mas não posso controlar as premiações, então tento não ficar nervosa."

De fato, havia sido um ano incrível. Ele terminou com Taylor alcançando um marco pessoal. No dia 13 de dezembro, ela completou 18 anos. Scott e Andrea deram uma festa cor-de-rosa para a filha. Eles estavam tão orgulhosos, em tantos sentidos, da primogênita. "Esta festa é nosso presente de aniversário para ela", explicou sua mãe para a revista *People*. "Ela sabe que os presentes reais na vida são as relações que temos." No entanto, quando questionada sobre qual era a melhor parte de completar 18 anos, Taylor respondeu: "Eu queria um álbum no topo das paradas, e consegui. E ganhei algo que nem tinha cogitado: uma indicação ao Grammy."

Sobre o abraço com os Foo Fighters, ela foi direta. "Estou chocada", disse ela para a *People*. Comentando sobre sua reação corporal, acrescentou: "Sempre fui de dar abraços. Eu sinceramente não achava que seria indicada, então, quando anunciaram meu nome, eu só queria abraçar alguém. Fico feliz porque as pessoas começaram a se abraçar. Se todo mundo se abraçasse mais, viveríamos em um mundo melhor."

Após o que pareceu uma eternidade esperando para algo acontecer, agora ela seguia em um bom ritmo. "Às vezes, quero me beliscar. É tipo 'Estou aqui mesmo?'", disse ela. Tudo parecia incrível na vida de Taylor. No entanto, Borchetta estava preocupado. Nem ele, nem Taylor esperavam que a carreira dela decolasse daquela maneira com seu álbum de estreia. Ele tinha medo de que ela alcançasse o auge rápido demais e ficasse desmotivada.

Em específico, ele pensava em como Taylor — tão enérgica diante de um desafio ou quando quer transformar uma percepção — poderia manter o ânimo agora que tinha deixado de ser uma vítima e se tornado uma campeã. "Fico com medo de ela conquistar o mundo aos 19 anos", confidenciou ele para o *Washington Post*. "Ela vai chegar ao topo da montanha e dizer: 'É isso?' Porque ela está acumulando um monte de conquistas que nem almejávamos para o primeiro álbum." Ele acrescentou: "Meu trabalho nesta etapa é protegê-la e não deixá-la perder a garra."

Muitos astros infantis perderam a graça rápido e desapareceram tão rápido quanto surgiram. A prioridade de todos ao lado de Taylor era impedir que isso acontecesse com ela. Quanto a Taylor, ela admitia que estava ansiosa. "Não acredito que tenho esta vida, então tenho um medo absurdo de fazer besteira, de cometer um erro que faça tudo desmoronar. Meu cérebro passa o tempo todo fazendo malabarismo." Ela acrescentou para o *Daily Mail* que "se preocupava demais".

A atenção que ela dava aos próprios sentimentos era equivalente à que Borchetta e seus pais lhe davam. Ela estava cercada por ótimas pessoas preocupadas com seu bem-estar. Todos tinham plena consciência das contradições em sua vida: por um lado, ela era uma jovem estrela da música em ascensão, com um álbum aclamado pela crítica e comercialmente viável. Mas também ainda era uma adolescente.

Taylor lidava bem com o paradoxo, porque tinha uma cabeça boa para sua pouca idade. Essa maturidade a ajudaria bastante no próximo capítulo de sua carreira. Ela estava prestes a descobrir que o mundo em que havia entrado era bastante adulto.

Capítulo 4

Assim como várias jovens celebridades, Taylor atraiu muitas especulações a respeito de sua vida pessoal conforme sua fama aumentava. Antes de seus relacionamentos com homens famosos se tornarem públicos, havia bastante curiosidade sobre o motivo de ela não ter um parceiro. Em abril de 2008, Taylor foi capa da revista *Blender*. A manchete a apresentava como a "garota comum que acaba com a raça dos namorados e domina as rádios". Em vídeo que acompanhava a matéria no site da revista, questionaram por que ela não tinha um namorado. A cantora afirmou que fazia quase dois anos que não beijava ninguém. "Não tenho tempo", disse ela. Ao ser perguntada sobre quem seria seu acompanhante dos sonhos para o baile de formatura, a resposta de Taylor foi um infame blogueiro de celebridades abertamente gay. "Perez Hilton! Gostaria de ir ao baile com alguém divertido e engraçado, e acho que me divertiria mais com Perez do que com qualquer outra pessoa." Foi uma maneira inteligente de fugir da pergunta.

Mantendo a imagem pura e imaculada que estava sendo moldada para ela, Taylor acrescentou que, além de se manter afastada de namoros, evitava ir a festas. "Pode ter gente bebendo nesses lugares", disse, como se essa simples possibilidade fosse capaz de fazer qualquer leitor da *Blender* estremecer junto com ela. "Sua carreira pode evaporar em um piscar de olhos. Não vale o risco." Em vez disso, afirmou que preferia jantar no ambiente familiar do Applebee's, uma rede de restaurantes dos Estados Unidos. Era o ápice da imagem da americana certinha. Embora a imagem de boa moça em relação às noitadas fosse permanecer, em dado momento ela passaria a ser associada a uma vida amorosa agitada.

Enquanto a capa da *Blender* era distribuída em bancas de jornal do país inteiro, chegou o momento de Taylor comparecer a mais uma premiação da qual iria novamente sair cheia de prêmios. A cerimônia do Country Music Television Awards foi uma noite de glória. Ela foi o destaque, ganhando dois prêmios, entre eles Videoclipe do Ano. Os apresentadores da categoria foram Miley e Billy Ray Cyrus. "Tem certeza? Está falando sério?", disse Taylor, incrédula, ao receber seu primeiro prêmio de Videoclipe Feminino do Ano. Mais tarde, ela escreveu que nunca se esqueceria da expressão de Andrea quando anunciaram sua vitória e que, ao observar a plateia, pensou: *Como posso ter tanta sorte...? Como consegui ter essa vida?*

Taylor passou a maior parte da noite descalça, o que ajudou a destacá-la ainda mais. Aquela adolescente descalça quebrou a atmosfera formal do evento. Mais tarde, ela falou sobre isso para a revista *People*: "Encontrei com Faith Hill e comentei 'Esses sapatos machucam muito'. E ela respondeu: 'Por que você não tira?' Faith Hill me disse para ficar descalça, então eu obedeci." Após receber o prêmio usando um vestido na cor vinho, Taylor também se apresentou. Agora com um vestido preto, chapéu e botas de caubói para cantar "Picture to Burn". Na apresentação, acrescentou à música uma longa introdução ao estilo blues. Ela estava passando uma mensagem: não sou apenas uma modinha passageira adolescente, sou uma artista séria. Quando a canção começou para valer, Taylor jogou o chapéu para longe e balançou os cabelos. No segundo verso, andou pelo palco com o microfone e pareceu perder o fôlego. Apesar disso, seu desempenho foi magistral e impactante. Ao fundo, os efeitos pirotécnicos ressaltavam a natureza impetuosa da música, criando uma experiência visual fascinante.

Enquanto esse espetáculo teve o tema fogo, sua próxima apresentação em um evento da indústria musical foi dominada pelo elemento oposto: a água. Em maio, Taylor ganhou o prêmio de Revelação Feminina na 43ª edição do Academy of Country Music Awards, em Las Vegas. Dedicou o prêmio a Andrea, dizendo: "Mãe, muito obrigada. Eu te amo. Esse é pra você!" Ao cantar "Should've Said No", começou a apresentação discretamente: sentada, com roupa escura, incluindo um moletom preto com capuz, tocando violão e cantando uma versão calma e lenta da música. Quando chegou o momento do primeiro refrão, jogou o instrumento para a coxia e ficou de pé diante do microfone. No segundo verso, a roupa despojada foi magicamente arrancada por dois dançarinos, deixando-a com um vestido preto bem mais adequado à ocasião. Uma performance cheia de reviravoltas já naquela época. Para o refrão final, ela ficou debaixo de chuva. Apesar de encharcada, continuou dançando de modo desafiador, com a linguagem corporal seguindo a letra da música. Quando se curvou para agradecer, ao final da canção, riu da ousadia dessa produção. A mídia logo repercutiu a apresentação, com manchetes previsíveis sobre como Taylor tinha "mergulhado" de cabeça.

E então vieram os Grammys. A britânica Amy Winehouse foi quem levou o prêmio que ela e Taylor estavam disputando. Na verdade, a cantora natural de Londres, de 24 anos, arrematou cinco prêmios naquela noite. Ela não estava presente na cerimônia, pois seu visto para entrar nos Estados Unidos não tinha ficado pronto a tempo — sempre uma caixinha de surpresas. Mas Taylor logo recebeu uma espécie de prêmio de consolação: apareceu na lista dos "100 mais bonitos" da revista *People*. Não era bem um Grammy, mas era melhor do que nada.

Sua presença cada vez mais adulta em público camuflava o fato de que ela era uma garota que ainda estava na escola. No verão de 2008, Taylor finalmente se formou, explodindo de empolgação e orgulho. Este sentimento foi intensificado pelo fato de ela ter ficado tentada a largar os estudos conforme sua fama aumentava. "Se formar no colégio é legal demais", declarou. "Estou muito orgulhosa, porque parei de ir para a escola no primeiro ano do ensino médio, mas comecei a estudar em casa." Para ela, no fim das contas, não havia sido uma decisão do tipo "ou isso, ou aquilo". Com o apoio dos pais, tinha encontrado um jeito de conciliar as ambições musicais e a educação tradicional. "É muito bom saber que não é preciso abrir mão dos sonhos para se formar, e não é necessário abandonar a educação para viver nossos sonhos", afirmou. "É muito legal poder fazer as duas coisas."

Mais legal ainda foi o dia em que ela descobriu que estava ocupando as duas primeiras posições do ranking de álbuns country da *Billboard*. O combo de CD e DVD *Beautiful Eyes* e o álbum de estreia da cantora, que já tinha alcançado platina tripla desde o lançamento, estavam em número 1 e 2 na lista, respectivamente. Ela achou tudo isso muito divertido. "Foi tão engraçado ler as manchetes no dia seguinte dizendo 'Taylor é arrancada da primeira posição — por ela mesma'", declarou. E brincou: "Eu e essa garota vamos ter problemas, seja ela quem for!" *Beautiful Eyes* era um EP lançado em julho de 2008 e vendido exclusivamente nas lojas do Walmart e pela internet. O álbum acompanhava um DVD que incluía vídeos promocionais, uma entrevista com a cantora e a gravação de um show ao vivo.

Ao promover o lançamento, ela fazia questão de ressaltar que aquele *não* era seu segundo álbum. Ela sabia que vinha lançando materiais em um ritmo bastante prolífico. "Esse não é o álbum novo no qual venho trabalhando o ano inteiro", escreveu em seu blog no MySpace. "Só vou deixar minha gravadora produzir uma pequena quantidade. Não quero de forma alguma que vocês pensem que estamos lançando coisas demais." A capa do EP era carregada de vermelho e amarelo. Trazia Taylor com um vestido amarelo e segurando uma flor vermelha, seus olhos fazendo jus ao título do álbum. *Beautiful Eyes* alcançou a nona posição da *Billboard* dos 200 álbuns mais populares nos Estados Unidos e, como vimos, chegou ao topo das paradas dos álbuns country, desbancando o álbum de estreia da cantora.

Além do sucesso nas paradas, Taylor começou a receber cada vez mais reconhecimento do mercado adolescente. Naquele verão, foi eleita Artista Revelação pela revista *Teen Choice*. Foi um momento duplamente satisfatório para Taylor. Embora estivesse colecionando prêmios em ritmo acelerado, esse reconhecimento ainda era novidade, e ela adorava — esse prêmio em especial, uma vez que ele justificava a visão de que, como uma artista country, ela poderia atrair o público adolescente. Os jovens estavam encantados com o sabor característico de Nashville de suas músicas e adorando o jeito como ela o misturava a letras com temáticas típicas do mundo adolescente.

De certa forma, Taylor ganhou a oportunidade de voltar às raízes quando foi convidada para cantar o hino nacional em um jogo de beisebol da World Series entre o Tampa Bay Rays e o Philadelphia Phillies. Foi um momento marcante tanto para a cantora quanto para alguns dos jogadores. Entre eles, havia aqueles que já tinham jogado no Reading Phillies, um time da liga menor de beisebol, e se lembravam de Taylor cantando em suas partidas. Era uma simetria deliciosa: tanto os atletas quanto a artista tinham chegado à primeira divisão. Enquanto se apresentava, Taylor estava se preparando para tentar sua própria jogada de mestre: o lançamento do álbum *Fearless*.

Enfim, era o momento de o seu segundo álbum *de verdade* chegar às lojas. O burburinho seria intenso. Ao trabalhar no disco, ela tinha conseguido fazer parcerias com algumas figuras lendárias. Taylor queria algo novo e sentia que, para alcançar esse objetivo, precisava de pessoas diferentes ao seu redor. Mais tarde, recordou: "Meus colaboradores dos sonhos no último projeto foram Shellback e Max Martin. Nunca fui tão desafiada como compositora. Nunca aprendi tanto." O primeiro single foi "Love Story", lançado em 12 de setembro de 2008. "Não é um conto de fadas, é Shakespeare, mas Romeu e Julieta sempre foi meu casal preferido, porque não ligavam para nada e se amavam independentemente de qualquer coisa. E sempre foi minha história preferida — tirando o final. Então, com 'Love Story', só peguei meus personagens favoritos e dei a eles o final que mereciam."

Mais importante ainda era que a música abordava um questionamento que a mídia fazia cada vez mais a Taylor, pois também representava a experiência amorosa que ela vinha tendo desde que se tornara famosa — ou melhor, a falta dela. "Antes, eu estava na escola, onde você encontra [um namorado] todo dia", explicou ao *Los Angeles Times*. "Depois, me vi em uma situação que não era tão fácil para mim e escrevi essa letra porque me identifico com a história de Romeu e Julieta." Musicalmente, a canção tem uma atitude que retrata a jornada percorrida por Taylor entre o primeiro e o segundo álbuns.

Era o som de uma artista no controle do seu ofício, que mostra seu talento com confiança. O conceito da canção gira em torno do verso principal: "This love is difficult but it's real" [Este amor é difícil, mas é real]. Esta havia se tornado sua frase favorita para cantar ao vivo. Ela sorri com orgulho ao cantar essa parte da letra. No entanto, por trás da música, há a história de um desejo não realizado: Taylor a escreveu inspirada por um rapaz de que gostava, mas com quem nunca chegou a ter um relacionamento por medo de que os amigos e a família não o aprovassem.

A canção usa as tristes inspirações da literatura e da vida real como trampolim para um salto rumo a um terreno mais feliz. A mudança de tom perto do final leva a canção para uma atmosfera calorosa e cheia de otimismo. No entanto, mesmo nesse tom animado, Taylor fez questão de não entrar no território da alegria desmedida ou de acabar parecendo ingênua. "Preciso acreditar em contos de fadas, e preciso acreditar no amor — mas não cegamente", declarou à *Seventeen*. "Se você encontrar seu Príncipe Encantado, saiba que ele terá dias bons e ruins. Às vezes o cabelo dele vai estar horrível ou ele vai estar de mau humor e pode ser que diga algo que magoe você. Você deve basear seu conto de fadas não no 'felizes para sempre', mas no 'felizes hoje'."

O legado mais significativo do single foi levar Taylor para além dos Estados Unidos e do Canadá: ele alcançou a terceira posição nas paradas da Nova Zelândia, a primeira posição na Austrália e a segunda na Grã-Bretanha. Foi um grande momento para ela, comparável à sua libertação do rótulo de artista country. A riqueza e a maturidade do single chamaram atenção do público e despertaram interesse pelo álbum. Quando o escutaram, eles foram confrontados com um conjunto de canções habilidosas, belas e, no entanto, estranhamente sombrias. "Fearless", a faixa-título, é uma música de abertura forte. A bateria e as guitarras são robustas, a produção é exuberante e a sensação geral é, bem, destemida, assim como sugere o título da canção. Taylor afirma que a inspiração para escrevê-la surgiu durante sua turnê, o que foi o caso com várias outras faixas do álbum. Nesse sentido, as preocupações presentes nas letras refletiam a vida em transformação da compositora. Solteira, em grande parte por se concentrar na carreira, ela começou a imaginar como seria um primeiro encontro ideal. Isso a levou a uma música sobre a coragem de voltar ao campo de batalha dos relacionamentos. É o que acontece quando uma pessoa tem o coração partido e se reergue e sacode a poeira. "Esta é uma canção sobre não ter medo de se apaixonar", disse ela. "Não importa quantas músicas de término você escreva, quantas vezes você se machuque, você sempre vai se apaixonar de novo (...) Às vezes acho que, ao compor canções de amor, não escrevemos sobre o que estamos passando naquele momento, mas sim sobre o que gostaríamos de ter."

A segunda faixa do álbum é uma das mais debatidas da carreira de Taylor. "Fifteen" é, como ela disse à época, "a melhor música que já escrevi". A canção despertou bastante admiração pela compositora. O cantor country Vince Gill afirmou que "Fifteen" era um "ótimo exemplo" de como Taylor escreve letras que "miram diretamente" nos seus jovens fãs. Mais uma vez, a loirinha se colocava como uma espécie de irmã mais velha para muitos de seus ouvintes, assumindo o papel que havia recebido de "porta-voz de uma geração". Novamente, ela o fez de maneira brilhante. "A música diz 'Eu devia saber disso, eu não sabia daquilo, aqui está o que aprendi e o que ainda não sei'." Taylor acrescentou que a letra trazia conselhos "para meu eu do passado", mas também "para qualquer garota que esteja entrando no ensino médio e se sentindo a menor pessoa do mundo".

Era uma canção emotiva. Os desafios e as dores que Taylor descreve na música tinham acontecido com ela e são vividos por muitas de suas fãs: o ouvinte sente o peso do sofrimento da situação. A cantora também: ela admite que chorou durante a gravação da faixa. Ouvintes de todas as idades estão sujeitos a derramar lágrimas ao refletir sobre a mensagem da música. As fãs mais jovens podem se identificar com o que Taylor narra na música, e as mais velhas podem se lembrar daquela dor e, então, senti-la voltar à tona conforme imaginam suas próprias filhas ou sobrinhas passando pela mesma situação. Enfim, não podemos fazer quase nada para proteger as jovens que amamos desse tipo de sofrimento. A canção desempenha um pouco esse papel: Taylor mostra às meninas que, pelo menos, elas não são as únicas a ter esses sentimentos.

A canção é inspirada na vida real. Abigail, amiga da cantora, passou por um término doloroso quando as duas estavam no fim do ensino fundamental. Foi essa experiência que levou Taylor a escrever "Fifteen". Como contou à Country Music Television, ela nunca havia sentido uma dor de amor tão profunda quanto a de Abigail. "Talvez eu ainda não tenha vivido um término como esse", disse. "Talvez no futuro eu passe por um término em que vou chorar toda vez que pensar no assunto — mas o que me faz chorar é ver as pessoas que amo sofrerem. 'Fifteen' fala sobre como minha melhor amiga, Abigail, teve o coração partido (...) e eu choro toda vez que canto sobre isso." Foi Abigail a garota abandonada que ficou se sentindo a menor pessoa do mundo.

Depois de "Love Story", o álbum segue para "Hey Stephen". É uma música divertida sobre um interesse romântico que Taylor desenvolveu enquanto estava na estrada com a Love and Theft, banda que abriu alguns de seus shows em 2008. Ela ficou caidinha pelo vocalista e guitarrista, Stephen Barker Liles, e escreveu a canção. Quando o álbum foi lançado, Taylor escreveu para ele, que ficou lisonjeado e escreveu um e-mail de agradecimento. Mais tarde, Stephen falou com a revista *People* sobre a amizade dos dois. "Ficamos amigos desde que a Love and Theft começou a abrir os shows dela", contou. "Acho que todo mundo concorda que ela é um doce e que qualquer cara seria sortudo de sair com ela."

Desde então, porém, Stephen fez comentários menos calorosos sobre Taylor e a música. Disse ao Yahoo! Music que a inspiração para a canção tinha sido "provavelmente apenas um interesse passageiro, ou uma falta de pessoas sobre as quais escrever". No entanto, mais tarde, ele compôs uma música sobre a cantora. Além disso, afirmou que "Taylor ama as pessoas genuinamente, de uma forma que apenas o Senhor amaria" enquanto falava com o canal de TV on-line Planet Verge. Uma reviravolta estranhíssima.

Mas a canção é muito divertida, dando uma dose de leveza ao álbum. Começa com algumas rimas brincalhonas, enquanto o "Hmmm" ao final do refrão é atrevido — o momento mais adulto da obra de Taylor até então. Parece que cantar sobre uma atração passageira, em vez de algo mais sério, aflorou seu lado mais espirituoso. Vários comentaristas apontaram que a música é recheada de temas já comuns para Taylor: beijar um parceiro na chuva e aparecer na janela do quarto dele.

O clima festivo não dura muito. Enquanto "Hey Stephen" é divertida e cheia de piadas internas, "White Horse" traz o melhor do lado sombrio de Taylor. Trata-se, como disse ela, "do momento traumático" em que você se dá conta de que os contos de fadas que sonhou viver com alguém não vão se tornar realidade. Ela canta que isso não é Hollywood, e sim uma cidade pequena. Fala com tristeza sobre quantos sonhos e finais felizes tinha em mente com o rapaz. Tudo o que queria era a verdade.

Curiosamente, Taylor descreveu a versão de estúdio como "simples" do ponto de vista musical; na realidade, não é nem de longe uma música com produção leve. O violão, o piano e o violoncelo se combinam de modo denso. A voz dela — na sua melhor expressão de tristeza e decepção — se mescla lindamente à melodia. Em um álbum cheio de canções tristes, essa é, em especial, uma canção sombria. O homem não é um príncipe, e é tarde demais, admite ela, para que ele entre com um cavalo branco em sua vida. Poucos artistas expressam uma decepção amorosa tão bem quanto Taylor — nessa faixa, ela o faz de forma brilhante.

Embora "White Horse" tenha sido programada para entrar no terceiro álbum de Taylor, foi transferida para *Fearless* depois que os produtores da bem-sucedida série de TV *Grey's Anatomy* telefonaram para os agentes da cantora perguntando se poderiam usar a música no episódio de abertura da quinta temporada. Para a artista, foi um "sim fácil": o drama médico era seu programa preferido na época. Um "sim" fácil e emotivo, como ela explicou mais tarde. "As lágrimas rolavam quando recebi a ligação dizendo que iam usar a música", disse. "Eu nunca fiquei tão empolgada. Era meu objetivo de vida ter uma canção em *Grey's Anatomy*. Nunca deixei de amar a série. É meu relacionamento mais longo até hoje." Ela quase não conseguia acreditar na própria sorte.

"You Belong With Me" é outra faixa divertida, tanto do ponto de vista musical quanto temático. A inspiração veio quando Taylor estava viajando em um ônibus de turnê. Ela ouviu um membro da banda acalmando a namorada pelo telefone. "Ele estava falando 'Amor, claro que eu te amo mais que a música, me desculpa. Precisei ir para o ensaio'." Na canção, Taylor se pergunta se o rapaz não percebe que tem mais em comum com ela do que com aquela garota distante. A letra é inteligente, incluindo alguns versos sobre como a outra garota usa saias curtas, enquanto Taylor usa camisetas. Em termos musicais, é uma empreitada válida e eficiente.

Um tema central no trabalho da artista é o conceito de invisibilidade. Já o vimos, é claro, em "Invisible", mas ele aparece em outras faixas, entre elas "Teardrops On My Guitar". Está presente também em "You Belong With Me". Ela canta sobre como pode ser difícil enxergar algo brilhante bem na sua frente. Embora fique nítido que a ideia de uma ótima garota ser essencialmente invisível para um rapaz é uma força motriz para Taylor — tanto do ponto de vista romântico quanto musical —, esse conceito também pode ser visto como combustível para a energia e a determinação da cantora. Sua obsessão lírica pelo tema sugere que Taylor é atormentada pela ideia de ser invisível para o mundo e, portanto, dedica tempo e esforço para que o maior número possível de pessoas a note e enxergue sua grandiosidade. Veremos esse tema novamente em outras músicas lançadas por Taylor.

Após "You Belong With Me", o álbum desacelera com "Breathe", composta em parceria com a cantora e compositora Colbie Caillat, que foi convidada para um dueto na gravação. Taylor era fã de Caillat, tendo declarado que ela era "a artista mais descolada do cenário atual" e acrescentado que "então, o fato de ela estar no meu próximo álbum me faz sentir um pouco descolada também". Caillat retribuiu o elogio dizendo o seguinte sobre Taylor: "Ela é tão doce, tão linda, tão talentosa e, sinceramente, uma jovem muito inteligente. Ela sabe o que está fazendo, sabe como lidar com a carreira e assumir o controle. Eu a amo."

O título da canção faz jus à sua atmosfera: aqui, o álbum parece fazer uma pausa para respirar. Em um sentido mais amplo, a faixa também desvia da fúria e da recriminação que sustentam boa parte da obra de Taylor. Há um certo fatalismo na letra: a letra fala sobre alguém que não pode fazer nada para salvar um relacionamento. "É uma música sobre precisar dizer adeus a alguém, mas ela nunca põe a culpa em ninguém. Às vezes essa é a parte mais difícil. Quando não há culpados." A ausência de responsabilização e amargura nessa faixa dão frescor e equilíbrio ao álbum. Ela mostra que Taylor nem sempre tem um dedo apontado para culpar alguém.

Essa versão da cantora reaparece, porém, em "Tell Me Why". Liz Rose, que escreveu a canção com Taylor, sabe como trazer à tona os sentimentos de um artista. Para isso, sua tática é simples: perguntas perspicazes. Portanto, quando Taylor chegou para uma sessão de composição com uma fúria reprimida em relação a um namorado, Liz sabia o que fazer. Virou-se para Swift e perguntou: "Se você tivesse a oportunidade de falar tudo o que está pensando para ele, o que diria primeiro?" "Eu diria: 'Estou de saco cheio das suas atitudes, sinto que não conheço você de verdade.'" A partir daí, Taylor conta que "começou a divagar". Mas, enquanto isso, Liz estava anotando a essência daquela divagação. "Transformamos aqueles pensamentos em letra", disse Taylor.

E uma letra animada. Voltamos à Taylor "impaciente" com que estávamos mais acostumados. Também a vemos expressando temas que surgem bastante em sua obra: a ideia de que um interesse romântico despreza a vida e os sonhos dela priorizando os próprios. Ela lamenta ter sido enganada pelo sorriso do rapaz — um erro com o qual muitas pessoas se identificam, sem dúvida. O ouvinte talvez se pergunte: se ele tentasse contar seus motivos, será que ela seria receptiva ou ficaria com muita raiva para lidar com a situação? De qualquer forma, Taylor termina a música dizendo adeus ao rapaz, com uma declaração final de que não vai mais cair nas armadilhas dele.

A música mais triste do álbum é provavelmente "You're Not Sorry". Enquanto em "Breathe" Taylor se desculpa abertamente, em "You're Not Sorry" ela abomina o fato de que um rapaz com quem se relacionou não tenha feito o mesmo por ela. Assim como em "Tell Me Why", ela sente que foi enganada. "Ele aparentava ser o Príncipe Encantado", disse. "Bem, acontece que o Príncipe Encantado tinha muitos segredos que não me contou. E eu os descobri, um por um. Descobri quem ele é de verdade." Conforme Taylor desvendava seus segredos, ele pedia desculpas e prometia não repetir os erros. No entanto, fazia a mesma coisa "de novo e de novo". Por fim, ela sentiu que precisava confrontá-lo e apontar que ele não estava realmente arrependido. Quando Taylor diz a ele que "ela pode ficar com você", o ouvinte descobre que, entre os segredos, havia uma traição. A produção dá à faixa uma atmosfera lenta e romântica — é fácil imaginar uma boy band interpretando a canção, talvez se levantando de banquetas na terceira parte da música. No entanto, poucos vocalistas homens poderiam transmitir a mensagem dolorosa e desafiadora da música com o mesmo ardor de Taylor.

Alguns jornalistas, em particular os do sexo masculino, pintaram a artista como uma garota que nunca será feliz. Argumentam que ela reclama tanto dos homens que nunca haverá alguém que corresponda às suas exigências. Em vez disso, especulam, Taylor estaria destinada a uma vida de relacionamentos breves, que terminarão cedo demais e, então, serão transformados em música. É um veredito duro, mas do qual ela não discordaria totalmente, como vemos em "The Way I Loved You". Nessa faixa, a cantora afirma que, enquanto namora um bom rapaz, deseja em segredo voltar para um *bad boy*. O namorado atual é "sensível", gerando inveja nas amigas. Mas ela acaba ansiando pelo drama e pela volatilidade de um relacionamento com um homem menos perfeito.

Taylor explicou: "É sobre estar em uma relação com um cara legal, pontual, prático e descomplicado e sentir saudade do cara louco, complexo, irritante." A letra foi escrita em coautoria com John Rich, ex-membro da popular banda Lonestar que se lançou em carreira solo. Ele também é um compositor amplamente respeitado, que escreveu canções para grandes artistas como Bon Jovi e Faith Hill. Para John, a experiência de colaborar com uma pessoa tão mais nova não foi um problema. Ele declarou: "Claro que existe uma diferença de idade, mas ela conhece a si mesma e seu público muito bem e está bem conectada com esse público. Sabe que ainda é jovem e usa isso a seu favor. Escreve sobre assuntos que são importantes para ela. Quando termina com um namorado, isso é traumático, e ela escreve sobre o assunto."

Já Taylor observou que, estava escrevendo com o tipo de personagem por quem ansiava na música. "Ele se identificava porque é aquele cara complexo e confuso nos relacionamentos", declarou. "Abordamos a canção de ângulos diferentes. Foi muito legal me reunir com ele para escrever porque ele é um compositor incrível." As recordações de Taylor de discussões às duas da manhã e gritos na chuva são vívidas.

A chuva é um elemento recorrente em suas composições, aparecendo mais uma vez em "Forever & Always". Essa faixa animada foi incluída no álbum em cima da hora. Quando o disco estava pronto para ser masterizado, de repente Taylor ficou determinada a acrescentar a canção. Ela ligou para a gravadora e, no começo, encontrou certa resistência à ideia de uma mudança de última hora. Então, "implorou" para que os executivos mudassem de ideia e permitissem que a faixa fosse incluída. Alguns figurões da indústria têm pavor de alterações tão tardias em um álbum. Preferem que o processo seja calmo e sem surpresas. Já Taylor gosta de mudar as coisas. "Acho divertido saber que dois dias antes da última masterização, quando já está tudo finalizado e os encartes estão prontos para impressão, posso escrever alguma coisa, ligar para o meu produtor, ir para o estúdio, gravar correndo, fazer uma mixagem de madrugada, e isso tudo pode virar um acréscimo de última hora ao álbum."

A canção em si é sobre um declínio triste e inevitável no amor. "É sobre quando eu estava me relacionando com um cara e o vendo se afastar lentamente", disse. "Eu não sabia o motivo, porque não estava fazendo nada diferente. Não fiz nada de errado. Ele só foi sumindo. É sobre a confusão e a frustração de se perguntar o porquê. O que mudou? Quando mudou? O que eu fiz de errado? Nesse caso, o cara sobre quem escrevi acabou terminando comigo para ficar com outra." Quanto à música, Taylor disse ao *LA Times* que a "melodia é bonita", mas, ao final, tudo fica mais intenso. "No fim, estou praticamente gritando de tanta raiva. Fiquei bastante orgulhosa do resultado."

"The Best Day", como já vimos, é um dos momentos mais doces do álbum e, sem dúvida, a canção mais alegre que Taylor escreveu em seus primeiros quatro discos. O vocal é perceptível e propositalmente mais suave do que em qualquer outra faixa de *Fearless*. Enquanto canta sobre a infância, a intenção dela é parecer mais nova do que é. Embora pessoas de coração mais gelado possam rotular alguns versos, como aqueles sobre as árvores mudando de cor no outono, como clichês, é uma canção afetuosa. A doçura e a vulnerabilidade são o que a torna tão potente.

Não que a música seja utópica ou que idealize um momento do passado. Após a felicidade do primeiro verso e do refrão, no segundo verso Taylor se volta às tribulações que a vida apresenta aos adolescentes. Ela se concentra no dia em que foi rejeitada e, depois, humilhada ao sugerir um passeio no shopping a algumas meninas que considerava suas amigas. Ela atribui a Andrea o crédito por aliviar a dor desse episódio e de acontecimentos parecidos. Então, canta sobre seu excelente pai e sobre como vê Deus no sorriso do irmão, Austin, que é, diz ela, "melhor do que eu por dentro e por fora". A maturidade de Taylor cresce ao longo da canção e, ao final, ela desvenda alguns dos mistérios da vida, graças à mãe.

A faixa em si foi uma doce surpresa de Natal de Taylor para Andrea. A menina que cresceu rodeada por pinheiros de Natal escolheu justamente essa data para mostrar à mãe como a amava e valorizava todo o seu esforço. Em uma entrevista para a TV, Andrea contou a história de como Taylor lhe mostrou a música. "A primeira vez que ela tocou 'The Best Day' para mim foi na noite de Natal", falou ao programa *Dateline*. "Ela tinha preparado um videoclipe caseiro. Eu estava vendo TV e o clipe apareceu, com uma voz que soava exatamente como a de Taylor. Olhei para ela, que disse: 'Escrevi para você, mãe.' E foi aí que desabei. E desabo toda vez que escuto essa música desde então." O que é totalmente compreensível. A canção é emocionante até para o ouvinte menos sentimental. Para Andrea, deve ser um rolo compressor emocional.

Enquanto "The Best Day" é cheia de ternura e vulnerabilidade, "Change" traz à tona um lado mais duro de Taylor — no melhor sentido. Um grito de guerra motivacional, é uma canção maravilhosamente ousada. Com sua produção roqueira e letra contundente, a música detalha como ela precisou trabalhar duro quando assinou contrato com um selo independente recém-criado, tendo dispensado a oportunidade de se amarrar a um acordo insatisfatório com uma gigante da indústria musical mais bem-estabelecida. É pertinente que, aqui, Taylor não se mostre como a única heroína, vencendo os obstáculos sozinha, como muitas divas do rock e do pop já fizeram.

No entanto, quando ela canta sobre como "nós" fizemos tudo dar certo, há um triunfo mais abrangente em jogo. "Houve momentos em que eu estava trabalhando tanto que não percebia que todo santo dia nossos números cresciam", contou. "A cada dia, nossa *fanbase* aumentava. A cada dia, o trabalho que estávamos fazendo era recompensado." Depois de ganhar o prêmio Horizon no Country Music Awards, ela percebeu de repente como tudo tinha mudado. "Olhei para o lado e vi o presidente da minha gravadora chorando. Enquanto subia aqueles degraus, me dei conta de que aquela seria a noite em que as coisas mudariam." Ela acrescentou: "Tudo mudou ali." Scott Borchetta observou que "Change" foi uma das primeiras faixas escritas por Taylor que não falavam de amor. "Ao vivo, ela está se tornando uma febre. Estamos vivendo um momento quase no nível do U2. Então o processo de amadurecimento é incrível, porque ela encontrou uma perspectiva diferente e as músicas estão ficando ainda mais profundas. Mas continua sendo ela." Ainda era ela, de fato — mas o que o mundo acharia de *Fearless*?

É comum que jovens artistas que foram aclamados pelo álbum de estreia acabem recebendo certa quantidade de críticas ao lançar um segundo álbum. Isso ocorre por dois motivos. O primeiro é que o nível de exigência dos críticos fica altíssimo após uma estreia bem-sucedida. O segundo é que os resenhistas querem ganhar destaque com um texto que contrarie as expectativas. Portanto, havia motivos para que Taylor estivesse ansiosa enquanto aguardava o veredito da mídia em relação a *Fearless*. Depois de ouvir o álbum, a revista *Rolling Stone* descreveu Taylor como "um prodígio da composição, com um dom intuitivo para a construção verso-refrão-ponte". Para realçar o quanto considerava que a composição estava entre o arsenal de talentos da artista, a revista acrescentou: "Se um dia se cansar do estrelato, ela pode se aposentar na Suécia e ganhar muito dinheiro escrevendo hits para Kelly Clarkson e Katy Perry."

O *Guardian*, porém, sentiu que as letras de Taylor tinham sido superestimadas. O famoso crítico Alex Petridis declarou: "Nos Estados Unidos, houve comparações com Randy Newman, Hank Williams e Elvis Costello, o que talvez tenha colocado as expectativas um pouco acima do patamar que Swift consegue alcançar." Ele também reclamou que Taylor mostrava "uma tendência a usar as mesmas imagens repetidamente". E acrescentou que ela era "fantástica em observar a adolescência com uma espécie de nostalgia melancólica em tom sépia".

Muitos dos críticos destacaram "Fifteen", em especial a observação no refrão de que, aos 15 anos, se alguém diz "eu te amo", você acredita. O *Boston Globe* afirmou que a mensagem da música mostrava que "a visão em retrospecto parece chegar cedo para Swift". O *Washington Post* também elogiou a canção, descrevendo-a como "um conto moral nostálgico". O crítico Chris Richard concluiu: "E isso faz das lendárias bandas femininas de outrora as precursoras mais óbvias de Swift. Assim como as veteranas do Shangri-Las, Crystals e Ronettes, Swift encontrou uma forma de envelopar a diversão com profundidade." A *Billboard* preferiu contrastar em vez de comparar, argumentando que "tirando o fato de que talvez compartilhem a mesma cor de tintura para cabelo, Swift não tem nada de remotamente parecido com Britney ou Christina".

É provável que o veredito mais duro tenha vindo da revista *Slant*. Não contente em declarar que Taylor era uma "péssima cantora", Jonathan Keefe também recheou sua crítica de cinismo, creditando o álbum a decisões puramente comerciais tomadas por "Swift e sua equipe de gerenciamento", e não por Taylor como artista. "Não há qualquer risco nessas escolhas de composição, com imagens fáceis que parecem escolhidas principalmente porque evocam a reação desejada em um público formado em sua maioria por ouvintes muito jovens, e não porque demonstram qualquer brilho, criatividade ou trabalho coeso para criar temas mais abrangentes", reclamou.

Taylor rejeitou essa insinuação de longas reuniões nas quais o potencial de mercado de cada sílaba de suas canções teria sido calculado por homens gananciosos. Na verdade, a forma como descreveu a criação do álbum era cheia da espontaneidade que a *Slant* considerou ausente. "Na maioria das vezes, as músicas que escrevo são finalizadas em meia hora ou menos", contou em uma entrevista para a *Time*. Ela disse que "Love Story" tinha sido escrita em vinte minutos, enquanto estava deitada no chão do quarto. "Quando entro no ritmo, é bem difícil deixar a inspiração de lado até terminar de escrever." Talvez a melhor forma de tentar conciliar a visão da *Slant* e a descrição da própria Taylor do seu processo criativo seja indagar: seria assim tão errado se a revista tivesse razão? Sem dúvida, escrever pensando no seu público é melhor do que escrever *contra* ele.

Ao fazer sua própria avaliação do álbum, Taylor disse que *Fearless* era "igual" a *Taylor Swift* — "apenas dois anos mais velho". Ela concordou que o segundo disco tinha "um apelo herdado" do primeiro, mas preferia se referir a ele mais como "um transbordamento, porque sou uma artista country e escrevo canções country, e tenho a sorte de elas tocarem em rádios pop". *Fearless* foi lançado em 11 de novembro de 2008. Quando chegou a meia-noite da véspera, Taylor, como uma estratégia de divulgação, foi ao Walmart mais próximo, em Hendersonville. Ela autografou CDs e agradeceu aos fãs extasiados pelo apoio. Também participou do *Good Morning America* no dia do lançamento, o mesmo programa de TV do qual havia participado quando lançou seu álbum de estreia. Para ela, o segundo disco representava uma evolução significativa. "Nunca fiquei tão orgulhosa de algo na minha vida", declarou ao jornal americano *Newsday*. "Escrevi todas as músicas. Coproduzi o álbum. Então é maravilhoso ver as pessoas saindo de casa para comprá-lo."

E era isso mesmo que estava acontecendo. As vendas da primeira semana superaram as do disco de estreia no mesmo período: nos primeiros sete dias nas prateleiras, *Fearless* vendeu dez vezes mais. Com isso, o álbum chegou à primeira posição do ranking *Billboard* 200. Taylor estava mostrando que seu sucesso anterior não era obra do acaso e que não seria uma modinha passageira. Naquele momento, estava fincando as raízes que se sustentam até hoje. Ela tinha vindo para ficar.

Mas sua marca não estava imune a ser explorada comercialmente. Naquele mesmo mês, enquanto seu álbum chegava às lojas, a própria Taylor invadia as prateleiras — em forma de boneca. O produto foi lançado com a aprovação dela. Citando a "grande conexão" que as pré-adolescentes sentiam com a cantora, o fabricante produziu uma coleção de bonecas, entre elas uma que empunhava o característico violão enfeitado com strass da artista. "Quando eu era pequena, sonhava em me tornar uma estrela da música country e ter uma coleção de bonecas com o meu nome", declarou Taylor na propaganda. "Agora isso virou realidade! Mal posso esperar para ver as meninas brincando com minha boneca e arrasando com meu violão prateado!" Mas as bonecas não pareciam ter sido feitas com o maior dos orçamentos.

Na verdade, Taylor sentia mais orgulho e empolgação quando recebia prêmios — e uma nova onda de estatuetas chegou em novembro. Ela ganhou nada menos que três BMI Country Awards, incluindo o prêmio para "Teardrops On My Guitar" como Música Country do Ano. Hank Williams Jr, que foi homenageado como "ícone musical" naquela mesma noite, fez sinal de positivo para Taylor enquanto ela subia ao palco para receber o prêmio. Mais tarde, Kenny Chesney mandou uma mensagem a parabenizando, dizendo que adorava o trabalho dela. No Country Music Awards, ela terminou a noite sem prêmios pela primeira vez após três cerimônias consecutivas. Ainda assim, causou impacto com uma recriação teatral do clipe de "Love Story", com Justin Gaston atuando como protagonista masculino, assim como havia feito no vídeo.

A cerimônia seguinte naquele mês foi o American Music Awards. Dessa vez, houve uma inversão da experiência no CMA — apesar de nunca ter ganhado um AMA, dessa vez Taylor saiu vitoriosa. A categoria de Artista Country Feminina definitivamente combinava com ela, que levou o prêmio. Ela depois escreveria em seu blog que não sabia como expressar o quanto estava "grata/atônita/empolgada/extasiada/maravilhada/impressionada". Acrescentou que o fato de ser um prêmio "com votação do público" era o que o tornava tão especial para ela.

A imprensa seguia ávida por um romance para Taylor. Como uma jovem princesa observada por uma nação ansiosa, ela parecia receber votos de felicidade amorosa. Embora cantasse sobre o assunto, até então a artista tinha conseguido manter a vida pessoal longe da mídia. Quando começou a namorar um famoso queridinho do pop, no entanto, esse cenário estava fadado a mudar — e foi exatamente o que aconteceu. Joe Jonas fazia parte dos Jonas Brothers, uma boy band formada por três irmãos. O trio de New Jersey era um sucesso. Como tinham uma ligação com o Disney Channel, os irmãos adotaram uma imagem de meninos certinhos, cuidadosamente mantida por sua equipe. Em parte por causa das exigências dessa imagem — de que os três parecessem não apenas disponíveis, mas também virginais para as fãs —, o relacionamento entre Joe e Taylor foi uma situação complicada e destinada ao fracasso.

Eles se conheceram no verão de 2008 e, conforme os boatos sobre os dois começaram a circular, a imprensa passou a especular sobre um envolvimento romântico. Como as duas partes davam entrevistas com frequência, logo vieram as perguntas sobre o casal. Em retrospecto, as primeiras declarações públicas dos dois a respeito do assunto — curiosamente parecidas — parecem coordenadas com cuidado. Taylor disse à *MTV News*: "Ele é um cara incrível e qualquer garota teria sorte de estar namorando com ele." Então, quando questionado se estava namorando com Taylor, Jonas respondeu: "É uma garota maravilhosa. Acho que qualquer cara adoraria sair com ela." Mesmo assim, Taylor havia declarado pouco tempo antes que queria namorar alguém do mundo do *showbiz*, de preferência uma celebridade que compreendesse a pressão que ela sofria. A cantora achava que seria uma vantagem se relacionar com alguém "que entende o que você faz e entende que você não vai estar por perto boa parte do tempo".

Jonas, que era famoso desde o início da adolescência, se encaixava perfeitamente nesse perfil. O fato de ele ser bonito só aumentava o fascínio. Os dois foram vistos tomando sorvete perto da casa dela. Depois, surgiram boatos de que ele estaria nos bastidores de um dos shows de Taylor. A locutora de rádio Mishelle Rivera revelou à mídia que avistou Jonas, que tentava passar despercebido. "Ele estava tentando se esconder da multidão se espremendo entre algumas pessoas. Estava com um boné de beisebol e uma roupa bem casual para não chamar atenção", disse ela. A apresentadora então explicou como Jonas se esgueirou para os bastidores a fim de se juntar a Taylor após o show, mas afirmou que ele se "escondeu" quando percebeu que tinha sido reconhecido. "Ficou bem nítido que ele não queria que as pessoas soubessem que estava lá para ver Taylor", contou.

A cantora se viu em um curioso beco sem saída: queria sair com alguém conhecido, que entendesse a pressão da fama, mas a própria natureza da fama de Jonas significava que o casal tinha que ser muito discreto — algo que deixava Taylor desconfortável. "É um problema quando alguém não tem permissão para sair comigo em público", declarou mais tarde. Ter que pisar em ovos contrastava com a educação que a cantora havia recebido, em que sempre fora incentivada a ser sincera. Ela tinha aprendido que, desde que dissesse a verdade, não tinha nada a temer.

Embora ambos os artistas fossem incentivados a apresentar uma imagem amigável ao público, era Jonas quem sofria mais pressão para não dar qualquer passo que manchasse sua pureza. Ele usava um "anel de castidade", uma joia também conhecida como um "anel da promessa". O cantor e seus irmãos eram defensores do celibato entre adolescentes, e os anéis eram um símbolo dessa imagem, assim como a pulseira amarela do ciclista Lance Armstrong fora em outros tempos um sinal dos seus valores. Para Taylor, o problema não era necessariamente a castidade, mas sim as restrições que a fama de Jonas impunham ao dia a dia do casal.

Mas ele a influenciou do ponto de vista criativo. De fato, acredita-se que a música "Love Story" seja, na verdade, sobre Jonas. Apesar de Taylor já ter declarado que não queria escrever letras "sobre estar na estrada e em hotéis e sentir falta da família e dos amigos" — ou ser, em outras palavras, uma estrela pop —, parecia que era exatamente o que ela tinha feito em "Love Story". Com isso, a artista contrariou sua própria versão de 14 ou 15 anos, que instantaneamente queria pular para a próxima quando ouvia músicas com esse tema nos álbuns de outros artistas.

Mais tarde, ela deu uma declaração que ligou os pontos. "Eu estava namorando um cara que as pessoas não exatamente aprovavam", disse. "A situação dele era um pouco complicada, mas não me importei. Quando escrevi o final dessa música, senti que era o final que toda garota deseja para sua história de amor. É o final que eu quero. Você quer um cara que não ligue para o que os outros pensam ou dizem." Mais tarde, houve boatos de que o verdadeiro motivo do término de Taylor e Jonas foi o fato de ele estar saindo com outra — Camilla

Belle, uma atriz. "Eles estão juntos há meses", disse Taylor à imprensa. "Foi por isso que terminamos."

À medida que a notícia do término se espalhava, Taylor sentiu na pele como a fofoca de celebridades pode ganhar vida própria. Corria o boato de que ela havia engravidado. Foi uma fofoca incendiária: ameaçou a imagem pública de ambas as partes. A artista sabia que precisava encarar o assunto de frente. "Li um boato muito criativo dizendo que estou grávida, o que é a coisa mais impossível do planeta", afirmou. "Podem acreditar: impossível!"

Encerrado esse rumor, surgiu outro. Mas desta vez foi a própria Taylor quem o criou. A história de como Jonas terminou o relacionamento era o material perfeito para as manchetes. Tinha todos os elementos necessários: a garota do romance como a parte prejudicada, o cara como o vilão frio e, além disso, uma imagem dramática na história. Tudo começou quando Taylor explicou como eles terminaram. "Ele terminou comigo por telefone", disse. "Olhei para o registro de chamadas e a ligação durou 27 segundos. Deve ser algum recorde."

A história tinha tudo para se tornar memorável e, em pouco tempo, virou uma lenda. Mais tarde, ela postou um vídeo em sua página do MySpace no qual zombava ainda mais de Jonas pelo telefonema. Segurando um boneco do cantor, fazia piada dizendo que o brinquedo vinha acompanhado de um celular, que podia usar para "terminar com outras bonecas". Em uma postagem on-line, Joe falou sobre o assunto, embora não mencionasse o nome de Taylor. "Esta postagem não é um ataque a ninguém", começa o texto. "Sempre que você estiver em um relacionamento por qualquer período, haverá problemas. Às vezes eles se resolvem; outras vezes, levam a uma mudança de sentimentos. Foi isso que aconteceu recentemente." Jonas também foi enigmático. Ele insistiu que "nunca traiu uma namorada", acrescentando: "Talvez houvesse motivos para um término. Talvez o coração tenha seguido em frente."

Naturalmente, o cantor teve que abordar a história dos 27 segundos. Ele não contestou a duração do telefonema, mas desafiou a memória de Taylor sobre qual deles desligou primeiro. "Para aqueles que expressaram preocupação com a ligação de '27 segundos' (...), liguei para discutir meus sentimentos com a pessoa", escreveu. "Está claro que esses sentimentos não foram bem recebidos. Não desliguei o telefone. A outra pessoa o fez. Ligações só podem durar enquanto a pessoa do outro lado da linha estiver disposta a conversar. Um telefonema pode ser bem curto quando a outra parte o encerra. A única diferença nessa conversa foi que falei algo que a pessoa não queria ouvir. Houve tentativas posteriores de comunicação que não tiveram resposta."

O romance com Jonas e suas consequências foram uma experiência reveladora para Taylor. O episódio significava que a artista era tema de matérias jornalísticas não apenas sobre sua música, mas também sobre sua vida pessoal. Como se isso já não fosse invasivo o suficiente, havia também o fato de que, por definição, Taylor tinha 50% menos controle sobre questões envolvendo um parceiro. Com o tempo, ela encontraria uma espécie de serenidade na impotência que sentia em relação à mídia. Naquela época, porém, foi pesado.

Ela precisou se concentrar na música para se lembrar do que fazia tudo valer a pena. Logo chegou a hora de pegar a estrada e promover o novo álbum. Taylor decidiu propositalmente não se apressar para sair em turnê em grandes arenas. Quando começam a fazer shows em estádios e arenas muito cedo, por vezes os artistas são forçados a fechar algumas seções do local a fim de compensar os ingressos que não foram vendidos. Pode ser uma experiência humilhante. "Eu nunca quis entrar em uma arena e ter que reduzir o espaço porque só havia quatro ou cinco mil pessoas presentes", declarou. "Então esperamos muito tempo para garantir que a grande turnê fosse tudo o que eu queria."

Isso não seria problema para Taylor. Quando as vendas começaram, os fãs compraram os ingressos em questão de minutos. Até mesmo o enorme Madison Square Garden, com capacidade para 40 mil pessoas, esgotou em um minuto. Sua apresentação no Staples Center, uma enorme casa de eventos em Los Angeles, esgotou em dois minutos. Ela ficou encantada. Momentos antes de começarem as vendas da turnê, o produtor do show ligou para avisar que os ingressos estavam prestes a ser disponibilizados. "Tudo bem", respondeu Taylor. "Me ligue hoje à noite para contar como estamos indo." Apenas três minutos depois, ele ligou de volta. "Os ingressos esgotaram", disse. Refletindo, mais tarde, ela afirmou que esse foi o momento em que percebeu que estava "tendo um bom ano".

Sendo realista, ela nunca havia esperado tanta demanda. Quando imaginava sair em turnê um dia, pensava que as preocupações com a venda de ingressos fariam parte da experiência. "Vejo as coisas de um ponto de vista muito prático e realista. Sempre sonhei alto, mas nunca esperei que meus sonhos se tornassem realidade." Na turnê, Taylor aproveitaria tudo o que havia observado e aprendido na estrada no tempo que passou abrindo shows de bandas mais estabelecidas. Artistas como Rascal Flatts, Brad Paisley e outros tinham dado várias dicas. "Certas coisas me surpreenderam e tirei algumas lições que quero incorporar", disse ela. Ela abria shows de outros artistas desde os 16 anos, por isso já tinha acumulado muitas horas noturnas rodando os Estados Unidos de ônibus e imaginando o que faria quando estivesse em turnê como headliner.

Taylor contextualizou o significado de ser headliner. "Ter a minha própria turnê é um sonho que se tornou realidade", afirmou. "Assim, posso tocar mais músicas do que nunca. Como escrevi todas as minhas canções, elas são histórias na minha cabeça, e meu objetivo nessa turnê é dar vida a essas histórias." Era uma meta ambiciosa.

A atenção aos detalhes deu o tom da turnê, desde a coreografia no palco até os bastidores. E era a própria Taylor quem tomava as decisões. Foi ela que pediu que as imagens fossem projetadas no próprio palco, para que a noite tivesse um impacto visual ininterrupto. E haveria diversas trocas de figurino, entre elas uma bem na música de abertura, "You Belong With Me". As sugestões da artista foram prontamente acatadas pela equipe. "Todos os desejos de Taylor são atendidos", disse o baixista da turnê, Amos Heller.

Ela também tinha instruções sobre os bastidores. "O camarim não parece um camarim", escreveu a cantora. "Parece uma sala de estar. As paredes são cobertas com tecido drapeado em tons magenta/marrom/dourado/roxo, e os pisos são de carpete e cobertos com tapetes. Há lanternas penduradas no teto e velas por toda parte." Para Taylor, essa minuciosidade valeu a pena, porque a experiência de se apresentar ao vivo foi algo que sempre lhe deu energia. "Quando ouço o som de todas aquelas pessoas gritando juntas, tenho vontade de subir no palco na mesma hora", contou. "Adoro estar no palco. É uma das coisas de que mais gosto." O planejamento por si só já a entusiasmava. "Estou no paraíso agora", escreveu ela em seu blog. "O tempo todo tendo reuniões com a equipe de vídeo, o pessoal da iluminação, a equipe de produção e a banda e repassando os detalhes sem parar." Com tudo definido, ela mal podia esperar pelo início da turnê.

A noite de abertura foi em Evansville, Indiana. Antes do show, Taylor, os músicos e a equipe se reuniram. Ela disse aos presentes que nunca tivera uma turma do último ano da escola ou fizera parte de uma fraternidade, e que os considerava o equivalente disso. Disse que eram eles que a estavam ajudando a se tornar "a pessoa que vou ser".

O show foi um sucesso, o que levou a estrela a dizer: "A energia foi incrível. As pessoas estavam, tipo, enlouquecendo, perdendo a cabeça." No entanto, mesmo tendo saído do palco ao som de aplausos e assobios estrondosos no fim da noite, ela tinha em mente algumas mudanças "na iluminação e outras coisas" para o restante da turnê.

Taylor era exigente em relação ao próprio trabalho, fosse no estúdio ou no palco. No entanto, tentava equilibrar os níveis de exigência com a gentileza. Queria ser exigente, mas não uma diva. "Há momentos em que você fica frustrada, mas precisa se concentrar sempre em tratar as pessoas bem. Não dá para sair furiosa e surtar. As pessoas não vão levá-la a sério se você gritar ou levantar a voz — principalmente se for uma garota de 19 anos." No fim da turnê, ela estava encantada com o que tinha alcançado junto com os companheiros de banda. Taylor os descreveu como seu "único amor verdadeiro". Fosse a família biológica ou suas almas gêmeas musicais adotivas, a família sempre veio em primeiro lugar para ela.

cabeça. Vê-la no mesmo nível sobre o palco ao som de aplausos e assobios e arranhões. No fim da noite, ela tinha em mente algumas mudanças no figurino e outras coisas. Para o restante da turnê.

Taylor era exigente em relação ao próprio trabalho nesse estúdio do turno no palco. No entanto, tentava equilibrar os níveis de exigência com gentileza. Queria ser exigente, mas não uma diva. "Há momentos nos quais você fica frustrada, mas precisa se concentrar sempre em tratar as pessoas bem. Não há para ser furiosa e surtar. As pessoas não vão levá-la a sério se você gritar ou levantar a voz", principalmente se for uma garota de 19 anos." No fim da turnê, ela estava encantada com o que havia alcançado junto com os companheiros de banda. Taylor os descreveu como seu "único amor verdadeiro" fora a família biológica. Ou suas únicas amizades [illegible] quem sempre [illegible] o primeiro lugar para ela.

Capítulo 5

O mau comportamento em cerimônias de premiação da música pop pode provocar uma crise midiática instantânea. Há anos esses eventos têm servido como cenário de comportamentos extravagantes cujo objetivo principal é chamar atenção. Ainda em 1984, Madonna subiu ao palco do MTV Video Music Awards (também conhecido como VMA) usando um vestido de noiva branco e, em seguida, começou a rolar e se contorcer no palco enquanto cantava o hit "Like a Virgin". Na relativamente recatada década de 1980, essa atitude foi suficiente para chocar o mundo. E gerou quase tanta indignação e publicidade quanto a artista esperava.

Madonna inspirou dezenas de imitadores. Em 1996, Jarvis Cocker, vocalista da banda indie Pulp, subiu ao palco do BRIT Awards e interrompeu a apresentação de Michael Jackson em "Earth Song". O britânico fez palhaçada, apontou o próprio traseiro (vestido) para Jackson e, então, foi retirado do palco. Mais tarde, explicou: "Minhas ações foram um protesto contra a forma como Michael Jackson se vende, como uma figura semelhante a Jesus, com o poder de curar as pessoas. A indústria da música alimenta essas fantasias dele porque é rico e poderoso."

Entre outros momentos surpreendentes — todos ocorridos nas sempre controversas cerimônias do VMA — estão o beijo entre Britney Spears e Madonna, em 2003, a calça de Prince que deixava seu traseiro à mostra, em 1991, e a simulação de suicídio de Lady Gaga, em 2009. Há um bom motivo para que artistas sedentos por notoriedade continuem tentando chegar às manchetes nessas premiações. Pergunte a Miley Cyrus. No VMA de 2013, seu dueto com Robin Thicke foi o assunto da noite. A jovem cantora usou uma roupa minúscula de látex da cor da pele e apontou um enorme dedo de espuma para a região da virilha de Thicke. Em seguida, rebolou com vontade, se esfregando na área genital do cantor com uma expressão travessa e empolgada.

Nos dias e semanas após a cerimônia, o rebolado de Cyrus foi debatido a exaustão. Entre os adjetivos que a mídia usou para descrever a atitude estavam "grosseira"; chegaram até a se referir ao episódio como "um desastre completo". A *Hollywood Reporter* disse que "parecia uma *bad trip* de ácido". As redes sociais foram inundadas por comentários sobre o que ela havia feito. No auge dessas discussões, os usuários do Twitter geravam 360 mil publicações por minuto. Em pouco tempo, parecia que o rebolado de Cyrus estava sendo debatido sob infinitos pontos de vista. As feministas estavam em pé de guerra. Algumas pessoas questionavam se o que Cyrus fizera tinha sido racista de alguma forma, por achar que ela estava zombando da "cultura das mulheres negras norte-americanas do hip hop". A cantora irlandesa Sinéad O'Connor entrou na discussão com uma carta aberta muito compartilhada na qual dizia que a jovem Miley estava sendo prostituída. Mais tarde, a própria Cyrus ignorou a polêmica, dando a seguinte declaração sobre seus críticos: "Eles estão levando isso tudo muito a sério. Vocês estão pensando mais nisso do que eu pensei quando fiz." Na verdade, as pessoas estavam pensando naquilo tanto quanto a artista esperava que pensassem. Poucos meses depois, ela estava gerando polêmica no MTV Europe Music Awards (EMA) de 2013. Chegou com uma roupa muito curta e, depois, acendeu o que parecia ser um baseado. E assim começou uma nova onda de publicidade gratuita para a cantora.

A moral da história é que, em cerimônias de premiação, comportamentos extravagantes podem gerar uma cobertura considerável da mídia. A conduta de Cyrus nesses acontecimentos do segundo semestre de 2013 é a referência de como tirar vantagem desse fato. No entanto, apesar de toda a discussão sobre seu rebolado, Miley não teve uma repercussão tão prestigiada quanto a de Taylor por conta de um acontecimento ocorrido em uma premiação. Em 2009, quando Swift chegou involuntariamente às manchetes por conta de um incidente ocorrido em um evento, nada mais, nada menos que o próprio presidente Barack Obama entrou na discussão.

Tudo começou no cenário de outros inúmeros escândalos: o VMA. Realizada no Radio City Music Hall, em Manhattan, a cerimônia da premiação foi emocionante. Michael Jackson, falecido no início daquele ano, foi homenageado antes que os prêmios propriamente ditos começassem a ser entregues. Taylor, que usava um vestido KaufmanFranco, foi a primeira vencedora da noite. Ela ganhou a categoria Melhor Videoclipe Feminino. Com isso, derrotou concorrentes como Pink (por "So What"), Lady Gaga (por "Poker Face") e Beyoncé (por "Single Ladies — Put a Ring On It").

Ao ter sua vitória anunciada, Taylor subiu ao palco esperando receber a estatueta do astronauta, fazer um breve discurso no qual agradeceria a algumas pessoas e, então, voltar ao seu lugar sob aplausos entusiasmados. Bem, esse era o plano. Graças a uma interrupção bizarra de outro astro da noite, ela mal conseguiu terminar uma frase de seu discurso. Taylor começou: "Sempre me perguntei como seria ganhar um desses um dia, mas nunca pensei que isso iria acontecer de verdade..."

Tudo estava indo como planejado, mas então o rapper Kanye West apareceu, tendo decidido que o mundo precisava de uma intervenção dele a favor de outra finalista, Beyoncé. Kanye pegou o microfone das mãos de Taylor e disse: "Ei, Tay, estou muito feliz por você e vou deixar você terminar, mas a Beyoncé fez um dos melhores vídeos de todos os tempos. Um dos melhores vídeos de todos os tempos!" Taylor ficou chocada, e sua expressão atônita acabou com a atmosfera cuidadosamente controlada do evento.

Grande parte do público também ficou boquiaberta. E confusa. *O que* West estava fazendo ali? Seria apenas uma piada ou uma participação combinada previamente com os anfitriões? Em pouco tempo, porém, as pessoas perceberam exatamente o que o rapper estava aprontando. Elliott Wilson, diretor executivo do *Rap Radar*, presenciou o estranho espetáculo. "Dava para sentir todo mundo nervoso e sem saber se era uma pegadinha ou algo do tipo", contou à CNN. "Então as pessoas começaram a vaiá-lo muito alto. A reação ao chilique dele foi tão forte (...) e ele mostrou o dedo do meio para todo mundo."

Estaria West bêbado? De acordo com o *Daily Mail*, ele tinha sido flagrado "bebendo conhaque Hennessy no tapete vermelho no início da noite". (Em 2006, quando interrompeu os MTV EMAs depois de perder o prêmio de Melhor Videoclipe por "Touch the Sky" para

Simian, ele admitiu ter tomado "uns golinhos" no início da noite.) Sentada na plateia, Beyoncé parecia chocada e constrangida. Não houve nada em sua reação que sugerisse que ela endossava o que o rapper estava dizendo em seu nome. Mais tarde, no mesmo evento, ela ganhou o prêmio de Melhor Coreografia por "Single Ladies". E aproveitou a oportunidade para dar a Taylor o momento de destaque que West lhe havia negado.

Beyoncé disse ao público que seu primeiro VMA, que ganhou ainda adolescente com o Destiny's Child, foi muito importante para ela. Tendo contextualizado como podia ser emocionante ganhar um prêmio daqueles na adolescência, chamou Taylor ao palco para continuar o discurso que havia sido interrompido de forma tão grosseira. Taylor aceitou o convite e foi ao microfone. "Talvez eu possa tentar de novo", disse. O público demonstrou apoio aplaudindo de pé. Então, ela finalmente conseguiu fazer seu discurso. "Eu gostaria de agradecer a Roman White, que dirigiu o vídeo, e a Lucas Till, por aparecer nele. Gostaria de agradecer a todos os fãs no Twitter e no MySpace e a todos que compareceram aos meus shows neste verão. E gostaria de agradecer à escola do meu irmão mais novo por nos deixar filmar o clipe lá."

Taylor sentiu alívio por ter seu momento sob os holofotes e ficou muito grata a Beyoncé pelo gesto. "Foi tão maravilhoso e elegante da parte dela, foi gentil e incrível me permitir dizer algumas palavras naquele momento", comentou mais tarde. "Ela é minha heroína e um dos meus ídolos desde pequena (...) Acima de qualquer coisa, sempre foi uma ótima pessoa (...) Pensei que não poderia amar Beyoncé mais do que já amava, então esta noite aconteceu e foi simplesmente maravilhoso."

O fato de West manchar a grande noite de Taylor teve um óbvio e significativo lado bom: o episódio atraiu uma atenção gigantesca e gerou uma simpatia considerável pela cantora. Milhões de pessoas em todo o mundo que nunca tinham ouvido falar de Taylor foram informadas de sua existência pelas manchetes geradas pelo incidente no dia seguinte. Graças à voracidade e ao alcance da mídia do século XXI, essas manchetes continuaram por semanas. Todas elas pintavam Taylor como a heroína da situação. Sua dignidade agradou à mídia, aos leitores e aos telespectadores. O empresário dela na época, Scott Borchetta, reconheceu explicitamente que a confusão acabou sendo "positiva para sua carreira em termos de reconhecimento de marca".

West, porém, teve dificuldade para deixar de ser visto como o vilão da história. Conforme a pressão para que se desculpasse crescia, ele fez uma postagem em seu blog. Grande parte do texto foi escrito em caixa-alta, e o rapper não economizou nos pontos de exclamação. Isso só pareceu diminuir a sinceridade da publicação. Ele escreveu: "Miiiiil desculpas a Taylor Swift, seus fãs e sua mãe." West também elogiou a cantora e escreveu que gostava "da letra sobre ser uma líder de torcida enquanto ela está na arquibancada".

"Foi errado subir no palco e roubar o momento dela!" Embora continuasse insistindo que o clipe de Beyoncé era "o melhor da década", pediu perdão aos próprios fãs e aos "amigos da MTV" e prometeu "pedir desculpas a Taylor amanhã". Ele continuou: "Todo mundo quer me vaiar, mas sou um fã da verdadeira cultura pop!!! (...) Dei meus prêmios ao OutKast quando eles mereceram mais que eu (...) é isso aí." West acrescentou: "Ainda estou feliz pela Taylor!!!!!" e disse que ela era "muito, muito talentosa!!!". Concluindo, escreveu: "Eu me sinto muito mal por Taylor e estou arrependido de verdade!!! Muito respeito!!!"

Aos olhos de muitos colegas da indústria era tarde demais para salvar sua credibilidade. Pink ficou enojada e declarou: "Kanye West é o maior m*rda do planeta. Pode escrever assim mesmo. Todo o meu apoio a Taylor Swift. Ela é uma garota doce e talentosa e merecia

(Foto: Stephen Dunn/Getty Images)

Taylor começou a carreira cantando o hino dos Estados Unidos em eventos esportivos. Segundo ela, era ótimo, pois assim "é possível se apresentar para 20 mil pessoas sem nem ter lançado um disco". Na foto, aos 17 anos, ela abre a partida entre o Los Angeles Dodgers e o Colorado Rockies em abril de 2007, no Dodger Stadium, em Los Angeles.

(Foto: Kevin Winter/ACMA/Getty Images for ACMA)

Taylor entre seus ídolos country Faith Hill e Tim McGraw na 42ª edição do Academy Of Country Music Awards, em 2007. Um dos primeiros sucessos de Taylor foi a canção "Tim McGraw", inspirada em um namorado da cantora que mudou de cidade. A homenagem ao ídolo vem no trecho "When you think Tim McGraw/ I hope you think of me" [Quando você pensar em Tim McGraw/ Espero que pense em mim].

Para Scott Borchetta, a decisão de contratar Taylor como primeira artista da Big Machine Records era óbvia. Na foto, Nancy Borchetta (esposa de Scott e estilista de Taylor no início da carreira), Scott Borchetta e Taylor nos bastidores do CMT Music Awards, em 2008.

(Foto: Rick Diamond/WireImage)

O primeiro de muitos! Em janeiro de 2009, Taylor ganhou o primeiro Grammy, na categoria Melhor Performance Vocal Country Feminina pela canção "White Horse".

(Foto: ROBYN BECK/AFP via Getty Images)

Taylor já fez algumas pontas como atriz. Em 2009 ela atuou no episódio "Turn, Turn, Turn" da série *CSI*. Na foto, ela aparece ao lado de George Eads, que interpretava o investigador Nick Stokes.

(Foto: Monty Brinton/CBS via Getty Images)

(Foto: Jason Kempin/Getty Images)

A *Fearless Tour* foi a primeira grande turnê da cantora, com todos os ingressos esgotados em questão de minutos. Em agosto de 2009, Taylor se apresentou em Nova York, no enorme Madison Square Garden, cuja capacidade é de 40 mil pessoas.

Taylor caminha por Nova York acompanhada de seus maiores fãs — seu irmão, Austin, e sua mãe, Andrea —, em dezembro de 2014.

(Foto: NCP/Star Max/GC Images)

(Foto: Jason LaVeris/FilmMagic)

Na 58ª edição do Grammy, em 2016, Taylor recebeu três prêmios, entre eles o tão cobiçado Álbum do Ano.

(Foto: Matt Winkelmeyer/TAS18/Getty Images for TAS)

Taylor durante a *Reputation Stadium Tour* em outubro de 2018, em Arlington, Texas. O álbum *Reputation* representou o retorno da artista à música após uma série de cancelamentos. Para ela, foi mais do que apenas um disco: era tanto um modo de se defender dos ataques midiáticos quanto uma forma de lidar com a dor psicológica causada por eles.

(Foto: Dia Dipasupil/Getty Images for MTV)

Os Swifties, nome do fandom de Taylor, são conhecidos pelo engajamento e pela dedicação: esgotam ingressos de shows, batem recordes de reprodução no lançamento dos álbuns e prestam atenção aos mínimos detalhes das composições da cantora. Na foto, Taylor com uma fã no tapete vermelho do MTV Video Music Awards, em 2019.

(Foto: Jackson Lee/GC Images)

Taylor Swift e Joe Alwyn mantiveram um relacionamento discreto por seis anos. Eles terminaram em 2023.

Da esquerda para a direita: Laura Sisk, Jack Antonoff, Taylor, Aaron Dessner e Jonathan Low posam com o Grammy de Álbum do Ano por *Folklore*, em fevereiro de 2021. Escrito e gravado durante a pandemia de Covid-19, *Folklore* marcou uma mudança na sonoridade da artista.

(Foto: Kevin Mazur/Getty Images for The Recording Academy)

Taylor ganhou o VMA de Videoclipe do Ano em agosto de 2022 por *All Too Well: The Short Film*. Durante o discurso de agradecimento, ela anunciou o lançamento de um novo álbum, *Midnights*.

(Foto: Dimitrios Kambouris/Getty Images for MTV/Paramount Global)

Taylor entre os atores Dylan O'Brien e Sadie Sink durante a première do videoclipe/curta-metragem *All Too Well* em Nova York, em novembro de 2021. Ao ter as *masters* de seus primeiros seis álbuns vendidas contra sua vontade, Taylor tomou a ousada decisão de regravar toda a sua discografia, com direito a faixas inéditas em cada álbum. A versão de dez minutos de "All Too Well" foi uma delas.

(Foto: Dimitrios Kambouris/Getty Images)

(Foto: TAS2023 via Getty Images)

Idealizada como uma jornada pelas várias “eras” de Taylor, *The Eras Tour* quebrou recordes de bilheteria e público e foi a primeira turnê da cantora a passar pelo Brasil. Na foto, Taylor se apresenta no segundo dia de shows na cidade do Rio de Janeiro, em 19 de novembro de 2023, no Estádio Olímpico Nilton Santos.

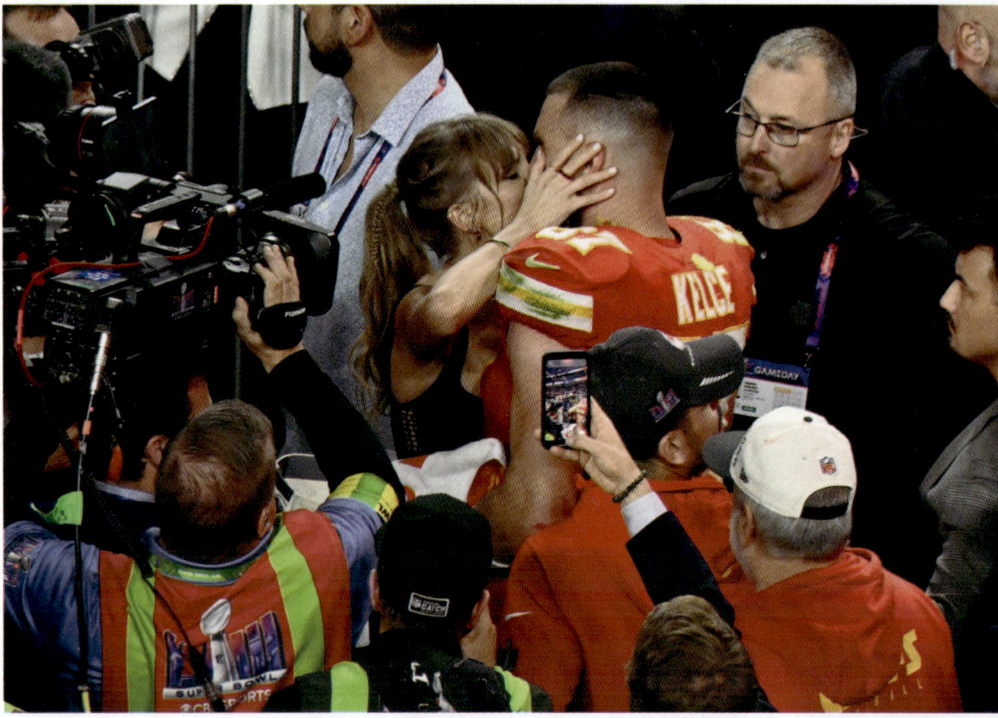

(Foto: PATRICK T. FALLON/AFP via Getty Images)

Em 2023, Taylor começou um relacionamento com Travis Kelce, *tight end* do Kansas City Chiefs. Desde então ela marcou presença em muitos jogos do namorado, como o da foto, em fevereiro de 2024, contra o San Francisco 49ers, no Allegiant Stadium, em Las Vegas.

aproveitar seu momento. Ela precisa saber que todos nós a amamos. Beyoncé é uma mulher de classe. Sinto muito por ela também. Ela não teve culpa, e ambas fizeram o melhor que podiam. E o idiota foi expulso." Kelly Clarkson se perguntou se West foi "abraçado o suficiente" quando criança. Joel Madden, da banda de rock Good Charlotte, descreveu o rapper como "um valentão". Katy Perry foi mais sucinta, dizendo simplesmente: "Vai se f*der, Kanye." Ela comparou a atitude dele a chutar um gatinho.

Houve declarações furiosas de diversos membros da realeza do pop, mas todas estavam prestes a ser ofuscadas quando o presidente dos Estados Unidos, Barack Obama, deu sua opinião. Durante uma entrevista à CNBC, um repórter quis saber se as filhas de Obama tinham ficado chateadas com a interrupção de West. "Achei muito inadequado", respondeu ele. "Quer saber, ela estava recebendo um prêmio e, espera aí, por que você vai se intrometer? A jovem parece ser uma ótima pessoa, ela estava recebendo o prêmio e o que ele estava fazendo lá em cima? É um idiota."

Mais tarde, West se desculpou com mais sinceridade durante uma aparição no *The Jay Leno Show*, no que pareceu quase uma conversa entre paciente e terapeuta. "Tem sido extremamente difícil lidar com o fato de que magoei alguém ou roubei algo de uma artista talentosa, ou de qualquer pessoa", disse. "Tudo o que eu sempre quis foi dar e fazer algo que considerasse certo. E, nessa situação, soube imediatamente que estava errado e que aquilo não era uma brincadeira. Tripudiei das emoções de uma pessoa." Ele acrescentou: "Foi grosseiro, ponto-final. Eu gostaria de poder me desculpar pessoalmente."

Cerca de 48 horas depois, a própria Taylor apareceu no programa de entrevistas americano *The View* para contar como é ter seu discurso em uma premiação sequestrado pelo ego de outro artista. "Bem, acho que meu raciocínio foi algo tipo: 'Uau, não acredito que ganhei, isso é incrível, não tropece ou caia. Vou poder agradecer aos fãs, que incrível. Ah, o Kanye West está aqui. Cabelo legal. O que você está fazendo aqui em cima?' E então: 'Ai.' E em seguida: 'Acho que não vou poder agradecer aos fãs'", declarou. Ela admitiu ter ficado "abalada" com o incidente.

Mas não queria que o acontecimento tomasse uma proporção ainda maior. "Ele foi muito sincero em seu pedido de desculpas e eu o aceitei. Para ser sincera, estou tentando não tornar a coisa maior do que já é. Isso tomou uma proporção muito maior do que eu imaginava. Aconteceu na TV, então todo mundo viu. Só quero deixar isso para trás." Em mais uma tentativa de pôr tudo em perspectiva, ela declarou: "Há dias — e todo mundo passa por momentos assim — em que você se sente humilhada ou fica chocada com alguma coisa ou algo a deixa para baixo. Mas, nessas situações, sempre percebi e lembrei muito rápido que existem pessoas no mundo com problemas reais. Ficar presa a qualquer momento ruim que aconteceu este ano seria injusto com todos os bons momentos que tive."

Tudo parecia em paz, mas, poucos meses depois, West pareceu retirar seu pedido de desculpas e, então, começou a disparar comentários que beiravam insultos contra Taylor. "Cometi um erro", disse ele à Hot 97, uma estação de rádio de Nova York. "Com certeza meu *timing* foi extremamente errado e os planos maiores, a luta maior — como abordá-la? Como fazer com que ela evolua?" Tendo aparentemente revelado que só lamentava o momento escolhido para fazer o que fez, e não suas ações, Kanye sugeriu que Taylor deveria tê-lo defendido com mais veemência.

À medida que a entrevista avançava, West falou mais sobre o incidente. Ele negou que houvesse qualquer arrogância em suas ações, argumentando que, na verdade, foi "completamente altruísta". E até comparou a sua intervenção a "pular na frente de uma bala", acrescentando que tinha "perdido um braço" ao fazê-lo. Esse retrato de si mesmo como um homem altruísta que não apenas foi injustiçado, mas também ferido pelo que fez, incomodou muita gente. Foi uma inversão que rendeu poucos admiradores ao rapper.

Já a integridade serena de Taylor diante da situação foi vista de maneira positiva. Em novembro daquele ano, ela teve a oportunidade de exorcizar o constrangimento ao comparecer ao Country Music Awards, onde concorreu em quatro categorias: Videoclipe do Ano, Vocalista Feminina do Ano, Álbum do Ano e o maior prêmio da noite, Artista do Ano. Com um vestido longo, ela chegou belíssima ao Nashville Sommet Center e, em seguida, abriu a noite com uma apresentação marcante de "Forever & Always".

Então, chegou a hora do anúncio dos vencedores. Taylor ganhou o prêmio de Videoclipe do Ano por "Love Story" e, depois, voltou ao palco para levar Álbum do Ano por *Fearless*. Para ela, foi importante. "Devo dizer que foi uma experiência alucinante ouvir meu nome ser chamado e ganhar aquele prêmio", declarou mais tarde. "Esse é um prêmio que eu considerava inatingível. Ser a pessoa mais nova a vencer me faz amar ainda mais a música country. Meus pais e eu sonhávamos com isso todos os dias, sem acreditar que se tornaria realidade."

Depois, ela voltou ao palco como a vencedora do prêmio de Vocalista Feminina do Ano. Dessa vez, fez graça do incidente com West ao agradecer "a cada pessoa aqui por não subir no palco durante meu discurso". Brad Paisley e Carrie Underwood, apresentadores da cerimônia, fizeram mais piadas sobre Kanye. Até o veterano da música Little Jimmy Dickens fez piada do acontecimento. A família musical de Taylor mostrou que a apoiava.

Ela se sentiu ainda mais valorizada ao ganhar o prêmio de Artista do Ano, entregue por Tim McGraw e Faith Hill. Foi a hora de deixar as brincadeiras de lado para que ela explicasse por que ficou tão emocionada com a aprovação de seu trabalho. "Nunca vou esquecer este momento, porque neste exato instante tudo o que eu sempre quis aconteceu", disse. "Gente, esse álbum é meu diário, então para todas as pessoas que votaram nele: obrigada por dizerem que amam meu diário, porque esse é o melhor elogio que eu poderia receber."

No American Music Awards, em dezembro, ela levou cinco prêmios, incluindo Artista Pop/Rock do Ano, uma categoria na qual enfrentou ninguém menos que a recentemente falecida lenda do pop Michael Jackson. Taylor declarou que foi uma "honra inimaginável" ganhar o prêmio naquela circunstância. "A música nunca foi uma competição", acrescentou. Talvez não, mas é sempre bom vencer, não é?

Ser vista como vítima tem um certo apelo para uma celebridade, mas, à medida que a polêmica com West continuava, ficou nítido que Taylor precisava se reafirmar. A cantora queria que o mundo lembrasse que ela era uma pessoa divertida e feliz, e não a alma injustiçada que a vinham considerando nos últimos tempos. Ela teve a oportunidade de fazer isso quando foi convidada para apresentar o *Saturday Night Live*, um lendário programa de televisão norte-americano que está no ar desde meados da década de 1970. Ao longo do tempo, tornou-se referência em esquetes de comédia ao vivo e performances variadas. A 39ª temporada do programa foi ao ar em 2013, tornando-se um dos programas mais longevos da história da radiodifusão norte-americana.

A própria Taylor escreveu seu monólogo de abertura. Ela o apresentou na forma de uma música autodepreciativa, que chamou de "Canção do Monólogo". Naturalmente, fazia referência à história com West, mas de maneira espirituosa. Entrar na cova de leões astutos e, às vezes, até ríspidos do *SNL* era uma tarefa e tanto para alguém tão jovem. Ela pareceu agradar a maioria dos comentaristas. A *Entertainment Weekly* disse: "Seja espertamente deixando sua peruca de Kate Gosselin falar por si só em uma paródia tipicamente cáustica do programa *The View*, seja dando gritinhos alegres usando aparelho ortodôntico em um comercial que satiriza o uso do celular ao dirigir, Swift esteve à altura do desafio, pareceu se divertir e ajudou o restante do elenco a acertar as piadas."

Para Taylor, o *SNL* era um desafio natural. Ela afirmou que era "uma garota do teatro" quando começou a se apresentar. Então, sua participação no programa foi a culminação inevitável desse processo. Disse que a experiência a tirou da "zona de conforto". Mas a artista logo voltou a atuar na telinha quando participou de um episódio de *CSI*. Desde seu lançamento, no ano 2000, a série policial se tornou extremamente popular. Hoje, o programa é uma franquia amada no mundo todo, e fazia algum tempo que Taylor queria fazer uma participação na série. "Sempre brinquei com minha gravadora, minha mãe e todo mundo", disse ela. "Todos os meus amigos sabem que meu sonho é morrer em *CSI*. Sempre quis ser um dos personagens cuja história eles estão tentando desvendar."

A produtora Carol Mendelsohn disse que entrou em contato com Taylor depois que um executivo da CBS contou que a cantora era fã do programa. "Depois tive uma reunião com Taylor na qual conversamos sobre o papel, mas eu disse: 'É um personagem bem ousado — talvez não seja o que você quer.'" No primeiro de muitos comentários sobre o que contará aos netos, Taylor citou sua aparição em *CSI* como fonte de orgulho. "Quando eu estiver bem velhinha e só conseguir me lembrar de uma história sobre minha vida para contar sem parar, a ponto de meus netos revirarem os olhos e saírem da sala — essa vai ser a história", escreveu ela no MySpace.

Sua vida amorosa também voltou a ser o centro das atenções quando ela se envolveu com outro jovem famoso. Assim que surgiu a notícia de sua relação com Taylor Lautner, a mídia mal conseguiu acreditar na própria sorte. Ali estava um romance entre dois Taylors: o símbolo sexual malhado de uma série de filmes que marcou uma geração e a cantora country certinha. Eles se conheceram quando foram escalados para um filme, a comédia romântica *Idas e vindas do amor*. Swift estava animada para passar da telinha para a telona. Ela conseguiu o papel após uma ligação de um membro da equipe. "Recebi um telefonema de Garry Marshall dizendo: 'Taylor, quero almoçar ou tomar café com você. Quero muito que você esteja neste filme. Que tal? Posso escrever um papel para você?' E eu não consegui acreditar, porque, como não tinha tempo para fazer um personagem grande no filme, Garry ia escrever um papel pequeno para mim. Foi incrível."

Escalados como namorados — Lautner interpretou Willy, Taylor foi Felicia —, seus personagens combinaram que permaneceriam castos até 14 de fevereiro, o Dia dos Namorados nos Estados Unidos. A filmagem foi uma experiência e tanto para os dois Taylors. Embora Lautner estivesse mais acostumado do que Swift aos sets de filmagem, filmar em uma escola de verdade era um desafio. "Entramos no colégio e foi interessante porque filmamos essa cena em uma escola real. Em funcionamento. Tipo, as aulas estavam rolando enquanto filmávamos", disse Swift. "A cada trinta minutos o sinal tocava e centenas de estudantes iam exatamente para onde estávamos, e havia pessoas gritando pelas janelas e grupos de adolescentes reunidos gritando coisas pra gente. Foi sem dúvida um dia interessante e muito empolgante. Sair da minha zona de conforto e tentar fazer comédia, e um dos diretores mais legais — um diretor lendário — rir tanto da minha primeira cena foi maravilhoso."

Os personagens se beijam no filme — e Swift fez questão de dar declarações suficientemente entusiasmadas sobre a experiência para a mídia. Mulheres ligadas a galãs adolescentes podem se tornar alvo de intensa inveja. Por isso, ela tinha que mostrar que não estava desdenhando da experiência. Swift disse que contracenar com Lautner mudou sua vida. "Adoro Taylor, ele é um fofo", declarou. Lautner, por sua vez, acrescentou que a bela companheira de cena sem dúvida fazia o seu "tipo".

Ele também admirava a personalidade dela. "Nós nos damos muito bem, nos entendemos de cara", declarou ele à *Rolling Stone*. "E ela é uma garota incrível. Além de linda é extremamente engraçada, carismática e divertida de se conviver, e por isso nos damos muito bem. Ficamos próximos." Em geral, atores costumam falar sobre como seus companheiros de cena são maravilhosos, mas esses dois eram mesmo apenas profissionais da atuação derramando frases prontas teatrais um sobre o outro? Ou havia algo mais sério acontecendo? Eles foram vistos juntos no outono de 2009, jantando em restaurantes românticos, assistindo a jogos de basquete e hóquei e aproveitando o Beverly Wilshire Hotel. Lautner também apareceu em alguns shows de Taylor, e os dois foram vistos tomando frozen yogurt com Andrea.

Logo começaram os questionamentos sobre um possível envolvimento romântico. A mídia ansiava por uma confirmação oficial de qualquer uma das partes! Tal como aconteceu com Jonas, Swift parecia preferir ser um pouco reservada. Ela nunca negou o relacionamento, mas a princípio se ateve a insinuações. "Não sei, ele é um cara incrível e somos muito próximos e (...) ah, sim (...) e contracenamos em um filme que estou muito animada para assistir!"

Para a mídia, já havia evidências suficientes de que os dois formavam um casal. Eles foram devidamente apelidados de "TayTay". Pode não soar tão bem quanto, digamos, "Brangelina", mas escrito ficava ótimo. Depois de apenas três meses juntos, porém, cada um foi para um lado. Uma fonte próxima à cantora disse à revista *Us Weekly*: "Não havia química e parecia artificial (...) Ele gostava mais dela do que ela gostava dele. Ele ia a todos os lugares que podia para vê-la, mas ela não viajava muito para vê-lo. Eles pretendem continuar amigos."

Taylor tirou lições da experiência, que descreveu à revista *Girl's Life*. "Por mais difíceis e dolorosos que sejam, os términos sempre nos ensinam alguma coisa. Essa é uma lição batida e repetida milhões de vezes, mas realmente acredito que tudo acontece para nos ensinar alguma coisa — mesmo que seja terrível ou difícil." Taylor tem talento para repetir clichês de um jeito que pareçam transmitir certo grau de autoconsciência e originalidade. Para seus fãs mais jovens, esses eram sentimentos novos.

A essa altura, ela já havia comprado sua casa própria — um momento importante na vida de qualquer jovem mulher. Mas o primeiro imóvel de Taylor não era nada comum. No outono de 2009, ela se mudou para uma cobertura em Nashville. A partir daquele momento, enquanto andava pelo seu apartamento, ela podia sentir que tinha realmente chegado à cidade com que sonhava quando criança. Era um luxuoso imóvel de 377 metros quadrados, no qual logo começou a imprimir sua identidade. Com o mesmo olhar detalhista com que projetou alguns aspectos de suas turnês, a artista deixou o apartamento do seu jeito. O princípio que a guiou no projeto foi o fato de que, da primeira vez que viu o imóvel, disse a si mesma: "A vista é incrível, vamos mudar todo o resto."

E foi o que Taylor fez. Instalou um lago, que encheu de carpas, e uma gaiola. Escolheu algumas lindas antiguidades e selecionou cores chamativas para dar vida ao lugar. "Adoro uma atmosfera eclética e antiga, com cadeiras diferentes e puxadores de vários estilos para cada armário", contou a Oprah Winfrey. Ela sentia que o imóvel tinha uma atmosfera de sonho e deu a ele um novo apelido que traduzia essa sensação: *O Imaginário*. Não era — ainda bem — extravagante na escala de algumas casas de estrelas do rock e do pop. Nunca iria rivalizar com a escandalosa *Neverland* de Michael Jackson, por exemplo. Taylor também preferiu manter sua presença discreta, ao contrário, digamos, da *Supernova Heights*, a chamativa propriedade que Noel Gallagher ocupou no norte de Londres no auge da fama do Oasis. Mas permitiu que ela e sua artista interior se divertissem um pouco.

Acima de tudo, porém, o novo apartamento fez com que ela se sentisse *madura*. Taylor se deleitou com a independência recém-adquirida. "Morando sozinha, você pode fazer tantas coisas fantásticas", comentou. "Pode andar pela casa falando sozinha e, tipo, cantar seus pensamentos (...) Acho que sou a única pessoa que faz isso." Como seria fascinante ouvir algumas dessas canções improvisadas e os fluxos de consciência ditos em voz alta. Para Taylor, porém, essa privacidade — onde ela era livre para se expressar — era preciosa. Se apresentar diante de dezenas de milhares de espectadores ou milhões de telespectadores era uma coisa. Embora adorasse essas experiências e trabalhasse duro por elas, também havia algo de lindo em poder realizar shows privados para uma plateia de uma pessoa só: Taylor Swift. Para ela, a alegria de poder se apresentar — e até mesmo existir — com tanta serenidade e privacidade era única. Sua vida estava ficando cada vez mais frenética, e Taylor estava começando a sentir que todos a observavam.

Capítulo 6

Em 2010, o circuito de fofocas ligou Taylor a três homens famosos: John Mayer, Cory Monteith — ator de *Glee* — e Toby Hemingway, que contracenou com a cantora no clipe de "Mine". No entanto, o boato mais discutido foi sobre o relacionamento com um galã de Hollywood. Depois de coapresentar com sucesso o *Saturday Night Live*, Taylor voltou ao estúdio em outro episódio para acompanhar a amiga Emma Stone, que também ia participar do programa. Lá, Taylor conheceu um dos jovens mais famosos de Hollywood na época. Os dois marcaram um encontro. A relação que se desenvolveu com Jake Gyllenhaal seria uma experiência e tanto para a cantora, e o término inspiraria algumas de suas canções mais conhecidas.

Pode-se dizer que Gyllenhaal veio ao mundo para ser ator. Nascido em Los Angeles em 1980, filho de pai diretor e mãe roteirista, ele começou a atuar aos 10 anos, mas foi só no fim da adolescência e início da casa dos vinte anos que alcançou o sucesso. Em 1999, Jake protagonizou *O céu de outubro*. Dois anos depois, se tornou um astro cult ao estrelar o filme independente *Donnie Darko*. Mais tarde, se consagrou como um ator versátil, participando de outras produções independentes — como *Por um sentido na vida* —, em sucessos de bilheteria como *O dia depois de amanhã* e em dramas aclamados pela crítica, como *O segredo de Brokeback Mountain*. Ele foi indicado ao Oscar e ganhou um BAFTA.

Para além da atuação, Gyllenhaal foi alvo de muitos comentários a respeito de sua beleza e sua vida amorosa, e namorou as atrizes Kirsten Dunst e Reese Witherspoon. Figurou na lista das "50 Pessoas Mais Bonitas" da revista *People* em 2006 foi selecionado como um dos "Solteiros Mais Atraentes" da mesma revista naquele ano. Também ficou em primeiro lugar em várias pesquisas de "Homens Desejados" pelo público gay. Jake Gyllenhaal e Reese Witherspoon tinha terminado o namoro dez meses antes de Jake conhecer Taylor. Quando o encontrou nos bastidores do *SNL*, ela conhecia bem a história do ator. Uma "fonte" surpreendentemente cautelosa contou à *People* que os dois "tomaram cuidado para não serem vistos muito próximos" enquanto "andavam juntos pelos bastidores". A fonte concluiu: "Era difícil saber se eles formavam um casal." Havia uma diferença de idade considerável entre Taylor e Jake: ele é nove anos mais velho. Este fato e a natureza diferente da fama de cada um se tornariam problemas conforme o encanto dos primeiros dias se transformasse em familiaridade, com todos os desafios que isso pode trazer.

Depois de se conhecerem nos estúdios de televisão, eles foram vistos juntos no Brooklyn, perto da casa da irmã de Jake, Maggie.

Em seguida, pararam para almoçar no restaurante Al Di La, acompanhados de Emma Stone. A mídia estava sedenta, e era apenas questão de tempo até perguntarem a Taylor sobre os boatos. No *The Ellen DeGeneres Show*, a apresentadora indagou se ela estava otimista com a vida amorosa. "Sou sempre otimista em relação ao amor", respondeu. "Sim, sempre, às vezes." Nesse dia Ellen estava especialmente ousada e retrucou: "Ainda mais se o seu namorado for Jake Gyllenhaal, porque ele é muito bonito."

Ainda em novembro, Taylor e o ator foram vistos juntos no luxuoso Post Ranch Inn, em Big Sur, Califórnia. A cantora supostamente "riu de tudo que Jake disse" enquanto tomavam sorvete e frozen yogurt. A jovem tomou frozen yogurt com granulado colorido, enquanto Gyllenhaal optou por gotas de chocolate suíço. Ela também ficou na ponta dos pés e mediu sua altura em relação à de Jake. Pessoas que estavam no local disseram que o casal "sorria muito" e parecia "feliz" e "amigável". Pelo jeito, tudo estava indo bem.

A atriz Gwyneth Paltrow, na época esposa do vocalista do Coldplay, Chris Martin, era amiga tanto de Jake quanto de Taylor — por meio de Martin — havia algum tempo. Ela afirmou ao *USA Today* que tinha dado um jantar para o jovem casal em Londres. Tudo parecia estar correndo às mil maravilhas. Os dois estavam tão encantados um com o outro que Taylor teria supostamente mudado de última hora os planos para o Dia de Ação de Graças, passando a data com a família Gyllenhall e não com os Swift. No feriado, em Nova York, ela conheceu a família dele — um sinal claro de que o relacionamento estava ficando sério. A visita pareceu correr bem, com a irmã de Jake, Maggie, dizendo à *Us Weekly* que tinha sido tudo "ótimo".

Depois surgiram as hoje famosas fotos do casal tomando lattes de xarope de bordo no Gorilla Coffee, no Brooklyn — o retrato dos jovens adultos americanos que amam o outono. Então, em Nashville, eles foram vistos em passeios românticos e fazendo outras paradas para comer e tomar café. Entre os lugares onde o casal apaixonado por café apareceu estavam Frothy Monkey, Crema e Fido. Ao que tudo indicava, o relacionamento era bem agitado em vários sentidos — pelo menos de acordo com os registros fotográficos, os dois deviam estar nadando em cafeína.

Assim como ocorreu em outros namoros, entre eles o relacionamento com Joe Jonas, Taylor foi evasiva ao ser pressionada pela mídia. Quando a MTV perguntou se estava namorando Gyllenhaal, ela disse: "Escrevo em detalhes sobre minha vida pessoal, mas não falo sobre isso." Mas as fontes continuaram falando à imprensa. Uma delas afirmou à *Us Weekly* que Taylor estava apaixonada por Gyllenhaal. "Ela adora o fato de ele ser legal e afetuoso. Jake gosta de Taylor por ser doce, discreta e muito fácil de conviver."

Quando foi noticiado na imprensa que o ator a levara à Grã-Bretanha, onde estava promovendo seu filme mais recente, para passar um fim de semana, as coisas pareceram estar ficando sérias. Alguns meios de comunicação afirmaram que Jake tinha desembolsado 100 mil libras em um jato particular para que ela atravessasse o Atlântico e passasse apenas 48 horas com ele em uma suíte luxuosa do hotel Dorchester, em Park Lane, uma área nobre da capital inglesa. Isso fez o relacionamento parecer bastante intenso. Houve até especulações sobre casamento. Sem dúvida, as coisas estavam evoluindo bem rápido.

Enquanto Taylor comemorava o aniversário de 21 anos, havia sinais contraditórios sobre a posição dela em relação ao galã de Hollywood. Algumas matérias recentes diziam que Jake gastara 11 mil dólares em um violão Gretsch vintage para presentear Taylor. Outras afirmavam que comprara uma pulseira de ouro no valor de 100 mil libras, cravejada com dezenas de diamantes. Para completar a suposta lista de presentes, havia um moedor de café e uma cafeteira, além de grãos de café Kona. Tal generosidade, se os relatos fossem verdadeiros, sugeria uma relação firme, na qual os dois vislumbravam um longo futuro juntos.

Por outro lado, quando Taylor reuniu setenta convidados especiais para uma festa de aniversário, Gyllenhaal não estava entre eles. Embora os compromissos de trabalho pudessem explicar a ausência, o fato de ela ter passado o Natal com a própria família e não com Jake, como fizera no Dia de Ação de Graças, não passou despercebido. Logo, ficou claro que os dois tinham terminado. "Ele disse que não queria mais e que estava desconfortável com toda a atenção que recebiam", disse uma fonte à *Us Weekly*. "Também falou que sentia a diferença de idade. Taylor está muito chateada. Falamos para ir devagar na relação, mas ela não ouviu."

O que tinha dado errado? Parecia que a crescente atenção midiática que Jake recebera por estar ligado a Taylor o revoltara e deixara desconfortável. Ele evidentemente estava acostumado ao assédio da imprensa, mas valorizava sua autoimagem de ator confiável que se concentrava em filmes independentes. Muitos atores gostam de aspirar, pelo menos em parte, ao estilo de vida e à imagem de astros misteriosos e reclusos como Robert De Niro. A imagem de Taylor, mais adolescente e pop, e o tipo de cobertura midiática que ela atraía como consequência disso, o fizeram sentir menos *cool*.

A cantora sabia das reclamações de Jake, mas sentia que ele estava exagerando na sensibilidade em relação à imprensa. Ela disse à *Vogue*: "Não posso lidar com alguém obcecado por privacidade. As pessoas se interessam se há dois famosos namorando, mas ninguém se importa tanto assim. Porém, se você se preocupa com a privacidade a ponto de precisarmos cavar um túnel por debaixo do restaurante em que estamos para irmos embora, não há nada que eu possa fazer." Ela falaria mais sobre o que os dois viveram, mas isso seria feito em seu próximo álbum.

Enquanto isso, ainda havia prêmios para colecionar na estante. No Grammy de 2010, Taylor ganhou o prêmio de Melhor Performance Vocal Feminina por "White Horse". Foi um momento marcante da carreira dela. "Este é meu primeiro Grammy, pessoal! Isto é um Grammy!" Ela também ganhou em outras categorias, incluindo Álbum do Ano, acrescentando: "Todos nós, quando tivermos 80 anos e repetirmos as mesmas histórias para nossos netos até eles ficarem entediados, esta é a história que vamos contar sem parar — em 2010, ganhamos o Grammy de Álbum do Ano."

Outro ponto positivo da noite foi não ser interrompida durante o discurso de agradecimento. Mas, assim que um demônio das cerimônias de premiação foi exorcizado, outro surgiu: sua apresentação com a lenda country Stevie Nicks se tornou o momento mais comentado da noite e gerou as críticas mais dolorosas que Taylor já tinha recebido. Ela cantou um medley de "You Belong With Me" e "Today Was a Fairytale" sozinha e fez um dueto com Nicks em um cover de "Rhiannon", canção do Fleetwood Mac. Infelizmente, devido a alguns problemas técnicos, Taylor não conseguiu ouvir a própria voz enquanto cantava. Por estar acostumada a ter esse guia, saiu do tom e desafinou.

Ironicamente, poucas semanas antes ela havia falado sobre como considerava a emoção mais importante do que a perfeição vocal. "É mais uma questão de retratar a música de maneira que transmita o sentimento, em vez de cada frase ser exatamente perfeita", disse ao *Los Angeles Times*. Acrescentando que, tanto como compositora quanto como cantora, ficava mais "obcecada" pelo significado de suas letras do que pela "técnica vocal" com que as cantava. "Pensar demais na voz e tal... Eu nunca quero chegar a esse ponto."

Era uma observação sensível. Na era dos reality shows com competições de canto, a qualidade técnica da entrega vocal se tornou superestimada. Candidatos de programas como *The Voice* e *The X Factor* apresentam faixas escritas por outros artistas para agradar os jurados e o público votante. Mas por vezes acabam se concentrando demais em acertar cada nota em vez de se conectar com o significado por trás da letra — que, afinal, não foi escrita por eles.

Mas a mídia não levou nada disso em consideração ao reagir à apresentação de Taylor no Grammy. O *Los Angeles Times* considerou seu "desempenho vocal surpreendentemente ruim", "metálico e enfadonho em termos de ritmo". A *Entertainment Weekly* disse que ela estava "muito fora do tom".

Algumas publicações on-line e menos conhecidas foram ainda mais duras com Taylor. Scott Borchetta saiu em sua defesa, dizendo: "Talvez ela não seja a melhor cantora em termos técnicos, mas é a melhor cantora em termos de emoção, porque as pessoas não parecem lá tão ansiosas para ouvir mais de todas essas pessoas que são tecnicamente perfeitas." Ele acrescentou: "Ninguém é perfeito todo dia. Talvez naquele momento não tenha sido a melhor noite do mundo, mas, ao mesmo tempo, talvez tenha sido. Ela é uma garota muito inteligente. Vai continuar se esforçando e melhorando."

Para Taylor, as críticas foram dolorosas. Mais tarde, sentiu que poderia se abrir para a rádio NPR. Ela admitiu que o incidente a abalou. "Com certeza. É fácil abalar minha autoconfiança. Sou muito consciente de todas as minhas falhas. Sei de todas as minhas inseguranças. Tenho muitas vozes na cabeça me dizendo o tempo todo que não sou capaz. Lido com isso a vida toda. Ao subir no palco milhares de vezes, você vai ter noites que não dão certo. E quando não dá certo na frente de tanta gente, e isso é apontado de forma tão pública, sim, me afeta. Sinto que, como compositora, não posso criar uma casca grossa. Não posso me tornar insensível para me proteger, porque minha função é sentir."

Mas houve algumas observações positivas. Como escreveu Alan Light, da revista *SPIN*: "O fato de não ser perfeita, em alguns aspectos, tem sido uma vantagem. Isso torna tudo ainda mais crível, até certo ponto." Porém, o mais importante talvez tenha sido o fato de ela ganhar o primeiro Grammy. Como uma artista vencedora do prêmio, Taylor entrava para o clube das lendas da história da música. Nada mal para uma garota que "não canta bem".

O sucesso e o reconhecimento podem diminuir o entusiasmo de alguns artistas. Depois de terem sido atingidos por essas duas experiências ilusórias, muitas vezes se veem sem motivação. Perdem parte da empolgação que os movia e param por um tempo, ou para sempre. Taylor é diferente. O sucesso só a impulsionou ainda mais. "Assim que *Fearless* saiu e o trabalho foi concluído, comecei a compor para o meu próximo álbum", contou. "Adoro planejar vinte passos à frente."

Nesse novo álbum, trabalhou de novo com Nathan Chapman, voltando às raízes, em certo sentido. A maioria das músicas foi gravada no porão de Chapman. "Muitas vezes conseguíamos um vocal mágico na primeira tentativa e parávamos por ali", disse ela. Já o produtor notou mudanças em Taylor e foi o primeiro a ver como ela estava diferente desde *Fearless*. "Ela saiu da casa dos pais, está morando sozinha e vendo o mundo de uma maneira diferente depois de crescer um pouco."

O novo álbum, *Speak Now*, tinha uma sonoridade ampla e impactante. A faixa de abertura é "Mine", que, segundo Taylor, "é sobre minha tendência a fugir do amor". Uma tendência, disse ela, "recente". A música fala sobre "encontrar a exceção" para o caráter temporário de suas experiências amorosas até então, acrescentou. "Vi todo o relacionamento passar diante dos meus olhos, quase como um estranho filme de ficção científica", declarou ao *Yahoo!*. Como Borchetta explicou, gravar a canção foi empolgante para Taylor e sua equipe. "Tocamos essa música umas quatro ou cinco vezes", contou ele. "Fiquei pulando e tocando uma guitarra imaginária, ela cantando a letra para mim, e foi um daqueles momentos loucos, divertidos, adolescentes de Taylor."

Não é possível afirmar com certeza para quem é a música, mas, seja quem for, a cantora disse que no dia em que a faixa foi lançada o rapaz mandou um e-mail para ela, reconhecendo que era sobre ele. "Eu não tinha ideia", escreveu ele. "Agora percebo que fui ingênuo." Ele faz parte de uma longa lista de caras que ouviram os álbuns de Taylor e se deram conta de que uma das músicas era sobre eles.

Então passamos para "Sparks Fly". Essa canção estava guardada havia alguns anos. Taylor só se sentiu vontade de gravá-la quando recebeu comentários positivos após apresentações ao vivo. A primeira grande e lenta canção épica do álbum é "Back to December". "É sobre uma pessoa que foi incrível comigo, simplesmente perfeita em um relacionamento, e eu fui muito descuidada com ele." É provável que seja sobre Taylor Lautner. As descrições físicas na música combinam perfeitamente com o galã de *Crepúsculo*. Ela também dedicou a canção no palco ao "garoto de Michigan", cidade natal do ator.

Na faixa-título "Speak Now", Taylor canta sobre como descobriu que sua paixão do colégio havia se casado com alguém que o tratava mal. "Ele conheceu uma garota que era uma pessoa horrível. Ela o fez parar de falar com os amigos, cortou os laços familiares e isolou de tudo e todos. E, de repente, pensei, 'Ah, você vai falar agora?'." Esse comentário se referia ao momento "fale agora ou cale-se para sempre" em uma cerimônia de casamento. "Sempre fui fascinada por aquele momento, porque acho que é uma metáfora para muitos instantes da nossa vida em que estamos prestes a perder alguma coisa, e é aí que percebemos que precisamos nos manifestar."

A provável inspiração de "Dear John" é o cantor John Mayer, que teve um suposto envolvimento com Taylor. Lenta e de partir o coração, é uma balada de lamento. "Muitas vezes, após o fim de um relacionamento, uma pessoa escreve um e-mail para a outra e fala tudo o que gostaria de ter dito", explicou ela. "Várias vezes, a pessoa acaba não mandando esse e-mail. Foi difícil escrever essa música, e acho que colocá-la no álbum foi como apertar o botão de enviar." Mayer não ficou satisfeito com o fato de a canção ser supostamente ligada a ele. "Fez eu me sentir péssimo, porque eu não merecia", declarou. "Sou muito bom em assumir responsabilidades e nunca fiz nada para merecer isso. Foi uma atitude horrível." Ele descreveu a conduta como "uma composição barata". Ao ser confrontada com as declarações de Mayer no programa de entrevistas *Katie*, de Katie Couric, Taylor revirou os olhos e suspirou: "Ah, *fala sério*."

"Mean" é a resposta musical da artista às críticas que recebeu pela apresentação no Grammy. "É uma música que escrevi em um dia muito, muito ruim, mas que produziu tantos dias felizes para mim desde então", contou. Ela explicou que a repercussão do episódio do Grammy a lembrara de quando tinha sofrido nas mãos dos colegas de escola. "'Mean' é sobre o bullying em uma fase diferente da minha vida", disse. "Não estou mais na escola, mas ainda sei como é passar por isso."

No entanto, a forma que ela encontrou para ressignificar a experiência foi bonita, como reconheceu à NPR. "As críticas me ajudaram de um jeito meio mágico, porque passaram a ser mais um elemento que incorporo às músicas. Acabei escrevendo uma canção chamada 'Mean' sobre essa experiência e sobre um cara específico que não largava do meu pé. Acho que estar no Grammy dois anos depois, cantar aquela música, ser aplaudida de pé e ganhar dois prêmios por ela foi a experiência mais gratificante da minha vida." Assim como encontrara um lado positivo do bullying que sofrera no colégio, Taylor tinha descoberto a parte boa do desastre do Grammy.

Tendo assumido o papel de vítima nessa canção, ela estava ansiosa para abordar a percepção de que era sensível demais. Separou as críticas construtivas e profissionais de ataques pessoais desagradáveis. Estes últimos, disse ela, eram "maldosos". "Existem diferentes modos de criticar alguém", acrescentou. De qualquer forma, fosse ela sensível ou não, suas respostas em forma de música a experiências ruins geraram inspirações criativas férteis.

"The Story of Us" foi uma faixa marcante na construção do álbum. "Depois de finalizá-la, eu soube que meu trabalho estava concluído", disse ela. Foi a última música escrita para o álbum e, quando a terminaram, Taylor e Chapman fizeram uma dança de comemoração. Mas a música em si tem uma atmosfera menos festiva. "[É] sobre encontrar por acaso, em uma premiação, alguém com quem tive um relacionamento, e estávamos a algumas cadeiras de distância. Eu só queria dizer a ele: 'Isso está sendo horrível para você? Porque está sendo para mim.'" Essa conversa nunca aconteceu, explicou ela, "porque nós dois estávamos na defensiva".

Como vimos, quando se mudou para seu primeiro apartamento, Taylor adorou a liberdade que isso lhe proporcionou para falar e cantar em voz alta. Em "Never Grow Up", fica claro como a experiência criou um ambiente fértil. "Entrei neste apartamento depois de comprá-lo e pensei: Caramba, é real. Estamos todos envelhecendo, e logo meus pais vão ficar mais velhos, e vou ter que pensar em coisas de adulto."

Mais uma vez, vemos a cantora no papel de irmã mais velha. Ou será que, na verdade, seu relógio biológico estava apitando com um leve desejo de ser mãe? "De vez em quando, vejo uma menina de 7 ou 8 anos e tenho vontade de contar tudo isso a ela. Lá está ela, se transformando em quem vai ser e formando seus pensamentos, sonhos e opiniões. Escrevi essa música para essas garotinhas."

Um dia, em Nova York, Taylor conheceu alguém que chamou muito sua atenção. Ela ficou tão empolgada com o encontro que voltou para a suíte do hotel e escreveu uma música que resumia seus sentimentos. Chamava-se "Enchanted". "Conhecê-lo me causou uma sensação avassaladora de 'tomara que você não esteja apaixonado por outra pessoa'. E durante todo o caminho de volta me lembro dos edifícios reluzentes de Nova York passando e, depois, de pensar 'será que algum dia vou falar com ele de novo?'. E aquele desejo por um romance que pode nunca acontecer (...) mas você só tem a esperança de que aconteça e o medo de que nunca se torne realidade."

A canção em si é muito madura — e de uma seriedade quase cinematográfica. Acredita-se que o rapaz que a impressionou dessa forma foi o artista da música eletrônica Adam Young. Certa vez, Adam escreveu uma carta aberta para Taylor em seu site. A conclusão do texto sugeria fortemente que ele era o tema da faixa. "Tudo em você é adorável. Você é uma garota muito encantadora, com um coração lindo e mais graça e elegância do que consigo descrever. É uma verdadeira princesa de conto de fadas e, acima de tudo, só quero que saiba (...) Fiquei encantado em conhecê-la também."

Se você gosta da Taylor raivosa, então deve ter adorado as canções enfurecidas do disco, como "Picture to Burn". A ira surge mais uma vez em "Better Than Revenge", em que a cantora lança insultos a uma mulher que acreditava ser a outra parte quando um de seus namorados a traiu. A letra é desaforada e inabalável, mas as metáforas sobre alguém roubando os brinquedos de outras crianças no parquinho tem certa sagacidade.

Em "Innocent", ela aborda a confusão com Kanye West. "Foi um acontecimento marcante e intenso na minha vida, que ressoou por muito tempo", comentou. Mesmo sendo questionada sobre o incidente aonde quer que fosse, Taylor optou por manter o silêncio sobre o assunto por algum tempo. Quando estava pronta para falar, escolheu cantar. Mais tarde, ela explicou: "Na época, não falei sobre isso, e continuo não falando. Achei que era muito importante cantar sobre esse tema." A música explica como todos têm a chance de se reinventar. "Nada vai sair exatamente como você planeja", disse. "O fato de você ter se planejado bem não significa que as coisas vão acontecer como esperado."

"Haunted", segundo Taylor, é sobre "estar muito viciada em um relacionamento, desejar ter aquilo de volta e ser atormentada por isso". Mais uma vez, a faixa passa uma sensação cinematográfica — poderia estar na trilha sonora de um filme adolescente estilo *Crepúsculo*. "Eu queria que a música e a orquestração refletissem a intensidade da emoção de que a letra fala, então gravamos cordas com Paul Buckmaster no Capitol Studios, em Los Angeles. Foi uma experiência incrível — gravar aquela enorme sessão de cordas ao vivo, que acho que no final capturou mesmo o sentimento intenso e caótico de confusão que eu estava procurando."

"Last Kiss" é uma canção que tenta capturar o momento em que você se conecta totalmente com a tristeza que sente por um amor perdido. Ao contrário de muitas músicas sobre términos, não tem como foco o drama inicial de uma separação, e sim em um sentimento que surge mais adiante. "Ao passar por um rompimento, sentimos muitas coisas diferentes", explicou ela. "Raiva, confusão e frustração. Depois, há a enorme tristeza de perder aquela pessoa, todas as lembranças com ela e as esperanças que você tinha para o futuro."

Apesar de tanta tristeza, *Speak Now* termina otimista. A inspiração para escrever a melodia cativante da faixa final surgiu durante um show. Entre a parte principal de sua apresentação e o bis, Taylor estava no camarim quando uma música lhe veio à cabeça. Fez uma anotação rápida e, em seguida, voltou para sua plateia cativa. Mais tarde, revisitou a melodia e o resultado foi "Long Live".

De forma oportuna, dada a gênese da música, Taylor a transformou em uma homenagem às pessoas que fazem parte da equipe dela. "É meio que a primeira canção de amor que escrevi para minha equipe", descreveu. Ao ouvi-la, você sente vontade de fazer parte do time. É a mistura perfeita de orgulho e coragem. A *Rolling Stone* a comparou com Bon Jovi, e com razão — é mais uma música da cantora feita sob medida para shows em grandes arenas.

Esse comentário da *Rolling Stone* representa bem os elogios que *Speak Now* recebeu dos críticos. A revista musical disse que o álbum se encaixava em uma progressão constante do talento de Taylor. Declarou que o disco "é cerca de duas vezes melhor que *Fearless*, de 2008, que foi aproximadamente duas vezes melhor que o álbum de estreia, de 2006". O *Guardian* deu quatro de cinco estrelas a *Speak Now* e disse que foi, "em geral, um triunfo". O jornal também elogiou a coragem de "Never Grow Up", que o crítico considerou "devastadora e verdadeiramente desconfortável".

Embora o crítico do site da BBC tenha considerado que Taylor estava progredindo em um ritmo "imponente", também sentiu que o álbum era muito longo. "Ouvir meia dúzia de lamentos vaidosos é o bastante", disse. O *Washington Post* fez um comentário parecido sobre a duração, reclamando das "14 canções prolixas, esgarçadas e por vezes repetitivas do álbum, todas escritas por ela". Mas pelo menos o mesmo crítico afirmou que *Speak Now* era um "exercício cativante de fazer escolhas ousadas, manter a chama acesa e acertar as contas".

O *New York Times*, por sua vez, descreveu o álbum como "uma obra corajosa de transparência não transparente". Mas foi Ann Powers, do *Los Angeles Times*, quem mais se aproximou do verdadeiro motivo da popularidade do álbum, e de Taylor como um todo. "Grande parte das músicas pop de hoje se parece com jingles publicitários e gritos de guerra, com melodias que grudam na cabeça e batidas que parecem chiclete. Personalidades extravagantes complementam esses sons invasivos. Swift nos lembra de que existe outra maneira de atrair os ouvintes. Não é de surpreender que, como uma artista tão focada nas imagens da infância, ela lance mão de um truque muito empregado pelos pais com seus filhos: usar um tom suave. Se concentrar no seu interior. Fazer o interlocutor sentir que está sozinho com ela", escreveu.

A turnê para promover o álbum começou em fevereiro de 2011. Passaria por 17 países, com cem apresentações ao longo de 12 meses. Foi a turnê mais lucrativa do ano, de acordo com a *Billboard*, que estimou que Taylor arrecadou 123,7 milhões de dólares. Mas não foi um trabalho fácil. "Fazer esses shows é como uma maratona de atletismo", disse a cantora a Katie Couric. "Quando estou embaixo do palco e sou içada como um pão na torradeira, indo a quase 1,80m de altura, penso: 'Consegui passar por isso... fiz a música do banjo... certo... vamos para o próximo bloco... trocar de roupa... voar acima da multidão — é incrível...'"

Apesar do planejamento cuidadoso, Taylor queria manter boa parte das apresentações naturais. Desejava uma mistura de preparação e espontaneidade. "Uma das coisas de que mais gosto nesta turnê — embora seja um show muito teatral e me lembre bastante das minhas produções de teatro musical preferidas em termos de cenário, figurinos e produção — é que há vários momentos muito espontâneos."

No futuro, Taylor relembraria a liberdade dessa naturalidade e, às vezes, se perguntaria se ela havia desaparecido da sua vida. A perspectiva que ganhamos eventualmente ao analisar um relacionamento perdido, como a artista explorou em "Last Kiss", era algo que ela também encontraria em relação à própria carreira. Sua fama estava prestes a atingir novos patamares. E, apesar de geralmente aproveitar a jornada, Taylor por vezes olharia para trás e se perguntaria onde parte da diversão tinha ido parar.

Capítulo 7

Qual é a diferença entre uma estrela e uma superestrela? Qualquer pessoa tem uma ideia do que cada termo significa, mas a diferença não é tão clara. Mas Taylor chegou mais perto de descobrir a resposta em 2012, à medida que ficava mais conhecida. O aumento da importância dada a um artista pela mídia é, ao mesmo tempo, um impulsionador e um sinal de sua popularidade. A fama é um fenômeno que se retroalimenta, e Taylor estava prestes a recebê-la em grandes garfadas.

Ela foi capa da edição de fevereiro de 2012 da revista *Vogue*. A *Billboard* a considerou a "Mulher do Ano", tornando-a a artista mais jovem a receber essa homenagem. Com toda essa aclamação, veio também uma fortuna considerável. Taylor ficou no topo da lista dos "40 Artistas Mais Bem-Pagos da Indústria Musical" feita pela *Billboard* e foi selecionada pela *Forbes* como a estrela abaixo dos 30 anos com maior remuneração. A cantora também apareceu nas capas da *Elle* e da *Rolling Stone* — que a incluiu na lista de "Mulheres que Arrasam", descrevendo-a como uma "verdadeira" *rock star* com um "ouvido impecável para identificar o que faz uma música ter sucesso". Ela recebeu validação e respeito de uma ampla gama de veículos da imprensa. Veículos musicais de renome prestaram homenagem às raízes country de seu trabalho, periódicos femininos mensais a viam como uma personagem inspiradora e intrigante, e revistas semanais adolescentes e de fofoca sabiam do interesse de leitores jovens por ela.

Isso lhe rendeu uma credibilidade enorme e encantou sua gravadora. Para o departamento de relações públicas, era fácil promover Taylor: todos adoravam divulgar seus últimos lançamentos. Com alguns artistas, esses departamentos têm muito trabalho para emplacar matérias ou resenhas. Já Taylor era onipresente, aparecendo em todas as publicações que a gravadora desejava.

O prestigiado jornal britânico *The Guardian*, que se orgulha de sua relação criteriosa com as artes, publicou uma entrevista aprofundada com Taylor. Nela, a cantora tentou explicar por que suas músicas provocavam uma conexão tão forte com os ouvintes, principalmente nas jovens que enfrentavam a hidra emocional e física que é a adolescência. "É uma fase em que sentimos tantas emoções que podemos ficar sufocados se elas ocorrem todas de uma vez", explicou. "O que tento fazer é pegar um momento — um único sentimento — e expandi-lo em três minutos e meio." O entrevistador, Alex Macpherson, ficou impressionado, refletindo: "Swift tem a capacidade de interligar as tradições de contar histórias e de se confessar, unidas por um instinto que aponta para sentimentos universais."

Apesar de todo o prestígio que Taylor estava atraindo de publicações de renome, sua vida amorosa continuava sendo alvo do fascínio da imprensa de fofoca. Quando ela dublou com Zac Efron, galã de *High School Musical*, o filme de animação *O Lorax: Em busca da Trúfula Perdida*, parecia inevitável que houvesse especulações de que os dois estavam namorando. Mesmo assim, Taylor rejeitou os boatos. "Não somos um casal", disse a Ellen DeGeneres. "Ele é incrível, mas não estamos juntos. A gente ouve falar de pessoas que se envolvem quando contracenam em um filme. Mas não em um longa de animação, sabe? Fala sério, é só isso mesmo, nós nos conectamos enquanto estávamos fazendo a dublagem, mas cada um de um lado diferente do país."

O próximo homem famoso com quem ela de fato se relacionou não foi um ator, mas um integrante de um conhecido clã político. O belo Conor Kennedy, neto de Robert F. Kennedy, teve um romance de três meses com Taylor no verão de 2012. Os dois foram vistos juntos pela primeira vez em julho. Estavam almoçando em uma pizzaria em Mount Kisco, Nova York. Poucos dias depois, foram vistos novamente na propriedade dos Kennedy em Hyannis Port, Massachusetts. O casal foi flagrado várias vezes por lá, ocasionalmente de mãos dadas. Houve também uma vez em que Conor foi visto beijando Taylor. As coisas pareciam sérias: surgiram boatos de que ela estava pensando em comprar um imóvel na região.

A cantora foi acusada de "entrar de penetra" quando apareceu junto a Conor em um casamento de familiares dele, o que foi negado pelos representantes de Taylor. Mais assuntos de família vieram à tona quando Taylor acompanhou o jovem em uma visita ao túmulo da mãe dele, que tinha se suicidado meses antes, e ajudou a remover parte das ervas daninhas do local. Embora as coisas parecessem sérias entre os dois, o casal logo rompeu o relacionamento. Um amigo próximo disse à *Us Weekly*: "Eles terminaram sem alarde há algum tempo. Foi apenas uma questão de distância. Sem ressentimentos." Mais um relacionamento tinha sido deixado de lado. Mais lições para Taylor e, o mais importante, novas inspirações para suas músicas.

Mas o caso com Kennedy seria insignificante quando comparado ao namoro seguinte da artista, com outro astro teen internacional: Harry Styles. Para a imprensa de celebridades, *ali* estava um romance perfeito: uma linda cantora loira com um histórico de decepções amorosas e um galã de *boy band* com carinha de bebê e reputação de pegador. Os dois já tinham milhões de fãs no mundo inteiro acompanhando cada passo que davam. Juntos, eram imbatíveis e garantiam muitos quilômetros de textos em colunas midiáticas. De fato, a conexão entre Swift e Styles era tão conveniente que a profundidade do relacionamento deles chegou a ser questionada.

Antes mesmo de Taylor entrar em cena, a vida amorosa do cantor já era assunto constante na mídia. Apesar de todos os membros de sua banda, o One Direction, interessarem à imprensa, Styles se destacava. Tudo começou quando ele se relacionou com Caroline Flack, apresentadora do *The X Factor*, 14 anos mais velha. A diferença de idade por si só tornou a história uma bomba: enquanto os fãs do One Direction ficaram furiosos, a imprensa de fofoca era pura empolgação. Flack recebeu ameaças de morte de fãs ciumentas, e muita gente opinou sobre o suposto romance. Por fim, os dois romperam, mas o caso fez de Styles alvo da mídia.

Os repórteres o seguiam por toda parte e tentaram ligá-lo a diversas pessoas. A maioria das matérias era inventada. Até Nick Grimshaw, apresentador da Radio 1 e amigo próximo de Harry, foi apontado como possível envolvimento romântico do cantor — algo que ambos negaram. Em dado momento, Harry chegou a declarar que sentia como se tivesse "7 mil namoradas" — pelo menos de acordo com a imprensa. Já Taylor, como vimos, também tinha bastante presença midiática, embora com um enfoque mais recatado. Eram poucos os editores de revistas de celebridades que não ansiavam por fofocas que envolvessem seu nome. Por isso, quando começaram a circular boatos de que os dois jovens astros estariam juntos, é claro que foi uma grande notícia.

O casal supostamente se conheceu em uma cerimônia de premiação em 2012. Era março, e o Nickelodeon Kids' Choice Awards estava a todo vapor. Taylor foi flagrada dançando durante a apresentação do One Direction. Ela estava ao lado de Selena Gomez, mas chamou mais atenção do que a amiga. Os repórteres presentes logo farejaram a notícia e, mais tarde, depois de uma conversa com a loira, Styles foi questionado se tinha algo a declarar. Com um sorriso, ele descreveu Taylor como "legal".

Como tudo o que falava era analisado nos mínimos detalhes, Harry estava acostumado a medir cada sílaba com cuidado, em especial quando se tratava da vida pessoal. Por isso, foi extremamente comedido em suas declarações sobre a cantora.

Até quando falou sobre ela para a revista *Seventeen*, pareceu mais um político do que um astro pop, dizendo: "Para ser sincero, ela é uma pessoa muito doce. É muito legal, extremamente talentosa e merece todo o sucesso que tem." Poucos rapazes adolescentes escolhem as palavras com tanta cautela ou falam de maneira tão discreta sobre mulheres atraentes.

Essa discrição significava que o jogo de adivinhação precisava continuar. Na verdade, as primeiras pessoas a sugerir que o par estaria em um relacionamento não foram Taylor nem Styles, mas outras celebridades. O príncipe do pop Justin Bieber provocou a mídia ao fazer uma alusão propositalmente enigmática a eles. "Sei que uma das maiores artistas do mundo acha Harry um gostoso, mas jurei guardar segredo", declarou. Os colegas de banda do One Direction também foram vistos provocando Harry sobre a fofoca, inclusive no VMA.

Então, depois que Taylor apareceu na final do *X Factor* dos Estados Unidos, o apresentador do programa, Mario Lopez, ofereceu à imprensa o que chamou de "uma pequena informação privilegiada", contando: "Durante os ensaios, Harry do One Direction chegou, me deu um tapinha nas costas e disse: 'Ei, Mario, tudo bem?' E eu respondi: 'O que você está fazendo aqui?' E ele meio que apontou para Taylor." Lopez disse que os dois foram embora de mãos dadas. O Twitter oficial do programa também divulgou a história, adicionando que os dois tinham comido hambúrgueres juntos.

Foi o suficiente para convencer o mundo de que eles eram um casal, que logo recebeu o apelido de "Haylor". Com certeza Lopez não ousaria divulgar qualquer boato falso sobre o One Direction, já que o grupo era o produto adorado de seu chefe, Simon Cowell. Embora a equipe do *X Factor* divulgue notícias com frequência, elas são cuidadosamente controladas. A citação de Lopez foi reveladora, e os meios de comunicação se aproveitaram dela, mas ainda faltava uma prova concreta para os repórteres.

Styles se manteve discreto quando questionado sobre a vida amorosa. À revista *Cosmopolitan*, ele disse: "Há alguém de quem gosto (...) mas essa garota (...) não é o meu 'tipo'. O mais importante é a pessoa. Como ela age, a linguagem corporal, se consegue rir de si mesma." Poderia ser qualquer uma, então os veículos de imprensa se contentaram com a especulação, perguntando-se se Taylor estaria tentando comprar uma casa em Londres para ficar mais perto de Harry. Isso fez parecer que o relacionamento estava avançando muito rápido, mas ninguém sabia ao certo se ele de fato existia.

As pistas continuaram chegando. Taylor foi vista usando uma corrente prateada no formato de aviãozinho de papel idêntica à de

Styles. Também deu a entender que agora estava interessada em relacionamentos com "bad boys". Embora para os leitores mais velhos pudesse parecer estranha a ideia de Styles se enquadrar nessa categoria, para os mais jovens ele tem reputação de destruidor de corações. "[Os bad boys] têm um carisma muito interessante", disse Taylor. "Costumam ter muito a dizer e, mesmo que não tenham, sabem como dizer tudo com um olhar. Acho que o sonho de toda garota é encontrar um desses na hora certa, quando ele tiver cansado de ser malvado."

Os rumores sobre o relacionamento ganharam mais força quando Nick Grimshaw falou publicamente sobre o assunto. Foi a primeira vez que alguém do círculo íntimo de Taylor ou Styles fez um comentário oficial sobre o romance. "Harry gosta muito de Taylor, está caidinho por ela", disse. "No início, eu não tinha certeza se o relacionamento era real, mas converso muito com ele e parece que ela é a pessoa certa para Harry — pelo menos por enquanto."

Nick explicou que a inteligência da cantora contribuía muito para o seu poder de sedução. "Harry gosta de pessoas que o fazem rir. Conversamos muito ao telefone enquanto ele está em turnê, e ele fala bastante dela. Está muito feliz. Também gosto muito dela; ela veio ao meu programa há pouco tempo e foi muito divertido." Essa menção à sagacidade de Taylor se conectava ao que Styles havia declarado sobre a importância do humor para tornar alguém atraente.

Em dezembro de 2012, a mídia obteve o tipo de prova fotográfica que vinha buscando quando Taylor e Harry visitaram o Zoológico do Central Park juntos. Imagens do passeio se espalharam por toda parte. Depois disso, o casal teria passado duas noites no hotel onde a cantora estava hospedada em Manhattan. Em seguida, eles foram vistos em uma festa após um show do One Direction no Madison Square Garden. Às quatro da manhã, foram para o mesmo hotel e, na manhã seguinte, saíram um logo após o outro. Na época das festas de fim de ano, Taylor e o One Direction fizeram uma série de shows na costa oeste dos Estados Unidos.

Em dezembro de 2012, o casal teria ido para a Inglaterra comemorar o aniversário de 23 anos dela. Os dois foram ao pub George & Dragon, em Great Budworth, Cheshire. "Ele é incrível", teria dito Taylor a respeito do cobiçado Styles. O casal também passeou pelo Peak District e jantou com a irmã de Styles no Rising Sun Inn. Harry supostamente apresentou Taylor a *The Inbetweeners*, uma comédia inglesa adolescente, durante a visita à Inglaterra. Desde então, o programa ganhou uma versão americana, mas dizem que a cantora prefere a original.

Além de conhecer melhor o humor britânico, Taylor estava aprendendo bastante sobre a fama. Durante o namoro com Jake Gyllenhaal, foi ele quem se sentiu desconfortável com o crescente assédio da mídia. Porém, com Styles, foi a vez dela de ficar chocada. "Não sei a quanta privacidade tenho direito, mas sei que não é muita. Ao mesmo tempo, fui eu que desejei isso. Poderia estar me apresentando em um café. Ficaria feliz fazendo isso, mas provavelmente não tão feliz quanto agora." Ela disse que saber que muitas pessoas ouviriam suas músicas era "uma sensação incrível", mas acrescentou que a presença de pessoas com câmeras "escondidas nos arbustos" era "uma sensação menos agradável".

Houve um boato de que o já tatuado Harry teria feito uma tatuagem inspirado em seus sentimentos por Taylor, enquanto ela teria gastado 50 mil libras em itens dos Beatles para presenteá-lo. Na final do *X Factor* norte-americano, na qual o One Direction cantou o single "Kiss You", Styles foi questionado sobre a cantora. "Ela está bem", respondeu. O comentário não era nada de mais, mas foi tratado como ouro pela mídia.

Taylor então foi para a Austrália em uma viagem de trabalho. Ela se divertiu com a perspectiva de passar o período logo antes do Natal no calor do verão australiano. "Vai fazer sol o tempo todo", disse. "Vai ser estranho me bronzear na época do Natal, mas estou muito empolgada." Taylor voltou aos Estados Unidos para o Ano Novo, onde se apresentou no *Dick Clarks's Rockin' Eve*, na Times Square. Cantou "I Knew You Were Trouble" e "We Are Never Ever Getting Back Together". De acordo com um fã no Twitter, Taylor e Harry se beijaram em um elevador após o show.

Tal como aconteceu com Gyllenhaal, parecia que o relacionamento com Styles estava começando a acelerar. "Fontes próximas" não identificadas diziam à imprensa que havia planos de casamento. Foi nessa fase que, segundo relatos, o pai da cantora, Scott, interveio, dizendo a Styles para "desacelerar e ir com calma". De acordo com fontes, embora não estivesse tentando separar os pombinhos, Scott insistia para que não se apressassem.

Apesar disso, no início de 2013 Taylor e Harry embarcaram rumo às Ilhas Virgens Britânicas. Os dois foram fotografados comendo ao lado de fãs em um restaurante em Virgin Gorda. Era uma cena feliz, mas que mudaria em algumas horas. Mais tarde, quando a cantora foi vista sozinha em um barco enquanto Styles continuava a festejar em outro lugar, parecia que o romance havia azedado.

Durante uma suposta briga, Taylor teria dito que ele tinha sorte de estar com ela. Com o relacionamento aparentemente terminado, a mídia começou a se questionar se o namoro havia mesmo existido. O tabloide americano *National Enquirer* chegou a sugerir que a própria Taylor não sabia a verdade, afirmando: "Mal sabe Taylor que a equipe de Harry se esforçou muito para unir os dois, por ela ser uma estrela de alto calibre." O *Guardian* disse que era "inevitável" que eles tivessem se relacionado, "já que, juntando os históricos de cada um, eles supostamente namoraram com todas as pessoas do planeta". Cheio de sarcasmo, o jornal acrescentou que "o fato de esse namoro ter acontecido logo quando Swift lançou um álbum e o One Direction anunciou uma turnê é apenas uma daquelas coincidências que muitas vezes acompanham os relacionamentos de celebridades". Para que nenhum leitor deixasse de captar a insinuação, acrescentou que "alguns dos encontros entre os dois talvez tenham tido um cheiro suspeito de estratégia de marketing".

De fato, o caso de Taylor e Harry por vezes pareceu conveniente demais. Mas nunca existiu um casal de celebridades que não estivesse sujeito a uma leitura tão cínica quanto essa. Embora muitos pares famosos tenham se unido para melhorar suas respectivas reputações, diversas celebridades namoram entre si simplesmente porque querem estar com alguém que entende as pressões da fama. De qualquer modo, Taylor ficou sozinha de novo. Ela já admitiu que esse é um dos seus medos mais profundos: "Acho que a única coisa que me dá medo de verdade é que a magia não dure. Que o frio na barriga, os sonhos e o amor, todas essas coisas que valorizo tanto, vão embora um dia." Enquanto isso, ela tinha um novo álbum para promover.

Após o lançamento do álbum *Red*, em outubro de 2012, Taylor se abriu em uma entrevista para a rádio NPR sobre como seus relacionamentos inspiram suas músicas e por que ela escreve tão abertamente sobre eles. Com vários namoros notórios no passado recente, as letras do novo disco seriam mais esmiuçadas do que nunca. "A primeira coisa em que penso quando escrevo é me comunicar diretamente com a pessoa sobre quem a música fala", disse. "Acho que aprendi há pouco tempo que não é (...) a decepção amorosa que inspira minhas músicas. Não é o amor que as inspira. São as pessoas que entram na minha vida. Tive relacionamentos com caras que foram importantes e significaram muito para mim, mas sobre os quais não consegui escrever por algum motivo. Mas às vezes você conhece alguém que faz parte da sua vida por duas semanas e escreve um disco inteiro sobre a pessoa."

No entanto, para Taylor, a musicalidade tem tanta importância quanto as letras e seus temas. Em *Red*, ela recorreu à mais ampla gama de estilos até então. "Minha inspiração vem de todos os tipos de som", declarou à *Rolling Stone*, "e acho que nunca vou ser alguém que diz: 'Jamais vou fazer uma música que soe desse jeito ou me aventurar para além desses gêneros', porque acho que eles são muros desnecessários."

Ela havia trabalhado duro no álbum — e uma das primeiras faixas que compôs se chamava "State of Grace". Em sua forma final, a música se transformou na canção mais grandiosa de Taylor até então. Ela nunca havia lançado algo tão complexo e pesado. Os compassos de abertura sugerem uma faixa de rock perfeita para ser tocada em grandes arenas, no estilo de bandas como U2 e REM. A canção foi enriquecida por seus paradoxos e contradições, abrindo o álbum épico de 16 faixas com uma autoconfiança poderosa.

Apesar de Taylor parecer segura nessa faixa, existe ao mesmo tempo uma camada adicional de vulnerabilidade. Sua voz soa suave demais para competir com uma trilha tão imponente, e a maneira como a cantora arrasta as sílabas das palavras finais em cada verso da ponte só contribui para essa fascinante dicotomia. No entanto, no meio do caminho, ela se mostra atrevida, dando seu veredito sobre a história com confiança e sabedoria: canta que ele nunca foi um santo, enquanto ela amava em tons "errados". A repetição das palavras "nunca" e "sempre" aponta para outra faixa de *Red*, que virá mais à frente.

No geral, as letras transmitem uma mensagem de pragmatismo maduro quando se trata de amor. Taylor não celebra o sentimento como uma força perfeita, mas tampouco o considera a fonte de toda e qualquer dor. Em vez disso, reflete de modo consciente sobre seus aspectos felizes e infelizes. Fazer o amor dar certo é uma "luta", canta ela, mas "vale a pena". Quando funciona, você entra em estado de graça — o mais cristão dos conceitos. Na verdade, o refrão remete muito a uma canção da banda U2, e é possível imaginar com facilidade o vocalista cristão da banda, Bono, gostando da letra e interpretando-a.

Ao gravar "State of Grace", Taylor buscou "uma sonoridade grandiosa" — e foi bem-sucedida. De fato, a melodia e a produção são eufóricas em alguns momentos. Embora o começo remeta à banda Stone Roses, as guitarras com reverberação pesada vão aumentando. A bateria é onipresente. A artista conseguiu o que se propôs a fazer: representar "a sensação de se apaixonar de maneira épica". Nos shows, a canção se mostraria uma das favoritas, perfeita para as grandes arenas que ela agora comandava. Mais uma vez, é a contradição que dá poder à música: a letra, que milhares de pessoas cantam nas apresentações, está entre as mais íntimas e vulneráveis de Taylor. Ela canta sobre estar sozinha no quarto com o amado depois de os dois acertarem todas as suas diferenças.

A letra tem indícios que sugerem que a faixa foi inspirada no romance com Jake Gyllenhaal. Os versos sobre os amantes terem "signos gêmeos de fogo" e "quatro olhos azuis" apontam para isso: tanto Taylor quanto Gyllenhaal são de Sagitário e ambos têm olhos claros. Os dedicados decodificadores das letras de Taylor, cada vez mais numerosos, consideraram a música fácil de analisar.

Depois vem a faixa-título do álbum, que começa com um banjo, trazendo o som country de volta logo após a abertura mais puxada para o rock. Na letra, a cantora lista uma série de símiles que se aproximam mais de uma lista de ironias do que a canção de sucesso de Alanis Morissette, "Ironic". A música então acelera um pouco mais o ritmo, assemelhando-se a um rock suave, em que Taylor emprega as cores de modo simples e hábil para expressar os sentimentos de perda e amor. Amá-lo era vermelho, conclui ela. Depois, esclarece que se refere a um vermelho ardente. Um teclado se repete de maneira insistente após cada refrão, criando uma melodia contagiante.

Mais tarde, no programa *Good Morning America*, Taylor explicaria o conceito por trás da faixa. "Escrevi essa música sobre o fato de que algumas coisas são difíceis de esquecer, porque as emoções envolvidas eram muito intensas e, para mim, emoções intensas têm a cor vermelha", disse. "Red" dividiu opiniões entre os críticos; alguns acharam que ela havia misturado gêneros demais em uma única faixa. Por outro lado, o site Taste of Country mais do que acolheu a canção, declarando: "É uma composição de destaque para Swift, que brinca com as cores como uma artista habilidosa, e essa música é sua Capela Sistina."

Taylor teve dificuldade para finalizar a faixa. Ela a deixou pausada por um tempo, só voltando para terminá-la quando teve uma ideia clara do rumo que o álbum e sua carreira tomariam. É mais uma música que parece ser sobre Gyllenhaal. O código secreto da cantora para se referir à canção era "SAG", o que poderia ser mais uma referência ao signo dos dois. Alguns argumentam que é a sigla para Screen Actors Guild. A teoria soa pouco plausível, mas, se estiver correta, aponta mais uma vez para o astro de Hollywood.

Se quiser escrever a melhor canção, faça uma parceria com o melhor compositor. Para a terceira faixa de *Red*, "Treacherous", Taylor recorreu a Dan Wilson, vocalista do Semisonic e coautor de um dos maiores sucessos do século XXI até agora: "Someone Like You", de Adele. Ela disse a Wilson que queria criar uma música sobre o conceito de deslealdade. Tinha uma melodia em mente, mas queria trabalhar com ele para transformá-la em algo especial. Enquanto trabalhavam, os dois pensaram que tinham terminado a faixa, mas depois decidiram que ficaria melhor com uma dimensão mais pesada. Então, acrescentaram o refrão mais rock, que se mostrou poderoso por si só e proporcionou um belo contraste com os versos suaves, quase murmurados. Esses versos foram bem descritos pela *Billboard*, que escreveu sobre sua "beleza sussurrada e confessional".

Após trabalhar com Taylor no estúdio, Wilson ficou muito impressionado. "Uma característica interessante, do ponto de vista objetivo, era como ela estava entusiasmada, a clareza que tinha em relação ao que queria", disse ele. "Estava aberta às minhas contribuições e se mostrava animada com elas. Ela trabalha com um nível muito alto de positividade, e isso é raro." Mas a música em si não é tão alegre. Assim como várias faixas de *Red*, "Treacherous" apresenta uma visão mais consciente e quase cansada do amor. Taylor parece ter amadurecido rápido — rápido demais, alguns diriam. Ela declarou ao *USA Today* que a canção detalha um relacionamento que só poderia "terminar em destroços incendiados", mas que, no entanto, tem uma "atração magnética que não diminui — você caminha em direção a ela por mais que tente evitar".

No geral, a faixa lembra o som do álbum anterior, *Speak Now*. Faz uma ponte suave entre "Red" e a música de destaque do álbum, "I Knew You Were Trouble". Quando se encontrou com o outro compositor e o produtor da faixa, Taylor disse que queria que a música explodisse depois do refrão em algo "louco", acrescentando: "Quero que seja bem caótico." Uma sensação quase punk-rock é acrescentada a um fundo de dubstep já impregnado de uma colisão impressionante de gêneros, ritmos e atmosferas. O resultado é um punk-pop que lembra a banda Busted, sons de reggae — incluindo dubstep e dancehall — e R&B. Nas mãos de Taylor, tudo isso se mistura para criar um banquete com tempero country. Nessa faixa, ela mostrou que pode transitar com facilidade entre os gêneros.

Muitos sugeriram que a canção foi inspirada em Harry Styles. Uma fonte não identificada afirmou à mídia de celebridades internacional: "'I Knew You Were Trouble' é 100% sobre Harry." Essa impressão foi fortalecida quando Taylor falou sobre cantar a música no BRIT Awards, cerimônia da qual Styles participaria, junto com milhares de outros convidados. "Não é difícil acessar essa emoção quando a pessoa para quem a letra foi escrita está bem ao lado do palco", disse ela.

Os boatos se mostraram uma ferramenta útil de divulgação para a faixa, tanto para Taylor quanto para Harry — caso ele ainda precisasse de ainda mais destaque na mídia. Mas o momento do lançamento da canção dificulta a teoria de que ela seja sobre o cantor. Ela foi apresentada pela primeira vez no começo do outono de 2012, mas Taylor já vinha trabalhando em *Red* havia quase dois anos, e o rompimento do casal parece ter ocorrido meses depois disso. No total, a artista escreveu trinta faixas para o álbum; apenas metade sobreviveu ao corte final. Em geral, o trabalho de composição para um álbum desse porte é finalizado muitos meses antes do lançamento, às vezes com até um ano de antecedência.

Ao lançar a música, Taylor explicou seu processo de criação à MTV: "Acabei de passar por uma experiência que me inspirou a escrever essa letra sobre saber no instante em que você vê alguém que 'Ah, isso vai ser interessante. Vai ser perigoso, mas mesmo assim vou entrar nessa'". Taylor acrescentou que a canção tinha um tema semelhante a "Treacherous", por detalhar uma situação em que ela se envolveu apesar de saber dos claros perigos. O pensamento foi que a probabilidade de se arrepender seria maior evitando aquele relacionamento do que dando uma chance a ele. Depois de mergulhar de cabeça, ela descobriu que realmente havia problemas. Tanto que repete a palavra de maneira hipnótica após cada refrão — *trouble, trouble, trouble* [problema, problema, problema]. A música fez um sucesso tão grande que trouxe a Taylor o exato oposto de problemas. Entre os fãs da faixa estava ninguém menos que Justin Bieber, que teria dito à cantora que achava a música "a melhor de todos os tempos".

A raiva e os acordes poderosos de "I Knew You Were Trouble" não são encontrados em nenhuma das canções subsequentes. "All Too Well" traz um retrato vívido e tristíssimo de um relacionamento que chegou ao fim. É agridoce: o tom pesaroso e resignado do vocal é compensado pela beleza e riqueza das memórias de Taylor. Ela se lembra de danças na cozinha iluminadas pela luz da geladeira, viagens de carro com o vento nos cabelos, folhas de outono bailando no ar. O ouvinte consegue imaginar essas cenas, e a maioria pode se identificar com as emoções que elas traduzem. A letra é, assim como em "I Knew You Were Trouble", desafiadoramente melodramática. Na primeira, ela se deita no "chão frio e duro", enquanto na segunda se torna um "pedaço de papel amassado".

A música foi uma tábua de salvação para Taylor após um bloqueio criativo que durou seis meses. "Eu estava passando por uma situação tão difícil que era quase paralisante, então escrevi alguns versos sobre tudo o que aconteceu do início ao fim daquele relacionamento, e acabou sendo uma música de quase dez minutos." A faixa foi concluída em colaboração com a compositora Liz Rose, convocada durante um telefonema em que Taylor disse: "Venha, precisamos editar isso." Juntas, elas transformaram a canção épica em uma versão final que, embora ainda tenha cinco minutos e 29 segundos, teve como resultado uma duração mais palatável para o mercado comercial.

De maneira oportuna, "All Too Well" devolve o álbum, e a própria Taylor, ao território da música country, após flertes com outros gêneros. Na verdade, assim como "Treacherous", a faixa não pareceria deslocada em *Speak Now* do ponto de vista musical, embora sua visão desesperançosa em relação ao amor e à vida se encaixe bem em *Red*. A *Billboard* opinou: "E assim Swift volta ao seu núcleo demográfico: 'All Too Well' é um country suntuoso, com a cantora dançando 'pela cozinha sob a luz da geladeira' nas lembranças de um romance que aparentemente ficou no passado." O site PopCrush considerou a canção uma "balada melancólica e confessional".

Há amplas evidências de que "All Too Well" também seja sobre Jake Gyllenhaal. O cachecol simbólico mencionado ao longo da música é sem dúvida aquele que ela estava usando em várias fotos do casal. Como vimos, os dois passaram um tempo na casa da irmã do ator, Maggie, no Brooklyn, e o outono foi uma época particularmente forte para o relacionamento. Essas imagens são habilmente salpicadas na letra, que continua sendo uma das composições mais impressionantes de Taylor até hoje. A imagem do casal dançando na cozinha mostra o melhor das habilidades de composição da artista.

Mas a letra de "All Too Well" gerou polêmica. O cantor folk Matt Nathanson afirmou que alguns versos pareciam ter sido tirados quase diretamente de uma canção de sua autoria chamada "I Saw". "Ela com certeza é minha fã (...) e agora é uma ladra", escreveu no Twitter. De fato, Taylor é uma admiradora de Nathanson, e é possível que, de maneira não intencional, tenha pegado seus versos emprestados após encontrá-los em algum lugar da memória, sem reconhecer a quem pertenciam. Também é possível que a semelhança seja mera coincidência.

Após navegar pela graça, pela raiva e pela decepção, em "22" Taylor assume um tom mais brincalhão em uma faixa totalmente pop. Em uma melodia espirituosa, ela celebra a idade que, ao escrever, considerou a melhor de sua vida. A música é puro hedonismo e euforia. Para variar, Taylor não está olhando para o passado ou para o futuro, mas aproveitando o momento: festejando e fazendo palhaçadas a noite toda com os amigos. Para ela, os 22 anos pareciam a idade ideal, combinando maturidade e sabedoria com um espírito de juventude e frivolidade. "Você tem idade suficiente para começar a planejar a vida, mas é jovem o bastante para saber que há muitas perguntas sem resposta", explicou. A cantora considerava essa combinação inebriante, provocando nela uma "sensação de despreocupação".

A inspiração para a música surgiu durante uma viagem aérea, mas a atmosfera claustrofóbica e fechada de um avião não tem lugar nessa faixa, que mostra Taylor se soltando e celebrando com amigos o lado bom da vida, enquanto fazem graça de seus aspectos mais tristes. Ela trabalhou com Max Martin na canção e disse que estava "fascinada" com o modo como ele "consegue desenvolver um refrão sem muito esforço". "Ele aparece na sua frente com tudo pronto — um refrão de respeito, com letras maiúsculas e pontos de exclamação", acrescentou. A faixa é cheia desse exagero, e seu hedonismo leve é um descanso necessário após a raiva e o sofrimento das músicas anteriores. Se "22" lembra qualquer outra artista do momento, esta é Katy Perry, mas até ela enfrentaria dificuldades para alcançar um clima tão brincalhão quanto Taylor conseguiu. O canto de "Twenty-two-uhh-uhh" foi o mais contagiante de 2012.

"I Almost Do" é uma volta às bases da música country acústica. É como se Taylor fizesse uma pausa nas experimentações em territórios mais comerciais para nos mostrar suas raízes na tradição e sua credibilidade. De imediato, o clima fica bem mais calmo e sombrio, embora em meio à dor haja um elemento de redenção e cura. Nesta faixa, ela canta sobre o momento em que, após o término de uma relação, a pessoa de coração partido pensa em aceitar o ex de volta, mas sabe que isso não seria bom. "Escrever a música foi o que fiz em vez de pegar o telefone", contou, explicando como a letra reflete sua vida real com precisão. A repetição de "never, ever" [nunca, jamais] aparece pela segunda vez no álbum, antecipando seu protagonismo na canção seguinte.

O título é "We Are Never Ever Getting Back Together". Diz-se que a melhor vingança é viver bem. Uma boa alternativa é escrever uma música que enlouqueça seu ex de várias maneiras. Esse é, segundo Taylor, o tema da faixa. Ela estava trabalhando no estúdio com Shellback e Max Martin quando um amigo de seu ex apareceu e disse ter ouvido falar que o casal estava voltando. A artista ficou furiosa e, quando ele saiu, reclamou em voz alta. Disse aos colegas de estúdio que, na verdade, ela e o ex nunca, jamais, ficariam juntos novamente.

"Talvez isso dê uma música", disse Martin. Menos de meia hora depois, estava criada a estrutura básica da faixa que quebraria recordes. No início, quando juntou seu discurso com um fundo de guitarra, Taylor se perguntou se seria "óbvio" demais cantar apenas essas palavras. Mas foi incentivada a continuar explorando a ideia e gostou do resultado. "Veio de um lugar muito real e de uma situação muito espontânea", comentou.

O verso sobre o gosto musical "indie" do rapaz, que é muito mais "cool" que o de Taylor, é para ela parte fundamental da letra, refletindo a experiência de se sentir "criticada e diminuída" durante a relação. Seu ex-parceiro ouvia artistas obscuros de propósito e murchava quando percebia que algum de seus amigos os conhecia. "Eu achava um jeito estranho de ser fã de música", refletiu.

Mas isso deu a ela uma ideia tentadora: por que não criar uma canção pop que fizesse referência a ele no estilo menos "cool" possível? Taylor conta que, então, decidiu compor uma música "que eu sabia que iria deixá-lo louco quando ouvisse no rádio". Se a faixa fizesse o sucesso esperado, ele não conseguiria fugir. O fato de que seria "o oposto do tipo de música que ele usava para fazer eu me sentir inferior" só tornava a vingança ainda mais saborosa.

De fato, é uma canção que qualquer indie esnobe odiaria — e isso a torna ainda melhor. Não é nada intelectual, e sim um pop despretensioso e brincalhão para o ouvinte dançar com confiança, alegria e atrevimento — uma música de empoderamento feminino perfeita para os grandes palcos. O canto coral de "never, ever, ever" gruda como chiclete — de modo quase cruel. A maneira como Taylor acrescenta, em voz falada, "Like... ever" só aumenta o tom desafiador da letra. É tudo maravilhosamente sarcástico. O resultado geral foi comparado ao trabalho de Avril Lavigne, e sem dúvida teria dificuldade de se encaixar em qualquer álbum anterior de Taylor. A *Rolling Stone* descreveu a faixa como "um perfeito ataque de ira adolescente de três minutos".

Gyllenhaal é, mais uma vez, o principal suspeito de ter inspirado a música. No clipe, o papel do ex foi interpretado por Noah Mills, que se parece bastante com o astro de Hollywood. O vídeo também mostra humanos vestidos de animais, o que foi lido por muitos como uma referência ao coelho humano do filme *Donnie Darko*, estrelado por Gyllenhaal. Porém, o cachecol que a cantora balança em frente às câmeras é o que mais conecta a canção a ele. O item se tornou um tema central do relacionamento dos dois, e Taylor não o incluiria no vídeo sem saber da conclusão à qual as pessoas chegariam.

Com tanto sofrimento e indignação em *Red*, é "Stay, Stay, Stay" que eleva o astral, tanto do ponto de vista musical quanto temático. Ao contrário de faixas anteriores, em que a mensagem de um ponto-final fica clara, aqui ela canta sobre como, apesar das imperfeições, alguns romances valem o esforço. Taylor deu a entender que esse relacionamento era fruto da imaginação, e não uma vivência real. É mais uma faixa do álbum que remete a lançamentos anteriores da cantora, em especial ao single "Ours". Ela declarou que foi um alívio sair dos "lugares muito sombrios" que teve que visitar em outras canções de *Red*. No entanto, mesmo nessa música divertida e leve, não conseguiu deixar de zombar dos homens com quem já tinha namorado e que "só querem receber", descontando suas preocupações nela. Para alguns ouvintes, essa breve explosão de amargura quase estraga a música, mas a risada que Taylor dá logo em seguida ao cantar sobre o novo namorado carregando suas compras de supermercado ajuda a restabelecer um pouco do equilíbrio.

Em "The Last Time" ela faz um dueto com Gary Lightbody, que conheceu por meio de Ed Sheeran. Lightbody é vocalista da banda Snow Patrol, conhecida pelos sucessos "Chasing Cars" e "Run". Quando os dois se reuniram para trabalhar juntos, o cantor levou uma melodia e Taylor tinha uma ideia para a letra. Dessa combinação surgiu "The Last Time". A faixa ilustra o momento em que um rapaz pede uma última chance a uma garota. É uma música hipnótica, cujo ritmo repetitivo é uma representação intencional da situação e que se encaixaria bem em um álbum do Snow Patrol.

"Holy Ground", uma faixa percussiva, eleva o clima de novo. A artista se inspirou para escrevê-la depois de esbarrar com um ex-namorado — supostamente Lautner ou Jonas. Ela compôs "Sad Beautiful Tragic" enquanto estava no ônibus da turnê. Gravou a canção no mesmo dia e preservou os vocais do primeiro *take* para a versão final. Queria que essa autenticidade reinasse na versão do álbum. A voz suave tenta evocar a "lembrança turva" de uma paixão perdida. A referência ao relacionamento ter ocorrido no "horário de Nova York" sugere que a música é sobre Gyllenhaal.

Em “The Lucky One”, Taylor se abre, falando um pouco sobre como os elementos de seu estilo de vida privilegiado às vezes a deixam desconfortável. Embora se acredite que ela esteja conectando as experiências que descreve a Joni Mitchell, não há dúvida de que também está cantando sobre si mesma. “Everything Has Changed” não deixa de ser clichê, mas a presença de Ed Sheeran eleva a canção. Houve uma coincidência agradável no encontro deles. “Eu me apaixonei pelo trabalho dele e não conseguia acreditar que seu álbum ainda não tinha sido lançado nos Estados Unidos”, disse ela. Quando entrou em contato com a equipe de Sheeran sobre uma possível colaboração, Taylor se divertiu ao saber que ele havia acabado de pedir que falassem com ela pelo mesmo motivo. Os dois se conheceram, se sentaram em uma cama elástica no jardim da cantora e escreveram a canção juntos. É sobre como conhecer a pessoa certa no amor pode mudar sua visão a respeito de tudo.

Restam apenas duas músicas nesse álbum épico. “Starlight” nasceu quando Taylor viu uma foto de Ethel e Robert F. Kennedy em um baile na década de 1940. “Eles parecem estar se divertindo muito”, declarou ao *Wall Street Journal*. A alegria que Taylor enxergou neles foi o ponto de partida para a canção. É uma das faixas mais leves e divertidas de *Red*.

O álbum fecha com sua canção com sabor mais country. Em “Begin Again”, Taylor reflete sobre como, mesmo depois de um término amargo, há aquele momento em que vemos alguém do outro lado de um salão lotado e “dá um clique e pronto, lá vai você se apaixonar de novo”. Com violino e banjo mais suaves, a música também parece vir de álbuns anteriores de Swift. Os fãs de country devem ter ficado aliviados ao ouvir os acordes dessa canção, após as faixas cheias de tempero rock e pop que a antecedem. E tomara que todos os ouvintes tenham se sentido estimulados pela sensação otimista deixada pelo álbum.

"Quando ela está em sua melhor forma, suas músicas são feito tatuagens", opinou a *Rolling Stone*. O *Los Angeles Times* afirmou: "Ao combinar a música rural com sons mais 'urbanos' do momento, Swift está sem dúvida reagindo a um mundo pop no qual singles country podem agradar sua *fanbase*, mas certamente não a expandem." A revista *Slant*, observando a extensão do álbum, disse que, apesar de canções como "All Too Well" "provarem a habilidade de Swift em expressar percepções genuínas sobre dinâmicas complexas de relacionamento, há também muitas canções que carecem de seu brilho habitual". Por sua vez, o site AllMusic elogiou as "composições pop imaculadas", enquanto o 4Music disse que o disco incluía "grandes pitadas de soul e ternura, além de talento a gosto".

O *The Guardian* opinou: "*Red* é outro capítulo de uma das melhores fantasias que a música pop já criou." Abordando a lista de ex-namorados malditos, acrescentou: "Os homens sempre serão parceiros emasculados e fracos que existem para servir às necessidades dela." A *Billboard* declarou: "*Red* é seu álbum mais interessante até agora, mas é provável que não permaneça nesse posto até o fim de sua carreira." Elogio pelo presente e esperança para o futuro: era exatamente o tipo de veredito que soaria como música para os ouvidos de Taylor.

Talvez a avaliação pela qual ela mais ansiava fosse a de Jake Gyllenhaal. Embora não tenha deixado claro sobre quem estava falando, parece que, durante entrevista à *New Yorker*, a cantora revelou que o ator havia elogiado *Red*. "O cara sobre quem a maior parte do álbum foi escrita entrou em contato comigo", contou. "Ele disse: 'Acabei de ouvir o disco e foi uma experiência muito agridoce para mim. Foi como folhear um álbum de fotos.' Foi legal. Mais legal do que os e-mails malucos e intermináveis que recebi de outro cara." (Acreditava-se que esse "cara" fosse John Mayer.)

No entanto, com um currículo tão longo e notório de relacionamentos malsucedidos, havia quem se perguntasse se Taylor estava destinada a ser infeliz para sempre. Com a perspectiva e a maturidade que lhe são características, a artista explicou por que não estava preocupada. "Esta é a questão do amor: vai dar errado até dar certo", declarou. "Então você experimenta diferentes tons de erro, sente falta das coisas boas nessas pessoas e se arrepende de não ter visto os sinais de alerta para as coisas ruins, mas é tudo um processo de aprendizagem. E, aos 22 anos, você faz um curso intensivo de amor, vida e lições, aprendendo do jeito mais difícil. Felizmente, consegui escrever sobre essas emoções à medida em que me afetaram."

Por outro lado, ela ignora aqueles que a pintam como uma mulher vingativa com uma série de fracassos amorosos no currículo. "Eles podem dizer o que quiserem", declarou à *New Yorker*. "Falo de sentimentos reais que toda pessoa tem. Acho que não há problema algum em sentir raiva de alguém que nos magoou. Não estou tentando fingir que nada me afeta. Sou uma compositora. Tudo me afeta."

Talvez o maior legado criativo de *Red* tenha sido o fato de Taylor abandonar o sotaque country em seu estilo vocal. Desde o álbum de estreia, ela cantava com um tom de Nashville que parecia exagerado. Essa inclinação vocal foi diminuindo aos poucos e, em *Red*, está praticamente ausente. Funcionou — o álbum foi um sucesso comercial desde o início. Na semana do lançamento, vendeu incríveis 1 milhão e 208 mil cópias — o maior número de vendas semanal desde 2002. Tornou-se o 18º álbum a vender um milhão de cópias em uma semana desde que o começo do monitoramento do SoundScan, em 1991. No outono de 2013, mais de seis milhões de cópias haviam sido adquiridas no mundo todo.

Após namoros com galãs adolescentes famosos e o lançamento de um álbum de tanto êxito, o sucesso de Taylor chegou ao auge na segunda metade de 2012. Ela já tinha conquistado muita coisa, mas a fama crescente trouxe um grau de pressão que Taylor desconhecia, levando-a muito além das experiências de vida da maioria dos jovens de 22 anos. "Penso sobre isso, sim", declarou à rádio NPR. "Não tem um dia em que minha vida não seja documentada em algum lugar. Vivo uma realidade na qual sei com certeza que meus netos vão poder pesquisar no Google o que vesti no dia de hoje. É um dilema estranho, porque coloca uma pressão em cada movimento seu, algo que não necessariamente passa pela cabeça de outros jovens de 22 anos. Olhando para o todo, estou vivendo uma vida... sei que vou cometer erros. Vou tentar lidar com eles como uma boa pessoa. Quando você faz o que eu faço, a percepção que têm de si muda todo dia, mas só quero chegar ao fim da minha vida sabendo que fiz o que era certo e que dei o meu melhor. Se cometer erros, espero aprender com eles."

Como um rosto tão famoso, Taylor era convidada a dar sua opinião sobre todos os assuntos em voga. Por exemplo, à medida que as eleições presidenciais de 2012 se aproximavam, ela foi incentivada a declarar em quem votaria: Barack Obama ou Mitt Romney. "Muitas pessoas me dizem que, aos 22 anos, pensavam que já sabiam de tudo, mas não sabiam", explicou ela. "Justo quando começo a pensar que tenho certeza sobre algo, descubro outra coisa que me faz mudar de ideia. Sinto que ainda não tenho sabedoria suficiente nem sobre mim mesma para dizer aos meus 20 milhões de seguidores no Twitter, ou às pessoas no Facebook e a quem mais estiver lendo minhas entrevistas: 'Vote neste candidato.' Sei em quem vou votar, mas não acho que seja importante divulgar essa informação, porque isso vai influenciar as pessoas de algum modo. E só quero me certificar de que cada decisão pública que tomo seja fundamentada."

Mais uma vez, Taylor se via em uma posição paradoxal. Era ao mesmo tempo irmã mais velha de seus fãs e irmã mais nova de boa parte da indústria pop. Tinha idade para ser filha de muitos de seus heróis da música country. Para tornar a situação ainda mais confusa, era ao mesmo tempo uma artista musical e uma princesa das páginas de fofoca. Ela não se incomodava com essas contradições, pois tornavam seu dia a dia mais interessante. "Meio que percebi que não tenho ideia de onde vou estar ano que vem, daqui a seis meses ou até em dois meses. Não sei como vou estar do ponto de vista mental, emocional, quais vão ser meus sonhos, aspirações, esperanças." Ela adora sonhar acordada, mas sabe que planejar o futuro nunca é uma arte precisa. Alguma coisa sempre acontece para nos desviar do caminho que traçamos.

Capítulo 8

Como era um dia na vida de Taylor Swift em 2013? De acordo com a própria, era um misto de ansiedade, autoconfiança, terror e — finalmente — criatividade. Ao que parece, Taylor tem o típico temperamento de uma artista. "Me preocupo com tudo", disse à *New Yorker* no fim daquele ano. "Tem dias que acordo pensando 'Certo, foi uma bela tentativa, agora chega'. À tarde, posso mudar de humor, sentir que tudo é possível e me empolgar para fazer um tipo de música que nunca fiz. E então, ao anoitecer, ficar apavorada de novo. E aí, no fim da noite, escrever uma música antes de dormir."

Muitas almas criativas conseguem se identificar com essa montanha-russa de emoções que ela descreve. Em outros momentos, Taylor definiu a diferença que uma atividade criativa bem-sucedida faz no seu humor. "Quando acabo de compor uma canção, fico mais feliz do que nunca", contou. "Mas se não tiver escrito nada em dez dias, chego ao ápice do estresse." À primeira vista, o fato de o humor ser tão dependente da produção criativa parece quase uma prisão. No entanto, quando o resultado dessa tensão são músicas como "State of Grace", "I'm Only Me When I'm With You" e "I Knew You Were Trouble", a recompensa soa mais justa.

À medida que sua fama e popularidade aumentavam, havia o risco real de que Taylor se esquecesse de quem era como pessoa e artista. Enquanto se preparava para embarcar na etapa australiana da turnê mundial de *Red*, ela foi questionada se achava que agora estava na mesma categoria de Madonna. A jovem deve ter se sentido tentada a concordar com a comparação, mas não conseguiu. Insistiu que era menor e mais pé no chão do que a diva pop, famosa por suas apresentações grandiosas. "Eu nunca me veria dessa maneira", declarou. "Me vejo como uma garota que compõe no quarto. Posso usar figurinos elaborados, montar uma produção teatral incrível, melhorar no palco com o passar do tempo e tentar empolgar as pessoas, mas, na minha própria percepção, sempre vou ser uma garota que compõe no quarto."

A turnê de *Red* foi colossal, em todos os sentidos da palavra. Só o trecho da América do Norte durou sete meses, e os shows tiveram uma série de recursos chamativos, como luzes LED, palcos de vários níveis e telões. Havia também 15 dançarinos, quatro *backing vocals*, uma banda de sete integrantes, sistema hidráulico, chuvas de confete e diversas trocas de figurino. O mais importante, porém, foi que milhares de fãs eufóricos voltaram para casa encantados com o espetáculo.

A etapa norte-americana terminou com Taylor se sentindo indisposta. No último show, em Nashville, ela estava resfriada. "Foi uma luta", contou à *New Yorker*. "Achei um pouco mais fácil cantar do que falar, o que foi, tipo, um milagre." Quando estava prestes a cantar "Sparks Fly", ela percebeu de repente que precisava sair do palco. "Sinto muito, pessoal, mas tenho que assoar o nariz", disse aos fãs. "Juro que vai ser bem rápido. Vocês podem gritar para evitar o silêncio constrangedor, por favor?" A multidão de 14 mil pessoas obedeceu, gritando alto. Quando voltou, a cantora seguiu com a apresentação.

Durante toda a turnê, Taylor mostrou que tinha classe, tanto em cima do palco quanto fora dele. Uma fã de 7 anos chamada Grace Markel sofreu um acidente de trânsito quando estava chegando ao show de Taylor em Columbia, em agosto de 2013. Ao sair do táxi com o pai, Will, a menina foi atropelada por uma picape em alta velocidade dirigida por um motorista sem seguro e com carteira suspensa. Foi um acidente terrível: a pequena Grace sofreu fraturas no crânio, uma fratura na órbita ocular esquerda, várias lacerações na cabeça, uma concussão grave e arranhões no rosto e no corpo. Passou dois dias no hospital Children's Mercy até receber alta. Naturalmente, perdeu o show e ficou muito chateada.

No mês seguinte, a menininha teve a oportunidade de ver um show de Taylor — e a cantora tornou a experiência ainda melhor quando concordou em recebê-la no camarim logo antes de subir ao palco. A mãe da menina, Amy, ficou impressionada com a atitude da estrela. "Taylor chamou Grace pelo nome e imediatamente se ajoelhou e a abraçou", contou à revista *People*. "Ela disse que estava resfriada e pediu a minha filha que cantasse bem alto para ajudá-la." A artista também autografou a manga da camisa da pequena fã com "Eu (coração) Grace! Taylor". Uma ótima estratégia de relações públicas para a loirinha, mas pessoas próximas afirmam que esses atos de bondade da artista são genuínos.

Enquanto isso, os prêmios continuavam chegando. Taylor enfrentou uma repetição humorística do marcante episódio com Kanye West no Peoples' Choice Awards de 2013. Ao subir ao palco para receber o prêmio da categoria Melhor Artista Country, estava muito elegante com um vestido branco. Mas então a apresentadora, Olivia Munn, simulou uma briga pelo prêmio, fingindo que a música "We Are Never Ever Getting Back Together" tinha sido escrita sobre ela. À medida que a tensão aumentava no salão, Taylor fez o possível para sorrir durante o incidente, dizendo: "Isso sempre acontece comigo... Meu Deus!" Munn sugeriu que ela deveria se acostumar: "Esse é o seu destino agora, Taylor."

Por fim, Munn desistiu do prêmio e permitiu que a cantora tivesse seu momento no centro das atenções. Taylor disse: "Quero agradecer aos fãs, porque este é um prêmio com votação popular e amo vocês de todo o coração. Quero agradecer às rádios e aos fãs por ligarem para as rádios e dizerem 'Toca a música da Taylor' — obrigada por fazerem isso. Vocês me surpreenderam com o que fizeram pelo meu álbum, *Red*, e só quero agradecer por se preocuparem com minha música e comigo. Muito obrigada, pessoal, amo vocês." Ela também apresentou uma das categorias da cerimônia, entregando o prêmio de Melhor Filme para *Jogos vorazes*. À medida que a temporada de premiações avançava, Taylor ficou animada por ser indicada ao Globo de Ouro, mas a estrela britânica Adele acabou saindo vitoriosa.

Em fevereiro, ela ganhou um Grammy por "Safe & Sound", música escrita para a trilha sonora de *Jogos vorazes*. Abriu a cerimônia com uma apresentação animada de "We Are Never Ever Getting Back Together" e se manteve espontânea durante toda a noite, evitando o comportamento frio adotado por tantos participantes. Em vez disso, dançou e comemorou loucamente enquanto outros artistas se apresentavam ou recebiam prêmios, parecendo muito alegre ao lado da amiga Claire Kislinger. Talvez os espectadores com olhos de águia tenham reparado na pulseira de diamantes que a cantora estava usando, feita por um menino com câncer chamado Jaimin, que a projetou especialmente para ela. A joia era chamativa e deslumbrante porque, segundo o designer, "Taylor brilha".

E brilha mesmo: conforme a temporada de premiações continuava, ela foi para a Grã-Bretanha para se apresentar no BRIT Awards, no qual também concorreu a um prêmio — a altamente disputada categoria de Artista Solo Feminina Internacional. Nos últimos anos, a cerimônia anual recebeu grandes apresentações do calibre de Take That e Lady Gaga. No entanto, a aparição que mais fez história foi a de Adele em 2011, quando cantou "Someone Like You" acompanhada somente por um pianista. Desde então, esse se tornou o estilo a ser imitado.

Portanto, qualquer artista precisa de coragem para voltar à pirotecnia no BRIT. Taylor se apresentou com um vestido longo que lembrava um vestido de noiva, mas que se transformava em algo mais revelador no meio da apresentação. Cercada por dançarinos e efeitos visuais, dançou de modo mais sugestivo do que de costume. Mais tarde, festejou com a atriz Carey Mulligan e o marido, Marcus Mumford, da premiada banda Mumford & Sons. Também dançou com Jordan Stephens, vocalista do Rizzle Kicks.

Em outubro de 2013, estabeleceu um recorde ao ganhar pela sexta vez um prestigiado prêmio da música country. A Nashville Songwriters Association International a nomeou Compositora/Artista do Ano. Antes disso, havia apenas dois artistas a receber o prêmio tantas vezes quanto Taylor: Alan Jackson e Vince Gill, cada um tendo recebido o prêmio cinco vezes. Esse feito excepcional é acentuado pelo fato de Taylor ser a artista mais nova a ganhar o prêmio.

Ela ficou emocionada com a homenagem e aproveitou para anunciar que abriria sua própria escola. O Taylor Swift Education Center seria inaugurado no Country Music Hall of Fame and Museum, em Nashville. Tendo surgido como resultado de uma generosa doação de 4 milhões de dólares feita pela cantora em 2012, o estabelecimento ocupará dois andares e três salas de aula. Por meio da escola, Taylor espera que as crianças tenham mais oportunidades do que ela de nutrir suas raízes musicais. "No colégio, aprendi um pouco sobre música, um pouco sobre teatro, e esse interesse despertou algo em mim. Me fez procurar outro lugar para aprender muito mais sobre essas coisas", declarou. "Acho que, para mim, será muito interessante ver Nashville continuar como um centro da música e da educação musical."

Taylor também se tornou uma espécie de embaixadora de Nashville. Chegou até a convencer Ed Sheeran dos encantos da cidade. "Ah, fiz isso mesmo", disse ela à agência de notícias Associated Press. "Ed adora Nashville. Muitas pessoas moram aqui agora. É bem empolgante, porque todo mundo que vem para cá gosta, e isso me dá orgulho de morar aqui e de fazer música aqui, o que eu amo. Adoro o fato de a cidade estar se tornando um lugar tão legal para morar." Ela sente que às vezes precisa se beliscar para se lembrar de como era antes de visitar Nashville pela primeira vez, quando estava tentando convencer os pais a levá-la até lá para que pudesse construir a carreira que tem hoje.

Taylor ganhou tantos prêmios ao longo dos anos que o assunto virou piada na internet. Fotos dela parecendo — ou pelo menos tentando parecer — chocada quando seu nome era anunciado em várias cerimônias se tornaram um "meme" intitulado "a cara de surpresa de Taylor Swift". No entanto, embora as cerimônias de premiação sejam divertidas e receber homenagens seja emocionante, existe sempre uma sensação de que influências políticas da indústria podem estar por trás de algumas indicações. O sucesso musical pode ser medido de diferentes maneiras, mas o número de discos vendidos é sempre um parâmetro autêntico. Em janeiro de 2013, Taylor se tornou a primeira artista desde os Beatles a passar seis semanas ou mais no primeiro lugar das paradas da *Billboard* com três álbuns de estúdio consecutivos. Contra esse fato não houve — e nem poderia haver — argumentos.

Outra importante estatística de vendas veio dias depois, quando a Recording Industry Association of America (RIAA) divulgou o balanço de 2012. Os dados revelaram que Taylor havia conquistado platina tripla — certificação mais alta do ano — por "We Are Never Ever Getting Back Together", com vários outros singles alcançando *status* de platina.

No outono de 2013, Taylor lançou um single chamado "Sweeter Than Fiction", que fez parte da trilha sonora do filme *Apenas uma chance*. A faixa tem uma leveza e um tom etéreo que remetem aos primeiros anos da carreira da cantora. O filme é baseado na vida de Paul Potts, vencedor do *Britain's Got Talent*, em quem Taylor se inspirou. "Ver as dificuldades e os triunfos de alguém que nunca parou de correr atrás do que queria me inspirou", disse ela. "É um filme lindo e eu só queria compartilhá-lo com todo mundo."

Em 2013, calculou-se que Swift ganhou mais do que em 2012, quando arrecadou supostos US$ 60 milhões — cifra igual à de Sir Paul McCartney, a lenda dos Beatles, no mesmo ano. Foram 12 meses agitados para a cantora. Ao longo do ano, ela deve ter parado sempre que podia para se lembrar de onde viera. É tentador considerar que o processo que a levou à fama foi uma espécie de plano genial, arquitetado por Taylor e seus pais, que trilharam um caminho cuidadosamente planejado lançando mão de seus respectivos talentos: a criatividade da filha, a mente empreendedora do pai e o equilíbrio e a determinação da mãe. Apesar de haver um fundo de verdade nessa narrativa, Taylor e os Swift estavam, em grande medida, improvisando. Questionada pela NPR se sempre soube que alcançaria seus sonhos, a cantora respondeu: "Na verdade, não. Nunca me convenci de que conseguiria. E olho para trás — minha mãe e eu relembramos isso o tempo todo, porque não tínhamos ideia do que estávamos fazendo. Meus pais compraram livros sobre a indústria musical. Não sabiam nada sobre como esse mercado funcionava."

Alguns dos maiores admiradores de Taylor no mundo da música argumentam que seu maior talento é a composição. Muitos compositores, em especial no universo country, melhoram suas habilidades com o passar dos anos. A experiência de vida pode minar a conexão de um artista com o mundo pop juvenil, mas, na esfera sábia e vivida da música country, a vivência enriquece o ofício. No futuro, Taylor quer se basear mais na criatividade do que no desempenho nos palcos. "Quando tiver 40 anos e ninguém mais quiser me ver com um vestido brilhante, vou pensar: 'Legal, vou entrar no estúdio e escrever músicas para crianças.' Parece um bom plano de aposentadoria."

Capítulo 9

O quinto álbum de Taylor, *1989*, surpreendeu a todos, mas era inevitável que ela o gravasse. O álbum definitivamente marcou uma revolução no estilo e na sonoridade de Taylor, mas isso não deveria ter chocado tanto o público. A maioria dos artistas muda aos vinte e poucos anos se comparados à sua adolescência, e isso porque a maioria das *pessoas* muda de uma fase para a outra. E, por mais que a estrutura musical tenha mudado, a essência da obra de Swift permaneceu a mesma. O novo álbum era apenas um retrato da vida da Taylor no exato momento em que ela, a sua música e o seu estilo iam de Nashville para Nova York, onde gastara 19,9 milhões de dólares em duas coberturas no bairro de Tribeca, em Manhattan.

Taylor aproveitou uma onda de criatividade durante a turnê *Red*, entre 2013 e 2014, para escrever a maior parte do novo álbum. Ela guardou os rascunhos no celular, numa pasta com um título fofo: "Sailor Twips". O novo trabalho acumulado naquela pasta viajante retratava a transformação de Swift, da adolescente desajeitada e jovem de vinte e poucos anos que sofria por amor que o mundo já conhecia e amava em uma nova identidade: uma jovem mulher infinitamente mais autoconsciente, que debochava da percepção que o público tinha sobre ela e da mídia. Taylor foi de "queridinha da América" a uma jovem cujo conhecido histórico de relacionamentos lhe rendeu uma reputação um tanto diferente no imaginário popular. Ela já não era mais a garota comum; tornara-se a mulher estampada nas manchetes.

Musicalmente, o som como um todo também estava diferente: o banjo foi substituído pelas batidas eletrônicas; a identidade sulista, pela ousadia; e o violino, pelo electro. Foi um "adeus ao timbre anasalado", como disse um crítico, e, para Swift, uma evolução necessária. Ela percebera uma diferença no modo que os homens e as mulheres conseguiam permanecer no *showbusiness* a longo prazo. Aos homens era permitido vir a público com praticamente a mesma aparência e o mesmo som de um álbum para o outro, mas esperava-se que as mulheres se reinventassem constantemente se quisessem conservar a adoração da mídia e do público.

Além disso, Taylor queria se desafiar musicalmente, o que quer dizer que ela precisava explorar novos sons. "Sei que não tenho a opção de fazer músicas que se pareçam com as que já fiz", ela afirmou ao PopCrush. "As pessoas chamariam a minha atenção. Perceberiam de cara que fui preguiçosa", acrescentou. "Por isso, com esse álbum, fiz mudanças significativas e acho que foram para melhor."

O início desse projeto partiu de um momento de decepção. *Red* foi indicado à categoria de Melhor Álbum do Ano, no Grammy de

2014, e Taylor acreditou ter boas chances de vencer. Quando isso não aconteceu, ela foi para casa frustrada, comeu hamburgueres e fritas com os amigos, chorou bastante e foi dormir. Ao acordar, na manhã seguinte, sentiu-se motivada e pronta para trabalhar em um novo álbum que conquistaria a atenção do mundo.

Swift explicou que geralmente as melhores canções são as que "surgem de umas fagulhas *insanas* de criatividade." Declarou: "Muitas das músicas de que mais me orgulho nesse álbum são aquelas em que tive uma ideia e meio que me deixei levar, viajei com ela, e, vinte minutos depois, a música estava quase pronta." A artista trabalha sob a máxima de que se tiver uma "ideia *realmente* louca, então é nela que você dever investir, é dela que deve correr atrás". Aquelas que pareciam "um pouco mais difíceis de entrar no clima" foram deixadas de lado, às vezes; são os bebês abandonados da energia criativa de Taylor.

Para qualquer artista, saber quais faixas escolher e quais abandonar para um álbum é uma tarefa difícil, mas Swift descobriu que uma boa maneira de decidir se a música merecia entrar no álbum era quando desejava voltar à gravação e ouvi-la "repetidamente" em vez de perder o interesse depois de poucos meses. "Componho por dois anos, e, geralmente, a maioria das composições dos primeiros seis meses a um ano é descartada", explicou ela. "This Love" e "Out of the Woods" foram duas dessas faixas as quais ela ficava retornando, e é por isso que o mundo pôde ouvi-las em *1989*.

As músicas que falam mais diretamente sobre a vida de Taylor geralmente eram as que grudavam por tempo suficiente para serem levadas adiante. Ao ser perguntada sobre o porquê de nunca fazer o movimento de escrever uma autobiografia, Swift argumenta que não teria motivos para isso, já que as suas letras são abertamente autobiográficas. Uma das suas maiores habilidades é contar a própria história de inúmeras formas, menos nas páginas de um livro. Seja em uma canção, em uma postagem cuidadosamente elaborada nas redes sociais ou, às vezes, até mesmo nas suas roupas.

Swift é uma estrela que se libertou da dependência das formas convencionais de mídia. Em 2014, com mais de onze anos de carreira, havia algum tempo que ela não dava uma entrevista para uma revista; preferia se manifestar nas próprias redes a se sentar para conversar com um repórter confiável (ou não). Diferentemente dos artistas menos influentes, Taylor não depende da mídia para ter voz.

Até o quinto álbum, muitas das suas letras abordam sua vida amorosa, que estava tão presente na sua obra a ponto de fazer parte da sua marca, mas isso estava prestes a mudar à medida em que o seu horizonte se ampliava. A Taylor dessa era queria ir um pouco mais fundo. “Este álbum não é sobre garotos”, esclareceu. “A essência dele não é algo trivial; o foco não é uma vingança ou um término. Ele é um retrato da minha vida atualmente.”

Swift sempre sonhara com um futuro empolgante, mas nunca se deixou levar pela ilusão de que essas esperanças se concretizariam. Assim, quando a sua vida se tornou muito parecida com o que esperava, ela ficou surpresa mas não tanto. “Acho que meu sonho era muito parecido com isso, mas as minhas expectativas eram meio... sabe, achei que ainda estaria tentando entender o que quero fazer da vida, o que é totalmente normal aos 25 anos”, declarou.

Ela era uma mulher jovem em transformação. Cortou o cabelo, foi da música country para o pop e de Nashville para Nova York. A vida na Big Apple certamente foi diferente para ela, mas ter a vida sob os holofotes também trouxe desafios. Em Nashville, Taylor podia usar o mesmo par de sapatos por dois dias seguidos, algo simples com que a maioria das pessoas nem se preocupa. Mas em Nova York, ela logo aprendeu que “não deve repetir roupas, pois as pessoas vão transformar isso em um grande problema", revelou à revista *Nashville*, assim, ocorriam "mudanças muito interessantes nas dinâmicas de uma cidade para a outra, mas, estranhamente, estou acostumada a todas elas". Ela também tinha consciência de que essa era só mais uma das pressões que as artistas mulheres enfrentavam, as quais os homens estavam aprazivelmente imunes.

Mas apesar das inúmeras mudanças, algumas coisas permaneceram iguais, e mesmo em um novo bairro, com um novo som, Swift não estava perto de atingir o *status* de "descolada" tão cedo. "Ainda não acho que minha prioridade é ser descolada, provocativa ou *sexy*", afirmou. Percebendo que, para as meninas, esses três temas "são tão odiosamente impostos pela mídia", ela confessou que, em vez disso, espera conseguir encorajar suas jovens fãs a serem "criativas, inteligentes, esforçadas, fortes, espertas, perspicazes e gentis". A função de Swift como a irmã mais velha não oficial de uma geração permanecia firme, e ela estava levando essa responsabilidade a sério, por mais pesada que fosse para seus jovens ombros.

Dito isso, o novo álbum surgiria com um repertório muito mais descolado do que qualquer outro lançado anteriormente. Para *1989*, Swift queria um grupo conciso ao seu lado. Gravado em Los Angeles, Nova York, Suécia e Londres, com figuras como Max Martin, Johan "Shellback" Schuster, Imogen Heap e Jack Antonoff, o novo álbum teve um time menor, mais reduzido. Ela fez uma escolha consciente ao enxugar a equipe, visto que sua intenção era criar uma "obra sonoramente coesa" e não se sacrificar demais.

No passado, seus álbuns eram lançados com um toque de cautela, mas, no quinto, Taylor foi uma artista muito mais ousada. Escolheu um lugar icônico apropriado para anunciar o *1989*: uma reunião de fãs no Empire State Building, em Nova York, que foi transmitida ao vivo pela internet, mostrando desde o início que o álbum receberia uma campanha de marketing intensa. Taylor descreveu o lançamento como o "registro do seu primeiríssimo álbum pop oficial" e fez parceria com marcas como a Diet Coke e a Target, para levar o momento a novos e muito mais lucrativos patamares.

Swift estava se afastando de suas raízes, mas foi bastante franca quanto a isso. Refletiu muito sobre como a comunidade musical da qual veio se sentiria quanto ao seu novo trabalho. O country fora um trampolim para ela, então certamente seus voos no universo pop seriam um tema sensível, e para ela era importante tratá-lo com sensibilidade. "Acho que a comunidade country não se surpreendeu de eu gravar um álbum pop", contou ela ao *National Post*. "Acho que se surpreendeu quando fui sincera quanto a isso."

Ao comparecer à festa de gala da Academy of Country Music (ACM), Swift homenageou a família musical da qual veio. "Vemos quem uma pessoa realmente é quando lhe damos uma notícia que ela não estava esperando", afirmou. "Assim, comunidade country, quando lhes disse que gravei um álbum pop e que desejava explorar outros estilos, vocês me mostraram quem são por serem tão graciosos ao acolher essa escolha."

Seu novo trabalho praticamente não seria tocado nas estações de rádio de música country, mas havia alguns burburinhos de apoio vindo dali. "A Taylor é uma de nós, uma de nossas filhas", disse Mark Razz, diretor musical da WXTU-FM, uma estação de música country da Filadélfia. "Apoiamos os nossos filhos, e eles precisam seguir em frente. Ela chegou aonde está graças ao country, e, se ela se tornar a próxima sensação pop mundial, terá cem por cento do nosso apoio." Em outras palavras, só porque as estações de country não estavam interessadas no novo som de Taylor, por não se adequar ao gosto dos seus ouvintes, isso não significava que eles não torciam pelo seu sucesso.

O sentimento era recíproco. Por mais que o estilo de Taylor estivesse evoluindo, ela não estava tentando reescrever o passado. Na verdade, por ser extremamente íntegra, ela desconsiderou quaisquer sugestões de que se arrependia ou sentia vergonha do passado. "Não vou chegar aqui e dizer: 'Ah, queria não ter usado o cabelo supercacheado, nem botas de cowboy, nem vestidos todas as vezes que ia a premiações'", contou à revista *Elle*. "Porque foram escolhas que eu fiz. Eu escolhi. Era parte de quem eu era quando mais nova."

Porém, como a Taylor adulta soava de verdade? Enquanto *Red* apresentou uma evolução suave, com o antigo som centrado no country e apenas pequenos toques de pop e rock para criar uma nova combinação, o foco de *1989* estava mais centralizado no pop, tendo o synth-pop como uma característica marcante. Swift não queria tentar agradar a dois senhores musicais e já estava preparada para investir no sucesso de um só gênero. Como explicou em uma entrevista à *Rolling Stone*, ela não queria misturar estilos dessa vez, pois "quem muito quer, nada tem". Faz bastante sentido.

Apesar de a influência novaiorquina ser bem óbvia no início do álbum, com "Welcome to New York", ela também é visível ao longo de toda a coletânea. O sentimento geral do álbum ecoa a vibração, a diversidade e a vitalidade da cidade famosa. Ele também refletia quanto Taylor amava o lugar. Ela ficou tão extasiada com o fato de, ocasionalmente, poder se misturar à multidão, tendo uma espécie de anonimato temporário; era como um sopro de ar fresco. A faixa que abre o álbum é um dos melhores tributos musicais à cidade feito nos últimos anos, além de uma canção com ricos simbolismos, como guardar o coração partido em uma gaveta. Pegando o poético refrão emprestado, parecia que Nova York estivera realmente esperando por ela.

Taylor esperava captar e comunicar o otimismo que a energia de Manhattan lhe despertara. "Meus amigos e as pessoas que me conhecem comentaram que estou diferente fisicamente desde que vim para cá", revelou à estação de rádio WKTU de Nova York. E acrescentou que "Welcome to New York" trata "das possibilidades e da esperança infinitas que Nova York parece revelar".

Por mais que ir para a Big Apple tenha sido uma mudança enorme, ela explicou que a mudança mais pertinente talvez fosse sua atitude quanto à vida amorosa. Ela estava solteira e ficou surpresa com quanto estava feliz assim. "Nunca pensei que seria tão feliz ao ficar totalmente descomprometida romanticamente", confessou. Acrescentou, ainda, que achava "saudável que todos ficassem alguns anos sem namorar, porque você precisa conhecer a si mesmo". Sozinha, ela conseguia "pensar, explorar e descobrir como lidar com as coisas". Parte do motivo de ter escolhido não namorar por um tempo foi provar sua teoria. "Para mim, era muito importante terminar o álbum sabendo que não preciso de um cara para ter inspiração, fazer um trabalho incrível, viver a minha vida e me sentir bem comigo mesma", explicou.

"Acho que acompanhar meus relacionamentos virou meio que um passatempo nacional", confessou à *Rolling Stone*. E acrescentou que não se sentia "confortável de proporcionar esse tipo de entretenimento", pois não gostava de ver a mídia expondo fotos de homens que ela supostamente namorara e que não queria dar aos comediantes "a oportunidade de fazer piadas sobre mim em premiações".

"Blank Space" se distancia ainda mais da música country. Na verdade, talvez essa seja a faixa mais característica do ano de 1989, abraçando a mudança de estilo mais explicitamente do que suas companheiras de álbum. Uma canção electropop, com um tempero de hip-hop inspirada pela década que dá nome ao álbum. A trilha sonora dos anos 1980 foi o synth-pop produzido por sintetizadores, baterias e vocais sobrepostos.

Para o ouvinte eventual, foi uma faixa pop que pegou muito bem, mas, para o ouvido mais atento, o golpe satírico ficou óbvio. A letra zombava da imagem da Taylor. Ela disse à revista *GQ* que foi uma referência à sua imagem como uma "garota que é louca, mas também sensual, mas também glamurosa, maluca e manipuladora". A música brincava com o retrato obsessivo que a mídia tinha de Taylor como uma mulher que pulava casualmente de um relacionamento para o outro. "Algumas questões que abordei em músicas como 'Blank Space' são sátiras", revelou à *GQ*. Ao usar a licença poética, é possível criar obras memoráveis. Ela sabia que a piada passaria despercebida para algumas pessoas e não via problema nessa possibilidade. "Eu sabia que algumas pessoas ouviriam 'Blank Space' e diriam: 'Viu? Estávamos certos a respeito dela'", comentou. "E, a essa altura, acho que se você não entende a piada é porque não merece entendê-la."

Com essa faixa, Taylor pegou a caricatura patética da mídia e a levou a níveis tão extremos que ficou claro o quanto era absurda.

Como todo grande artista, ela conseguiu encontrar com criatividade o lado bom na maior parte dos desafios da vida. Taylor disse ao Grammy Museum que a mídia demonstrara uma "fixação incrível em pintá-la como uma garota psicótica com namoros em série" e "toda matéria tinha como título algo como: 'Aqui está a Taylor em pé perto de um cara. CUIDADO, CARA!'" Num primeiro momento, ela achou essa insistência lamentável, mas acrescentou. "Mas a minha segunda reação foi 'Bom, na verdade eles estão escrevendo sobre uma personagem muito interessante: ela viaja luxuosamente ao redor do mundo colecionando homens. Ela consegue todos eles, mas é tão pegajosa que eles vão embora, e ela chora na sua banheira de mármore repleta de pérolas'. E pensei: 'Posso usar isso.'"

A mensagem passada, de que um relacionamento ou seria eterno ou acabaria em chamas, era algo com o qual suas fãs mais novas se identificavam. Com "Blank Space", ela conquistou um novo exército de ouvintes que amaram esse suco da ousadia pop.

"Style" foi uma mudança para Taylor: ela estava admitindo um erro. "Jamais teria dito algo assim em um álbum anterior", contou a Ryan Seacrest. "Meus trabalhos anteriores sempre foram 'Eu estava certa, você estava errado', mas quando você cresce, percebe que em um relacionamento as regras são muito confusas." O trocadilho com o nome de Harry Styles foi muito bem recebido. "Dar título a uma canção que você nunca vai admitir ser sobre o seu ex com uma variação do nome desse ex está em outro patamar", declarou a revista *Cosmopolitan*. "Mas essa ser provavelmente a melhor faixa do álbum" é "definitivamente uma inspiração", acrescentaram.

O incidente mencionado na ponte de "Out of the Woods" foi inspirado em um acidente na neve que ela sofreu com um ex-namorado, mas também pode ser visto como uma metáfora para a fragilidade dos relacionamentos. Quando a mídia percebeu que essa música contava uma história real, Taylor ficou feliz por provar que eles não sabiam tudo sobra sua vida privada. "Foi quase como uma pista estranha e sutil para a mídia de que eles não sabiam tudo o que aconteceu naquela relação, e é possível que algo impactante e traumático aconteça comigo sem que eles saibam", disse à NPR. Musicalmente, a faixa lembrou a alguns ouvintes dos vocais cadenciados da trilha sonora de *O rei leão*, e, na opinião de Taylor, era o auge do álbum *1989*.

"All You Had to Do Was Stay" foi inspirada em um sonho no qual seu ex aparecia na sua porta e, em vez de jogar a verdade na cara dele, tudo o que saiu dos seus lábios foi um pedido estridente para que ele ficasse. "Shake it Off" foi a última música a ser gravada para o álbum e foi composta quando Swift chegou ao estúdio certo dia com um desafio para seus coautores e produtores Max Martin e Shellback: "Precisamos de uma batida que faça até a pessoa que está tendo a pior noite em uma festa de casamento [dizer]: 'Ah, essa é a minha música!'" O resultado foi sua resposta icônica à cultura do cancelamento dos famosos, na qual fazia uma lista das acusações que recebera da imprensa e as declarava superadas.

"Shake it Off" abordava sua relação com a mídia e com as redes sociais, mas de modo a empoderar seus fãs. Você não precisa ser uma celebridade para ter recebido um comentário cruel on-line, mas a música de Taylor pode ajudá-lo a superar o sofrimento. Ela escreveu a letra e compôs a melodia de "Shake it Off" com Martin e Shellback. A rápida batida pop poderia facilmente ter sido diferente, pois sua gravadora pediu que ela incluísse um violino. Swift respondeu com um "não categórico", lembrou ela. A música foi a escolha óbvia para ser o primeiro single do álbum.

"I Wish You Would" traz Swift sofrendo por um ex, a ponto de dirigir até a rua dele e desejar que ela não tivesse desligado a ligação, nem terminado o relacionamento. Curiosamente, Taylor contou à *Rolling Stone* que a história real foi ao contrário. A música era "sobre um ex que comprou uma casa a duas quadras da casa dela". Uma mensagem secreta no encarte do CD dizia: "Toda noite, ele passava de carro pela rua dela." Essa era uma das "faixas de conexão" do álbum, visto que poderia fazer parte de *Red*.

Taylor sinalizou em uma entrevista à *Rolling Stone* que "Bad Blood" era sobre uma cantora muito famosa que fez algo "tão terrível" que elas viraram "inimigas declaradas". Todos acreditam se tratar de Katy Perry, e, sonoramente, a faixa tem o estilo das músicas de Perry. Talvez essa tenha sido uma escolha muito ousada, pois está longe de ser a melhor criação musical de Swift e, em um ranking feito em 2023 pela *Rolling Stone*, essa ficou em último lugar entre as 234 canções que Taylor tinha na época.

Em “Wildest Dreams”, uma canção que tem como influência a sonoridade de Lana Del Rey, Taylor imagina um relacionamento que termina antes de realmente começar. “How You Get the Girl” é “tipo um tutorial”, revelou a cantora ao Radio.com. “Se você seguir o passo a passo dessa música, é bem provável que dê tudo certo... Ou que você consiga uma medida protetiva.” “This Love” funciona como uma pista dos caminhos que ela seguiria em *Folklore* e *Evermore*. Para o *Scholastic Book Club*, Taylor declarou que originalmente essa canção começou como um poema no seu diário, “depois, de repente, comecei a ouvir a melodia na minha cabeça. Foi quando percebi que seria uma música”. Juntamente com “Style”, “Wildest Dreams” faz alusão aos romances passageiros e à impermanência dos relacionamentos. Ao registrar momentos e memórias, a letra reconhece a natureza transitória de tudo isso, em uma reiteração de um dos temas de “Out of the Woods”.

Em “I Know Places”, Taylor expôs suas preocupações sobre como conseguiria manter um relacionamento sob a análise cruel dos holofotes. “Decidi escrever uma música [sobre] o que eu diria se conhecesse alguém realmente incrível e ele dissesse: ‘Estou preocupado com toda a atenção que você recebe’”, revelou ao Grammy Museum. “Então escrevi essa letra que diz: ‘Conheço vários lugares onde podemos nos esconder. A gente vai fugir deles.’” Isso deixou claras as dificuldades de Taylor com a fama e com a presença invasiva dos *paparazzi*, comparando-se a uma raposa sendo caçada.

Apesar de ter feito a transição para um pop mais *mainstream*, Swift manteve com zelo a autenticidade que a levara até ali. As histórias nas canções continuavam profundamente pessoais e simbólicas. A faixa que fecha o álbum, “Clean”, foi mais do que uma música de término qualquer (os fãs acreditam ser sobre Harry Styles): ela encoraja o crescimento pessoal, a inspiração e a ideia de liberdade após um capítulo desesperador, além de ter uma bela ponte.

Por fim, *1989* é mais do que um álbum — é um diário habilidosamente selecionado dos momentos da jornada de vida de Taylor. Cada música, videoclipe e letra são ricos nas narrativas, nas emoções e nas memórias que oferecem um vislumbre do seu mundo. Os ouvintes poderiam mergulhar profundamente, ou não, se quisessem. As canções tinham força própria, e tanto os Swifties mais fanáticos quanto os ouvintes ocasionais das rádios se conectavam com elas.

Uma das primeiras ouvintes foi a amiga de Swift, Ella, também conhecida com Lorde. "Ela é uma das minhas pessoas preferidas para trocar ideia", explicou Taylor, pois "ela me dá ótimos conselhos." Outro ouvinte beta do trabalho completo foi Ed Sheeran. "Ter amigos que têm o meu total respeito quanto a sua opinião musical ajuda demais, porque eles preferem coisas diferentes, e essas diferenças refletem quem são enquanto músicos, com certeza." A preferida de Ella no novo álbum foi "Welcome to New York", e a de Sheeran foi a polêmica "Bad Blood".

Enquanto as influências dos álbuns anteriores incluíam uma multidão de estrelas do country, até alguns dinossauros do estilo, a inspiração de Taylor para *1989* foi o mundo pop. E mesmo ali, no entanto, as principais influências eram antigas. Inspirada por Annie Lennox, a vocalista do Eurythmics, ela declarou: "A maneira como ela comunica uma ideia, existe algo muito intenso ali." Taylor também se inspirou em Peter Gabriel, a quem descreveu como "um artista que tem um bom gosto incrível" e "uma sensibilidade excepcional quanto ao que empolgará musicalmente as pessoas". Parece apropriado que essas duas referências tenham produzido seu melhor trabalho nos anos 1980, década que dá nome ao álbum.

Entretanto, enquanto a mídia reduzia esse trabalho à transição de Taylor para a música pop, para os fãs havia uma transformação muito maior acontecendo. Não era apenas no âmbito musical, mas no temático, estético e pessoal. O nome, *1989*, era um símbolo do seu recomeço, à medida em que se despia de sua velha imagem e emergia como uma nova artista. A foto Polaroid na capa não só evoca a década de 1980 como também rejeita a presunção de sua arte anterior. A estética mais discreta, em tons pastel e o estilo nostálgico refletiam momentos passados e celebravam a mudança inevitável trazida pelo tempo. Esse tipo de fotografia seria simplesmente inimaginável em um trabalho de Taylor alguns anos antes.

Swift também explorou novos ares durante a divulgação do álbum. Suas Secret Sessions basicamente construíram um "lugar seguro" entre Taylor e os fãs. Ao desviar dos filtros midiáticos, ela conseguia compartilhar sua música de maneira mais íntima e direta, selecionando quem participaria desses encontros ao pesquisar contas nas redes sociais. "Eu entrava na internet e olhava perfis do Instagram, Twitter, Tumblr ou qualquer outro e meio que os observava por meses", confessou à BBC.

Esses foram mais do que meros eventos promocionais. Aconteceram em cinco das casas de Taylor ao redor do mundo. Os 89 fãs cuidadosamente selecionados só foram informados de que participariam de algum tipo de evento secreto, sem quaisquer detalhes específicos do que os aguardava. Apesar de essas sessões deverem permanecer confidenciais, rumores circulavam de que os convidados especiais de Taylor conheceriam e pegariam um dos seus gatos (Olivia Benson) no colo, veriam seus vários prêmios American Music Awards e Grammy e comeriam cookies de abóbora com gotas de chocolate feitos pela própria cantora. Em uma filmagem dos bastidores, vemos uma Taylor de avental, batendo uma massa na cozinha. Foi um nível surpreendente de acesso para uma estrela desse nível oferecer à sua vida particular. É difícil imaginar Beyoncé ou Adele concordando com uma oportunidade parecida.

A expectativa para o álbum só crescia até ser finalmente lançado, em 27 de outubro de 2014. Não só os fãs estavam empolgados — Taylor também estava animadíssima. "É tão emocionante descortinar quem você foi nos últimos dois anos", contou à revista *Esquire*, acrescentando que sua vida "mudara drasticamente no último um ano e meio".

O lançamento de *1989* não economizou em polêmicas e drama. Swift se opôs a duas empresas poderosas: primeiro, o Spotify, e depois, a Apple, alegando que lutava por todos os artistas ao fazê-lo. Quem estivesse prestando atenção teria percebido que as bases para a batalha tinham sido estabelecidas previamente. Quatro meses antes do lançamento de *1989*, ela redigiu um artigo de opinião para o *Wall Street Journal* e estabeleceu seu manifesto. "O valor de um álbum é e continuará sendo baseado no quanto o coração e a alma do artista sangraram por uma obra, e o valor financeiro que esses artistas (e suas gravadoras) colocam na própria música quando ela entra no mercado", escreveu ela. "Na minha opinião, a música não deveria ser gratuita, e a minha previsão é de que os artistas de carreira solo e suas gravadoras um dia decidirão o preço de venda de um álbum. Espero que eles não se subestimem ou desvalorizem sua arte."

Na época, algumas pessoas duvidaram de até que ponto ela estaria disposta a defender outros artistas. Afinal, como uma das principais estrelas pop do mundo, ela havia ganhado milhões de dólares a partir de serviços de *streaming*, independentemente do que acontecesse com eles. Ela também havia se beneficiado da recomendação dos algoritmos, das listas de reprodução em destaque, das exclusividades pagas e das outras vantagens obtidas pelos famosos. Assim, os problemas com os serviços de *streaming* não se aplicavam de maneira igual para todos. Do ponto de vista de Swift, esse privilégio era irrelevante: ela estava se posicionando na esperança de que quaisquer avanços que conseguisse fossem desfrutados por todos.

Após recusar que *1989* ficasse disponível no Spotify, ela publicou uma nota dizendo que era contra sua música ser disponibilizada gratuitamente. Em conversa com o Yahoo, Taylor explicou que "toda novidade, como o Spotify, dá a impressão de ser um grande experimento" e que não estava disposta a "submeter o trabalho da minha vida a uma experimentação que não me parece justa ao compensar os compositores, produtores, artistas e criadores dessa música". Podemos debater se o serviço de *streaming* realmente lhe parecia um experimento em 2014, mas, anos depois, é óbvio que não há nada de experimental nessa mídia, que veio aqui para ficar.

Depois, Swift criticou a decisão da Apple de não pagar *royalties* aos artistas durante os três meses do período de teste do consumidor ao assinar o aplicativo Apple Music. Ao escrever no Tumblr, Taylor explicou que sua postura era "em favor dos novos artistas ou das novas bandas que acabaram de lançar sua primeira música e não receberão pelo seu sucesso" e "jovens compositores que tiveram sua primeira oportunidade e acharam que os *royalties* provenientes pagariam suas dívidas".

Para a surpresa de muitos, o vice-presidente sênior da Apple, Eddy Cue, cedeu à pressão de Swift em 24 horas. A paz foi estabelecida rapidamente, e Taylor foi ao Twitter dizer que "após os acontecimentos dessa semana, decidi disponibilizar o álbum *1989* na Apple Music... e o fiz com alegria". Sua música também voltou a ser disponibilizada no Spotify após três anos de boicote. Foi um momento icônico na história da música quando a cantora teve sucesso ao se opor a empresas tão grandes e poderosas. Enquanto artistas pelo mundo se preocupavam com o efeito nocivo que o *streaming* teria em seu faturamento, Swift foi vista lutando por todos eles; e *1989*, com um estilo mais despojado e audacioso, era o lançamento certo para que ela se posicionasse com firmeza.

Ao ser lançado, os críticos reagiram com mais interesse pela cantora do que o comum, e havia muito em jogo porque ela estava arriscando com um novo som e uma nova imagem. As críticas aprovavam o álbum, e muitas apontavam que esse era o trabalho que mais refletia a artista. O lançamento de *1989* colocou Taylor "muito à frente da competição com estrelas adolescentes do pop", disse o *Guardian*, e acrescentou que "o que realmente impacta em *1989* é quanto Swift, mais do que qualquer produtor, domina completamente o álbum". A *Rolling Stone* afirmou que era "profundamente estranho, freneticamente emocional e radicalmente empolgante" e soava "como Taylor Swift, mesmo que não se pareça com nada do que ela tenha produzido anteriormente". A *NME* o colocou ao lado de um clássico histórico, ressaltando que não era nada menos do que "a resposta da nova geração a *Thriller*".

O *New York Times* afirmou que Swift estava "mirando em algum lugar ainda mais alto, uma forma de atemporalidade que poucas estrelas de verdade do pop (...) ousaram almejar". No entanto, o *Los Angeles Times* achou que o álbum tinha uma "característica um tanto sem sal", descrevendo-o como um "pretenso trombone desprovido da visão detalhista que a cantora nos ensinou a esperar dela". A *Slant Magazine* também não estava totalmente convencida e concluiu que "Swift ainda está no processo de encontrar a própria voz enquanto artista pop". A *Entertainment Weekly* ofereceu não tanto uma crítica, mas um aviso, afirmando que "se ela abandonar aquilo que a tornou especial para chegar até aqui, estará fazendo um imenso desserviço aos seus fãs, e um maior ainda a ela mesma".

Para Taylor, seu veredito final sobre o álbum foi de satisfação geral. Como geralmente faz, ela usou uma rica metáfora para explicar seus sentimentos. "Acho que reformamos completamente o edifício metafórico que construí, e isso me fez amá-lo ainda mais", disse à *Elle*, "mas mantenho as bases de quem sempre fui."

A turnê de *1989* foi planejada em sete meses e ensaiada em três. O *setlist* do show começava com "Welcome to New York", e incluía grande parte do novo álbum, além de uma generosa seleção de suas músicas antigas. Taylor adorou voltar à estrada, como disse em entrevista durante a turnê. "Estava pensando sobre isso ontem, e me dei conta: não quero que essa turnê acabe. Nunca", confessou à *NME*. "E isso nunca aconteceu comigo antes." Ela também se mostrou empolgadíssima quando *1989* ganhou o prêmio de Álbum do Ano, no Grammy de 2016, exorcizando sua decepção com a derrota de *Red* e de certa maneira vingando a visão criativa que abrira espaço para seu sucessor.

Além de promover o álbum, a turnê foi um grande sucesso financeiro por si só, arrecadando 250 milhões de dólares. Isso fez com que a aposta de Taylor no álbum parecesse ter valido a pena. "Seguir o caminho fácil já estaria de bom tamanho", constatou a *Rolling Stone*, "só não era o que ela desejava fazer. Pelo contrário, ela queria fazer um esforço um pouco maior e uma bagunça pop épica como essa." Posteriormente, a revista incluiu a turnê mundial de *1989* na lista dos 50 Maiores Shows dos Últimos 50 Anos.

O quinto álbum colocou três músicas no primeiro lugar da *Billboard* Hot 100: "Bad Blood", com Kendrick Lamar; "Shake It Off" e "Blank Space". Outras faixas, como "Style" e "Wildest Dreams", chegaram ao Top 10 logo após o lançamento do álbum. Com a noite bem-sucedida no Grammy, Taylor foi a primeira artista solo feminina a ganhar o Álbum do Ano duas vezes. Como muitas de suas conquistas, ela já superou isso desde então.

No entanto, a transição para um novo som e uma nova imagem não aconteceu sem críticas. Os videoclipes promocionais de duas faixas do álbum atraíram um nível desconhecido de julgamentos para Swift. No clipe de "Shake It Off", ela aparece dançando com algumas pessoas, incluindo bailarinas, líderes de torcida e *breakdancers*. Também havia dançarinos de hip-hop, muitos deles negros, e ela é vista dando risadinhas ao engatinhar sob os traseiros que rebolavam sem mostrar o rosto. O rapper Earl Sweatshirt acusou o vídeo de "perpetuar estereótipos negros".

Em seguida, veio a polêmica sobre o clipe de "Wildest Dreams", que tem um elenco majoritariamente branco, apesar de ter sido filmado na África. O *Guardian* descreveu o vídeo como uma "fantasia colonialista", o *Huffington Post* o acusou de "propagar o colonialismo branco" e o *Daily Post* afirmou que havia uma "grande questão de raça". A equipe de Swift apontou para a mensagem ao final do clipe, que dizia aos espectadores que "todos os lucros pertencentes a Taylor resultantes deste vídeo serão doados às iniciativas de preservação da vida selvagem por parte do African Parks Foundation of America".

Comercialmente, ela jamais duvidou que *1989* venderia um milhão de cópias na primeira semana, mas foi avisada de que poderia estar sendo muito otimista. Mas realmente foram alcançados grandes números: foram vendidas 1,29 milhão de cópias na primeira semana, e "de repente, eu já não parecia mais tão ingênua", declarou ela. Vale constatar que o álbum foi lançado em uma indústria traiçoeira. Os downloads eram um formato em declínio, assim como os CDs antes deles, o que faz essas vendas iniciais ainda mais notáveis.

Desde então, *1989* vendeu mais de dez milhões de cópias e se tornou, de acordo com a *Billboard*, uma "espécie de onipresença cultural rara para um álbum dos anos 2010. O mandachuva da gravadora de Swift fora repreendido, mas estava empolgado. "Aprendi há muito tempo: jamais duvide do poder de Taylor Swift", declarou ele. Essa é uma lição que muitas pessoas precisavam aprender.

Com as vendas extraordinárias, vieram posições ainda mais incríveis. Em outubro de 2014, Taylor foi nomeada Mulher do Ano pela *Billboard*, tornando-se a primeira artista a receber esse prêmio duas vezes. Essa honra é dada à artista que "moldou e inspirou a indústria da música com seu sucesso, sua liderança e sua inovação" pelos 12 meses anteriores. "Ao longo de sua carreira, Taylor registrou sessenta participações na *Billboard* Hot 100, mais do que qualquer artista feminina desde a sua estreia em 2006", declarou Janice Min, da *Billboard*.

Houve um momento embaraçoso durante o discurso de Taylor, quando uma piada que ela fez não foi bem recebida. Ao descrever o prêmio como um "maravilhoso presente de aniversário antecipado", ela afirmou: "Faço 25 anos à meia-noite, e pretendo celebrar com tudo como se estivéssemos em 1989." Depois de alguns risos educados, ela acrescentou: "Eu sabia que era uma piada ruim quando escrevi, mas a fiz mesmo assim!"

Esse foi um período em que Taylor só fazia as coisas "mesmo assim". Para uma cantora de 25 anos, ela já havia conquistado muito. O tamanho do seu sucesso ficou claro quando ela foi comparada a outros artistas quando tinham a mesma idade. Em um quarto de século, Madonna estava apenas dando o pontapé inicial no que seria sua ascensão meteórica. Beyoncé ainda estava na transição do sucesso com o Destiny's Child para se estabelecer adequadamente como a potência que se tornaria.

Whitney Houston e Britney Spears são exemplos de cantoras que haviam conquistado muito aos 25 anos, mas a escalada de Swift foi mais estável, e ela contava com mais álbuns do que as outras quando tinham a mesma idade. A experiência de Adele aos 25 anos era mais parecida com a de Swift: já havia lançado quatro álbuns. Assim como Taylor, ela também mantinha um ritmo consistente de lançamentos e acumulava muitas estantes com prêmios.

Swift se orgulhava de seu histórico enquanto compositora e de seu som, que seguia evoluindo. Ela conseguiu usar a base de seu sucesso anterior e consistente para evoluir ao mesmo tempo em que mantinha a conexão íntima com os fãs. Reinventar-se foi um movimento audacioso e arriscado. Para ela, foi muito gratificante ser bem-sucedida nisso.

À parte da música, a vida amorosa de Taylor continuava a fascinar e entusiasmar o público à medida em que saía do período de solteirice. Em 2015, ela começou a namorar o DJ escocês, produtor musical, cantor e compositor Calvin Harris. Eles se conheceram nos bastidores do Elle Style Awards, após serem apresentados por uma amiga em comum, Ellie Goulding. Eles se deram bem logo de cara e se encontraram no dia seguinte no BRIT Awards e no dia seguinte à premiação. Depois de oficializarem o relacionamento no Instagram, graças a uma postagem de Harris com os gatos dela, eles apareceram juntos formalmente pela primeira vez no Billboard Music Awards de 2015, em maio.

Em março de 2016, celebraram um ano de namoro com uma viagem romântica para um destino tropical. Acredita-se que esse tenha sido o relacionamento mais longo de Taylor a essa altura. Os dois publicaram fotos românticas em suas respectivas contas de Instagram. "Estou em um relacionamento mágico no momento", declarou ela à *Vogue*, mas em poucos meses a mágica acabou. Ao se lembrar de como ele e Swift terminaram, Harris disse que "para ambos, era o contexto errado" e "claramente não estava bem, então acabou".

Muitos torceram para que o casal colaborasse regularmente em suas músicas, mas eles só se uniram uma vez, quando trabalharam juntos como coautores da canção "This Is What You Came For", gravada por Rihanna. O fim da relação foi desagradável, e as consequências, dolorosas, com Harris reagindo mal quando os jornais veicularam que Swift escrevera o *single* que era a sensação do momento. Em uma série de tuítes posteriormente deletados, ele dizia que "se você está feliz em seu novo relacionamento, deveria focar nisso em vez de tentar destruir o seu ex-namorado só para se divertir".

Houve uma nova onda de empolgação quando ela e o ator Tom Hiddleston foram fotografados se beijando, de mãos dadas e se abraçando em Rhode Island, apenas duas semanas após o término com Harris vir a público. O par fora visto dançando no mês anterior, no MET Gala de 2016, quando ela ainda estava com Harris.

O novo casal, agora conhecido como "Hiddleswift", era frequentemente visto em público, com registros nos Estados Unidos, na Europa e na Austrália ao longo do verão de 2016. Eles foram fotografados juntos em Nashville, na Inglaterra e em Roma. Ela celebrou o feriado de Quatro de Julho em sua casa, em Rhode Island, e foi vista abraçada por ele na água e se divertindo ao escorregar em um toboágua gigante.

Quando terminaram o namoro, depois de três meses, houve suposições de que todo o relacionamento fora uma jogada de marketing. Posteriormente, Hiddleston negou essa possibilidade, dizendo durante uma entrevista à *GQ* que "Taylor é uma mulher incrível. Ela é generosa, bondosa e adorável, e nos divertimos muito. Claro que foi real". De acordo com relatos, eles terminaram por discordar sobre quanto divulgariam do relacionamento: ele queria que fosse mais público, já ela não estava muito ávida. Mas ele não ficou magoado.

Taylor disse que foi "interessante" ter "vivido tantas fases diante do mundo inteiro". Ela passou muito tempo refletindo sobre seus altos e baixos, suas decisões boas e seus erros terríveis. No entanto, não mudaria nada. "Mesmo que você identifique momentos em que poderia ter tomado decisões melhores, ou se expressado melhor, ou algo assim, só acho que não mudaria nada porque, como compositora, toda experiência que você tem... essas experiências moldam o seu trabalho", disse ela. "Então, até quando tive sentimentos horríveis como arrependimento, humilhação, vergonha ou fracasso, peguei essas emoções e as transformei em música", garantiu.

Havia muito a celebrar quando ela chegou a um quarto de século, mas os problemas não parariam de chegar, com um prenúncio não intencional do próximo capítulo de sua vida. Quando Taylor deu uma entrevista à *BBC*, falou sobre como era ser tão famosa. "Realmente não tenho o que esconder quanto a isso", revelou a Fearne Cotton. "Todos meio que já sabem que tudo o que eu fizer será discutido, dissecado e debatido, e já me acostumei com essa dinâmica." O quinto álbum era inevitável e isso se refletiu no espírito radiante dele. Havia algumas nuvens no céu, mas poucas. Ela estava mais confiante e sabia usar essa confiança tanto na música quanto fora dela. Mas parece que a vida simplesmente aconteceu quando as nuvens fecharam o céu e uma tempestade sem precedentes tomou conta do mundo de Taylor.

Capítulo 10

É raro que o primeiro verso de um álbum seja mais simbólico do que o álbum em si e a sua origem. O início de "...Ready For It?" é soturno, sério e icônico, e por uma boa razão. O sexto álbum de Taylor foi onde tudo se tornou bem mais sombrio. Ela era uma mulher e uma artista diferentes da que lançou aquele quinto trabalho. A experiência de *1989* a transformara de estrela pop a ícone pop, e isso trouxe muitos pontos positivos: mais dinheiro, mais fama e mais reconhecimento.

Por outro lado, também fez crescer a pressão sobre ela. A expectativa para o próximo álbum simplesmente apagou tudo o que o precedera. Apesar de este ser o seu sexto trabalho, esse lançamento tinha uma pressão similar à do "difícil segundo álbum", pois era tanto a segunda produção pop de sua carreira quanto o álbum que uma nova legião de fãs recém-conquistada compraria.

Isso também significava que, toda vez que ela aparecia na mídia, mais pessoas se sentiam saturadas de ouvir falar dela. Essa tendência já vinha crescendo ao longo dos anos. Em março de 2013, o *New York Times* havia mencionado que "a onipresença de Taylor, para não falar da cobertura de sua vida amorosa, começou a meio que se voltar contra ela". À época da produção de *Reputation*, essa reação negativa era bem evidente. Claro, milhões de fãs ainda a amavam, mas o exército de críticos crescia a cada dia.

Enquanto isso, Taylor sentia como se a vida não lhe desse um segundo de trégua. Em 2015, a mãe dela, Andrea, descobriu um câncer. Ao escrever para os fãs em seu Tumblr, Swift afirmou que vinha compartilhar "uma notícia que eu gostaria de não ter que dar a vocês, mas é importante, e estou acostumada a dividir os acontecimentos relevantes da minha vida com meus fãs". Ela explicou que pedira à mãe o "presente" de que fosse a uma consulta médica para "investigar possíveis problemas de saúde, só para acalmar algumas preocupações minhas".

Andrea concordou, mas a descoberta não foi boa. Apesar de a mãe estar se sentindo bem, explicou Swift, "os resultados saíram, e sinto informar que minha mãe foi diagnosticada com câncer". Ela acrescentou que Andrea queria que os fãs soubessem, "pois os pais de vocês talvez estejam ocupados demais dando conta das responsabilidades da vida para ir ao médico, e pode ser que lembrá-los de fazer exames leve a um diagnóstico precoce de câncer e a uma batalha mais fácil". Ao fazer o tratamento, o câncer de Andrea felizmente regrediu.

Outro desafio surgiu no caminho de Swift quando, em 2015, uma batalha de longa data chegou a um ponto judicial crítico. Ela enfrentou um processo civil contra um ex-DJ (à época apresentador da rádio KYGO), o qual havia acusado de colocar a mão sob a sua saia em 2013. Swift acusou David Mueller de abusar dela ao apalpar seu traseiro, como mostra uma foto tirada quando ele foi convidado a conhecê-la antes de um show.

Ela declarou que nada do tipo nunca lhe acontecera antes. E que se considerava "muito sortuda" por isso, mas "esse foi um dos motivos de ser tão traumático". E acrescentou: "Eu simplesmente não imaginava que isso poderia acontecer. Foi muito descarado, na frente de sete pessoas." Após o acontecimento, ela fez a denúncia à KYGO, e a estação demitiu Mueller dois dias depois. O que o ex-DJ fez em seguida impediu a história de acabar por aí.

O incidente só veio mesmo a público em 2015, dois anos depois, quando Mueller tentou processar Taylor, dizendo que as acusações dela tinham lhe custado o próprio sustento. Essa ação foi logo arquivada por um juiz.

Swift contra-atacou e o processou por agressão e abuso sexual, pela quantia simbólica de 1 dólar. O julgamento durou uma semana, e o comportamento de Swift foi inspirador. Ela foi forte e determinada no tribunal e não se deixou intimidar pelos advogados de Mueller. Ao negar uma acusação de que ela havia confundido Mueller com outra pessoa, assegurou: "Não vou permitir que você ou o seu cliente ponham a culpa em mim." Quando lhe perguntaram por que a foto tirada na época do incidente não mostrava a frente da saia amassada, ela respondeu: "Porque a minha bunda fica na parte de trás do meu corpo."

Em outro momento, ela afirmou: "Sei exatamente quem fez isso. Não é uma alegação. É um fato." E ainda: "Você pode me fazer milhares de perguntas sobre o caso, e sempre vou dizer a mesma coisa." Quando o advogado perguntou se Taylor, caso Mueller realmente a tivesse apalpado, não culpava o próprio segurança por não ter feito nada para impedir, ela rebateu: "Quem eu culpo é o seu cliente, por enfiar a mão debaixo da minha saia e agarrar a minha bunda."

Posteriormente, Taylor explicou à revista *Time* por que foi tão direta em seu depoimento: "Fiquei no tribunal a semana inteira e tive que assistir ao advogado daquele homem intimidar, atormentar e assediar a minha equipe, incluindo a minha mãe, sobre detalhes idiotas e patéticos, acusando a eles e a mim de mentirosos." Estava irritada, então "decidi ignorar qualquer formalidade típica de um tribunal e simplesmente contei o que aconteceu". Ela complementou que, apesar de ter sido aconselhada a usar o termo "nádegas", preferiu usar "bunda" e ouviu dizer que "aquela foi a ocasião em que a palavra mais foi dita no tribunal federal do Colorado". O júri votou a favor de Swift e condenou Mueller a pagar 1 dólar.

Para os que presenciaram tudo, foi eletrizante vê-la confrontar com tanta coragem uma corte cheia de homens. Não foi à toa que uma jornalista descreveu o seu depoimento como "afiado, destemido e satisfatório". Sua atitude no tribunal lhe garantiu lugar na capa de Pessoa do Ano da *Time* de 2017, como uma daquelas que "quebrou o silêncio" e se pronunciou sobre assédio e abuso sexual. A revista escreveu que Taylor, com o seu "depoimento certeiro, obteve uma das maiores conquistas no debate sobre assédio sexual deste ano".

Swift confirmou que pediu que ele pagasse o valor simbólico de 1 dólar como indenização, pois não tinha interesse no dinheiro e preferia usar o caso para mandar uma mensagem a todas as mulheres— a de que "elas decidem o que desejam tolerar em relação ao próprio corpo". E disse também: "Reconheço o privilégio que tenho na vida, na sociedade e em minha capacidade de arcar com os enormes custos de me defender em um caso como esse." Posteriormente, quando subiu ao palco, ofereceu seu amor e apoio a todos que já recearam falar sobre abuso, ou que falaram mas não foram ouvidos. Disse ainda que esperava poder "ajudar aqueles cuja voz também deveria ser ouvida" e que ela "doaria, no futuro próximo, para inúmeras organizações que auxiliam vítimas de assédio sexual".

Essa saga trouxe outra consequência ainda mais pessoal. Desde então, Swift instala câmeras em todo evento de *meet and greet*, direcionadas para a parte inferior do seu corpo. "Se algo desse tipo voltar a acontecer, será possível provar com gravações de vídeo de todos os ângulos", disse ela ao *Guardian*.

Contudo, quando questionada pela *Elle*, negou que já tenha sido sexualmente abusada por outras pessoas. A pergunta surgiu de forma bem orgânica, pois foi uma época decisiva para muitos abusadores no showbusiness — com inúmeras acusações de abuso sexual contra o produtor hollywoodiano Harvey Weinstein vindo a público após o caso de Taylor. Apesar de a sua história se cruzar com a do produtor, ela afirmou que ele nunca abusara dela. Harvey pedira que ela escrevesse uma música para a comédia romântica *Apenas uma chance*, o que rendeu a segunda indicação de Taylor a um Golden Globe. Ele também conseguiu um papel de coadjuvante para ela em um filme de ficção científica em 2014, *O doador de memórias*, e foi à festa de lançamento do álbum *1989*.

No entanto, eles não tiveram contato algum além dessas interações profissionais. "Acredito nas mulheres, nas vítimas e nos homens que se posicionam", ela acrescentou, apontando que os abusos de Weinstein lhe pareciam uma "questão de abuso de poder", e que ele escolhia mulheres vulneráveis. "Então, o fato de eu não ter passado por isso não quer dizer nada", declarou.

A vitória simbólica naquela disputa judicial foi um lampejo de luz em um período sombrio para Taylor. Ela vinha sendo criticada tanto pelos fãs de Calvin Harris, ao considerarem que ela estaria reagindo mal ao término, quanto pelos fãs de Kanye West, após boatos de que que ela não tinha sido sincera em suas rusgas virtuais com o rapper. Em meados de 2016, Swift havia confrontado West por ele tê-la mencionado na música "Famous". Na letra, Kanye dizia pensar que ele e "Taylor ainda transariam" e se gabava de ter "tornado aquela vaca famosa", uma referência sutil ao momento em que ele interrompeu o discurso de Taylor no MTV VMAs de 2009, declarando que Beyoncé deveria ter levado o prêmio. No dia seguinte, o Twitter estava em polvorosa apoiando a jovem de 19 anos e condenando o comportamento descortês de West, o que acabou deixando Taylor em uma posição favorável. Kanye insistiu que recebera a aprovação dela para mencioná-la em "Famous" antes de lançar a música. Taylor negou, rebatendo que, na verdade, ele pedira para ela promover a faixa. As coisas não melhoraram quando, pouco depois, West lançou o videoclipe, que mostrava bonecas de cera imitando celebridades nuas em uma cama, e uma delas era Taylor.

Os dois episódios geraram inúmeras hashtags cruéis nas mídias sociais, incluindo #TaylorSwiftIsASnake [#TaylorSwiftÉUmaCobra] e #TaylorSwiftIsCanceled [#TaylorSwiftCancelada]. Kim Kardashian, esposa de Kanye na época, tuitou sobre o Dia Nacional da Cobra, o que alguns interpretaram como um comentário direcionado a Swift.

Em entrevista à revista *Vogue*, Taylor tentou explicar pelo que vinha passando. "Uma humilhação pública descomunal, com milhões de pessoas dizendo que você está 'cancelada', é uma experiência de isolamento brutal", confessou. "Não acho que muitos entendam o que é ter milhões de pessoas dizendo que a odeiam com todas as letras." Ela acrescentou que essas mensagens poderiam ser vistas como incentivo para que ela tirasse a própria vida.

Taylor enfrentou ainda mais críticas por conta de seu suposto *girl squad*. O grupo de amigas incluía supermodelos, atrizes e estrelas pop que ficaram ainda mais famosas graças ao feed de Taylor no Instagram. Assim como a própria cantora, elas foram mundialmente amadas em um primeiro momento, mas depois viraram alvo de hostilidade. Se no início eram consideradas uma expressão de sororidade feminina e como uma força feminista, agora eram vistas como mulheres com uma beleza padrão inatingível, exibindo vidas perfeitas e elitistas inalcançáveis.

Parte dessa mudança de opinião veio de dentro do próprio *squad*. Em um show em Nova Jersey, Lena Dunham — ao ser convidada para subir ao palco ao lado de Swift, Lily Aldridge, Gigi Hadid e Hailee Steinfeld — sentiu-se gorda e baixa ao lado das outras mulheres. "Estava tão empolgada por apoiar a minha amiga, mas também muito desconfortável ao me dar conta da minha altura", revelou ela em entrevista à Film Society of Lincoln Center. "Eu estava me sentindo tão alta e forte, e foi um choque perceber que 'Ah, não sou alta, sou gordinha'."

As críticas continuaram. Durante a campanha para as eleições presidenciais de 2016, enquanto Hillary Clinton disputava contra Donald Trump pela Casa Branca, Swift se recusou a usar sua influência para apoiar qualquer um dos candidatos. Sim, ela encorajou o povo a votar, mas não disse em quem votaria. Isso causou irritação para além dos seus fãs. As pessoas ficaram se perguntando por que uma defensora incondicional dos direitos das mulheres não apoiaria publicamente a primeira candidata à presidência, ainda mais contra alguém como Donald Trump, que fizera tantos comentários desagradáveis sobre as mulheres.

Nessa época, seria compreensível se ela achasse que alguém a criticaria não importa o que fizesse. É uma frustração que muitas celebridades sentem ao chegar nos mais altos escalões da fama, ainda mais na era moderna, quando as redes sociais lhes dão a chance tanto de comentar instantaneamente sobre qualquer assunto quanto de serem criticadas por não opinarem. Elas logo percebem que não têm como vencer, e Swift definitivamente percebeu isso.

Tempos depois, Taylor contou à *Vogue* o porquê do seu silêncio político. Ela explicou que, no verão anterior às eleições, "todos diziam 'Ela é calculista, manipuladora. Ela não é o que parece. É uma cobra, uma mentirosa'". Esses eram, de acordo com ela, "exatamente os mesmos insultos com que atacavam Hillary", então no fim "eu seria um apoio ou um fardo?". Taylor imaginou as pessoas pensando que "essas cobras são farinha do mesmo saco", "duas mentirosas" e "duas mulheres sórdidas", o que poderia se tornar um motivo para não votar na candidata dos democratas. "Milhões de pessoas estavam dizendo que eu deveria sumir, e foi o que eu fiz, de várias formas."

As celebridades se acostumam a uma exaltação praticamente universal, e quando esses elogios começam a ser maculados por críticas, pode parecer que a reprovação é tão grande quando a aprovação. Foi a partir desse sentimento que surgiu o sexto álbum de Taylor. Ele foi gravado em dois estúdios em Los Angeles e em outros em Estocolmo, Nova York, Portland e Atlanta. Para ela, esse trabalho era mais do que um álbum: era como se estivesse escrevendo *Reputation* tanto como um "mecanismo de defesa" contra os ataques midiáticos quanto como uma forma de processar a dor psicológica causada por eles. Um dos produtores, Jack Antonoff, declarou à *Entertainment Weekly* que queria capturar o momento que ela estava vivendo ao enfrentar as críticas do público. Ele queria traduzir musicalmente como "ao longo de um dia (às vezes, de dois minutos) você pode se achar capaz de conquistar o mundo ou se sentir o pior lixo sobre a face da terra".

O álbum certamente refletiria isso. A campanha de marketing seria diferente de tudo o que ela já fizera antes. Em 18 agosto de 2017, Swift de repente desapareceu da internet. Sumiu das suas contas no Facebook, Twitter, Instagram e Tumblr, deletou todas as suas postagens das redes sociais, parou de seguir a todos e deixou suas contas sem conteúdo algum.

No entanto, o que estava em andamento não era uma mera limpeza. Taylor também estava apagando cada pedaço da imagem que ela e a sua equipe arduamente tinham construído desde os seus 11 anos de idade. "Percebi que precisava reestruturar a minha vida, pois ela parecia completamente fora de controle", explicou. "Logo soube que precisava compor sobre isso, pois sabia que era a única forma de sobreviver. Era o único jeito de preservar a minha saúde mental e contar a história de como é passar por uma situação tão humilhante."

Houve certo mal-entendido devido à sombria campanha publicitária inicial nas redes sociais, com vídeos melancólicos, silenciosos e em preto e branco de cobras feitas com CGI. "Assim que foi lançado, todos acharam que o álbum só expressaria raiva", disse ela à *Entertainment Weekly*, mas "ao ouvirem *Reputation*, perceberam que o álbum é na verdade sobre amor, amizade e um momento de descoberta de prioridades".

Outra mudança foi sua decisão de não dar entrevistas promocionais para a divulgação de *Reputation*. Mais tarde, ao conversar com Zane Lowe para o *Beats 1*, da Apple Music, ela explicou o porquê. "Logo no início do desenvolvimento do álbum, fiquei muito orgulhosa ao elaborar a frase 'Não haverá explicação, só *reputação*'. E foi minha decisão sobre o álbum inteiro", explicou. "Eu persisti nessa ideia. Não voltei atrás. Não tentei explicar, porque não achei que devia isso a ninguém."

O título da primeira faixa era "...Ready For It?". E poucos eram os que estavam preparados. Trazendo vida com melodias electropop, sintetizadores audaciosos e um ritmo acelerado, os versos não se pareciam em nada com o que ela fizera até então. O ruído quase industrial diminui um pouco durante o refrão, mas logo retorna com a redução das batidas na ponte seguinte. "End Game", parceria com Ed Sheeran, foi outra faixa polêmica do álbum. Os versos desarticulados e as batidas de rap-trap confundiram muitos fãs. Contudo, o estilo emocionalmente acessível e astuciosamente consciente de si é um território conhecido para Swift, mesmo quando a música não soa tão "ela".

A terceira faixa, "I Did Something Bad", era mais coesa. O seu tom impenitente carrega um rancor muito familiar para os fãs. A frase de abertura, na qual ela declara que nunca confia em narcisistas, mas eles a amam, era marca registrada da ousadia da cantora. Também trazia a letra mais explícita até o momento, quando diz que se um homem fala merda, ela não lhe deve nada. Musicalmente, a faixa tem nuances de "We Are Never Ever Getting Back Together".

"Don't Blame Me" começa com uma aura quase gospel, mas o refrão fica mais ameaçador, finalizado com a comparação do amor como uma droga que ela vai usar pelo resto da vida. "Delicate" revela a primeira referência explícita à temática do álbum, quando ela admite que a sua reputação "nunca esteve pior". A música é suave, mas a mensagem é clara: Taylor está brincando com a percepção do público sobre ela.

"Look What You Made Me Do" desenvolve o tema de "Don't Blame Me". Aqui, Swift se recusa a ser responsabilizada pelo problema. Abordando vários episódios que mancharam a sua reputação, com uma melodia electroclash, pop-dance e electropop, a faixa conta que Taylor tem uma lista de nomes, e o do destinatário está sublinhado de vermelho. O tom de pesadelo nunca fora visto tão diretamente em suas músicas. E fez "Bad Blood" parecer uma canção de ninar. Da mesma forma, enquanto "Blank Space" era uma autocrítica divertida e alegre, o estilo aqui é mais sombrio.

Em "Look What You Made Me Do", ela declara que "a velha Taylor está morta", e acrescenta que não confia em ninguém, e que ninguém confia nela. Quem quer que pensasse que ela tinha transformado a sua antiga imagem com o álbum *1989* ainda não tinha visto nada. Aqui, ela estava realmente rejeitando a persona positiva que a levara ao topo do pop em prol de uma essência nova e ousada, com uma personagem mais abertamente vingativa.

Ela contou que, no seu sexto álbum, a "divisão" entre explorar a "vingança" e descobrir "algo sagrado em meio aos gritos de guerra" foi influenciada pela série *Game of Thrones*. "Look What You Made Me Do" é como a "lista de assassinatos" de Arya Stark, disse ela à *Entertainment Weekly*. Nessa faixa, Swift se apresenta de forma mais sombria: até mesmo sua marca registrada (os lábios vermelhos) tinha dado lugar à cor preta. Ela disse que foi "interessante", pois ela "nunca tinha feito um álbum que só foi completamente entendido após ser visto ao vivo".

Dizer que a "velha Taylor" não poderia atender ao telefone porque "está morta" foi um símbolo poderoso da sua mudança de imagem. Para alguns observadores ingleses, lembrou assustadoramente uma piada similar feita por Amy Winehouse. Ao aparecer no programar popular *Never Mind the Buzzcocks*, Winehouse fora questionada sobre o que acontecera à versão mais altiva e saudável de si mesma que ela apresentara nos anos anteriores. "Ela morreu!", brincou Amy, apesar de a piada não ter sido tão engraçada no fim das contas. Nem todos gostaram da faixa. "As músicas nas quais Swift se inspirou são superiores a 'Look What You Made Me Do'", afirmou o *Guardian*.

Outras faixas de destaque incluem "This Is Why We Can't Have Nice Things" (uma canção irmã de "Look What You Made Me Do") e "Call It What You Want", que é o momento em *Reputation* que mais lembra a antiga Taylor. O tom muda por completo em "New Year's Day": uma melodia no piano traz uma atmosfera minimalista e acolhedora. Sentimental e emotiva, ela mostra uma Taylor bem diferente da versão sombria e desafiadora das faixas anteriores. A festa de Ano-Novo é usada como metáfora para os seus amigos e as memórias que compartilham. Taylor pede a eles que nunca se afastem, nostálgica por um momento, mesmo que esse momento ainda esteja acontecendo. É uma faixa muito mais fácil de inspirar identificação nos ouvintes: remete à pessoa com quem você pode contar quando a festa acaba e é preciso voltar para a realidade.

O álbum provocou uma miscelânia de reações mais interessantes do que todos os seus trabalhos anteriores. É uma "grande explosão, atrevida e violenta de um pop cheio de munição", que "luta com a vulnerabilidade do coração humano à medida que ele é afrontado pela fama do século XXI", enunciou o *Daily Telegraph*. E acrescentou que "seja lá pelo que for que Swift seja conhecida, ela merece a reputação de um talento musical genuíno".

Reputation "mostra um lado mais sombrio e profundo da gênia do pop", enalteceu a *Rolling Stone*, enquanto a *Entertainment Weekly* disse que o álbum mostrava que ela "não era mais a queridinha da América". A *NME* achou que foi um "sexto álbum estimulante e robusto" e sugeriu aos leitores que, "se você já quis se vingar de alguém", esse é um "álbum com o qual vai se identificar". A revista *Relatable* declarou que era um "álbum sóbrio e raivoso" sobre "vingança e traição".

A obra também teve seus críticos. *Consequence* disparou que foi um "desastre absurdo" e acrescentou que "parte do charme de *Reputation* está no peso do seu fracasso", onde "cada gesto parece tão pobre, cada decisão, tão infeliz, e grande parte desses erros era evitável". *Cinquemani* disse que o álbum estava corrompido por "truques de edição cansativos e repetitivos".

Não era a primeira vez que, enquanto tudo parecia ter mudado em suas músicas, de certa forma as coisas permaneciam iguais: Taylor continuava expressando os seus pensamentos e sentimentos abertamente, documentando a realidade da sua vida e como se sentia em relação aos seus altos e baixos. O motivo de parecer tão diferente era que a sua vida tinha mudado.

Taylor promoveu o álbum em uma nova turnê, na qual um total de 2.888.922 fãs lotaram estádios para ver os shows, e ela faturou respeitáveis 345,7 milhões de dólares. A decoração do estágio incluía a sua então vigente imagem de "cobra". Juntamente à subcultura gótica e teatralidade audaciosa, as serpentes estavam por todo lado na turnê, desde um microfone customizado ao cenário com víboras gigantes. A iconografia estava longe de sutil, e realmente não era essa a intenção.

Na metade do show de abertura, em Glendale, Arizona, ela disse à audiência: "Talvez vocês estejam se perguntando por que tem tantas cobras por todo lado." Então, embarcou em uma espécie de discurso sobre essa fixação por serpentes. "Há alguns anos, alguém me chamou de cobra nas redes sociais, e isso pegou", contou aos fãs. "E muita gente me chamou de muitos nomes na internet. Passei por períodos difíceis por conta disso."

Ela acrescentou que o objetivo das cobras era mandar um recado aos fãs: "se alguém o intimida com xingamentos nas redes sociais, mesmo que muita gente embarque nessa ideia, isso não precisa ser o seu fim, porque, por outro lado, é algo que também pode fortalecer você". Então, voltou-se para o tema do álbum que dava o tom da noite: reputação. Ela contou que a lição que aprendera com as dificuldades e tribulações recentes era o que ela já vinha cantando no palco "por mais de dez anos, mas nunca achei que precisaria aprender isso de forma tão incisiva".

"Essa lição tem a ver com o quanto valorizamos nossa reputação", disse ela. "E acho que o aprendizado que fica é que ninguém deveria se importar tanto ao se sentir incompreendido por pessoas que nem o conhecem, desde que se sinta compreendido por aquelas que realmente sabem que você é, que o apoiam e o veem como um ser humano." Taylor disse que, para ela, essas pessoas incluíam os seus fãs. Mais uma vez, as suas palavras transformaram magicamente um estádio enorme e lotado em um ambiente mais fechado e intimista.

Ironicamente, depois de uma breve dúvida, o álbum mais sombrio de Swift na verdade a iluminou no exato momento em que ela o levou para os palcos. "Ao longo da turnê de *Reputation*, a minha vida pareceu diferente", disse ela. "Devo aos fãs pelo completo renascimento da exuberância e da empolgação com a música e com a criação delas." Taylor percebeu que eles a viam como um "ser humano feito de carne e osso", o que trouxe um sentimento de "humanização" para a sua vida. Com o segundo álbum consecutivo, fazer os shows a fortaleceu emocionalmente. Ela disse que foi libertador renunciar ao título de "queridinha da América" e à pressão de estar "sempre sorrindo, sempre feliz" que o acompanha.

Ela abraçou a chance de ser mais aberta e sincera. Desde que os fãs tinham se debruçado sobre a letra da faixa "Bad Blood", do álbum *1989*, havia rumores de que Taylor e Katy Perry estariam brigadas. Sem dizer nomes, Taylor confirmou que a música era sobre uma outra mulher da cena pop. "Por anos, nunca tive certeza se éramos amigas", contou ela em entrevista. "Ela falava comigo em premiações, dizia alguma coisa e saía andando, e eu ficava pensando: 'Será que somos amigas? Ou ela acabou de me dizer o maior insulto que já recebi na vida?"

Contudo, foi só em 2017 que uma das duas abordou o assunto em uma entrevista. Durante uma participação no *Late Late Show with James Corden*, Perry rompeu o silêncio e confirmou que realmente tinha um relacionamento abaixo do ideal com Swift. "Sinceramente, foi ela que começou, e está na hora de ela pôr um fim nisso", Katy pontuou em relação ao desentendimento que começou como uma briga por dançarinos de apoio. Depois, ela declarou ter procurado Taylor para conversar, mas sua tentativa foi em vão. "Foi um gelo completo, e aí ela escreve uma música sobre mim, e fico pensando: 'Tá legal, é assim que você quer lidar com a situação? Carma!'" Tudo muito diferente de 2009, quando as duas trocaram elogios no Twitter e Katy chegara até a sugerir uma parceria em uma música.

No entanto, Swift estava se saindo bem sozinha: *Reputation* vendeu dois milhões de cópias no mundo na semana do seu lançamento, mais do que todos os outros 199 álbuns nas paradas juntos. Foi o álbum mais vendido de uma cantora em 2017, com mais de 4,5 milhões de cópias, e foi indicado a Melhor Álbum Pop no Grammy. Então, chegando três anos e muito drama depois do álbum anterior, *Reputation* talvez tenha sido o retorno mais bem-sucedido da história do pop. Ele também foi um triunfo pessoal. Taylor provara a si mesma que conseguia sair de períodos difíceis e transformá-los em criatividade.

Enquanto isso, ela embarcou no que seria seu relacionamento mais longo. O ator Joe Alwyn não era exatamente um par adequado para uma estrela com tanto destaque quanto Taylor Swift, pois, apesar de ser um ator britânico bem-sucedido, a sua filosofia era manter a vida particular o mais privada possível. "Não é [porque] realmente quero uma vida reclusa e privada, é mais uma resposta a algo", disse o tímido ator à revista *Elle*. "Vivemos em uma cultura cada vez mais invasiva... Quanto mais você dá, e, sinceramente, mesmo quando você não dá nada, algo será levado."

Claro que seria preciso um milagre para alguém namorar Taylor e passar despercebido. Os rumores de um relacionamento começaram em outubro de 2016, quando ambos foram ao show da banda Kings of Leon. Um mês depois, Swift foi vista na estreia do filme de Alwyn, *A longa caminhada de Billy Lynn*, mas só em maio de 2017 foi revelada a notícia do relacionamento, quando uma fonte próxima a eles vazou informações para o jornal *The Sun*. Em dezembro, Alwyn foi visto durante uma apresentação de Taylor no iHeartRadio's Jingle Ball, na cidade de Nova York.

Um tempo depois, em 8 de maio de 2018, na noite de estreia da turnê de *Reputation* em Glendale, Arizona, várias pessoas da plateia avistaram Alwyn, apesar de ele estar usando um boné de beisebol para esconder o rosto. Quando Swift cantou a música "Gorgeous", que supostamente é sobre ele, alguns Swifties perceberam que ela apontou para ele no meio da multidão, enquanto Alwyn gravava o momento com o celular. Na opinião dos fãs, isso oficializava a relação. Eles logo passaram a olhá-lo com simpatia, "shippando" (ou aprovando) o casal.

Taylor quis conhecer melhor Joe e até se mudou para Londres para ficar com ele. Desde o início do relacionamento, parecia que ela estava levando o namoro mais a sério. Swift declarou que *Reputation* pretendia falar sobre buscar o amor em meio ao caos e que esperava ter conseguido isso.

Apesar de toda a crítica pública que ela estava enfrentando, Taylor mostrou ao longo desse episódio da sua vida que era capaz de transformar qualquer negatividade em arte. Se *Red* fora um álbum de evolução e *1989* fora um mergulho de cabeça no pop, *Reputation* estava a milhares de quilômetros de distância da menina despreocupada que cantava country na adolescência.

Nessa era, Swift fugira dos holofotes. Era menos provável que fosse vista em premiações e fotografada por paparazzis. Suas postagens nas redes sociais rarearam, e ela quase não dava entrevistas. Mesmo quando foi a estrela da capa da *Vogue* e da *Harper's Bazaar* na Inglaterra, o conteúdo referente a ela foi um poema para a *Vogue* e Taylor entrevistando a estrela da década de 1960 Pattie Boyd para a *Harper's*.

Era quase como se, ao fugir do olhar público, de alguma forma Swift estivesse pressentindo que uma enorme tempestade viria em sua direção. E vinha mesmo. Quando mudou de gravadora, era para ser um momento de celebração. Mas em vez disso a mudança a lançou na maior polêmica de sua vida até então.

Capítulo 11

O maior desafio de Taylor começou em novembro de 2018, ao assinar um contrato de gravação com a Republic Records e a Universal Records depois do fim do seu contrato com a Big Machine. Republic/Universal ofereceram um acordo que lhe daria o direito sobre todas as suas *masters* (que são as gravações das músicas a partir das quais são feitas todas as cópias), algo que a sua primeira gravadora não havia feito. Essa possibilidade deixou Taylor empolgada, mas no verão seguinte o mundo desabou quando o empresário norte-americano Scooter Braun comprou a Big Machine do fundador Scott Borchetta pelo exorbitante valor de 330 milhões de dólares, financiado por várias empresas de *private equity*.

Por ter assinado com Swift quando ela tinha apenas 15 anos, Scott Borchetta ajudou a conduzi-la de uma cantora de country inexperiente a uma gigante da música mundial. Swift falara de uma relação próxima entre os dois, chegando até a achar que Borchetta a considerava "a filha que nunca teve".

Então, foi muito doloroso para ela quando ele vendeu a Big Machine para a Ithaca Holdings, um miniconglomerado de empresas de mídia e tecnologia pertencente a Braun, um homem visto por Swift como inimigo mortal. Era compreensível que ela se sentisse traída. Swift já acusara Braun de praticar bullying contra ela e declarara que essa venda foi "a pior coisa que poderia ter acontecido".

Taylor disse que ficou sabendo desse acordo no mesmo dia que o resto do mundo; uma declaração poderosa que foi logo acolhida pelos fãs. Ao escrever no Tumblr, ela afirmou: "Isso é o que acontece quando você assina um contrato aos 15 anos com alguém para quem o termo 'lealdade' é claramente um mero conceito contratual. E quando esse homem diz que 'A música tem valor', significa que esse valor está atrelado a homens que não participaram de sua criação." Ela acrescentou que "sempre que Scott Borchetta ouviu as palavras 'Scooter Braun' saírem dos meus lábios, eu estava chorando ou tentando não chorar".

Ela contou que Braun foi responsável por um "bullying incessante e manipulador", referindo-se ao incidente no qual a então esposa de Kanye West, Kim Kardashian, vazou o áudio de uma ligação entre Swift e West. A polêmica envolvendo West era central nas tensões entre Taylor e Scooter Braun, visto que o empresário pop gerenciou a carreira de West em alguns períodos desde 2015, e as relações entre Swift e West ainda estavam prejudicadas depois do comportamento dele no VMAs e do controverso lançamento de "Famous".

As tensões pioraram quando Taylor percebeu que Justin Bieber, cliente que trouxe fama a Braun, postou uma foto no Instagram na qual estava em uma chamada de FaceTime com três homens, Braun e West entre eles. A sua legenda foi: "E aí, Taylor Swift." Taylor usou essa imagem em um post do Tumblr, desenhando um círculo vermelho ao redor do rosto de Braun, com a mensagem: "Este é Scooter Braun me intimidando nas redes sociais quando eu estava no meu pior momento. Ele está prestes a comprar todas as músicas que eu já fiz."

Posteriormente, Bieber postou no Instagram uma foto antiga dele e da cantora, desculpando-se pelas suas ações "ofensivas e injustas" em 2016. Porém, não foi tão conciliatório ao abordar o desentendimento entre Taylor e Braun. Ele acusou Swift de incentivar os fãs a coagirem o empresário. "Levar o assunto para as redes sociais e fazer as pessoas jogarem hate em Scooter não é justo", escreveu ele. Ainda insistiu que Braun não participara da piada "E aí, Taylor" de três anos antes, e que ele ainda aconselhara Bieber a não se comportar daquele jeito. Bieber escreveu: "Scooter apoia você desde a época em que você me chamou para abrir o seu show!" E continuou: "Qual era a sua intenção ao postar aquilo? Para mim, parece que foi para sensibilizar as pessoas. Você também sabia que, com a sua postagem, os seus fãs iriam atormentar Scooter."

A ideia de uma oposição orquestrada pelo time de Braun para incrementar o apoio a ele ganhou mais força quando Demi Lovato, outra de suas clientes, também saiu em sua defesa. "Já lidei com pessoas ruins nesta indústria, e Scooter não é uma delas", escreveu Demi nos stories do Instagram. "Sou grata por ele ter aparecido na minha vida. Por favor, parem de humilhar e coagir as pessoas. Já existe ódio o suficiente no mundo."

A então esposa de Braun, Yael, deu sua opinião, dizendo a Taylor: "Você teve a oportunidade de comprar suas *masters* e a deixou passar. É curioso que o homem que você acha tão repugnante tenha acreditado mais em você do que você mesma." Ela também foi igualmente direta e desdenhosa ao rejeitar as acusações de bullying de Taylor, afirmando: "O mundo viu enquanto você fazia amigos e os abandonava como se fossem flores murchas. O meu marido não pratica bullying."

Contudo, os críticos de Braun também se envolveram. O youtuber, cantor e ator Todrick Hall postou a sua opinião sobre o assunto ao tuitar que se afastara de Braun "há muito tempo". Ele declarou ficar "triste" mas "não chocado" com as alegações de Taylor. Afirmou que Braun era "uma pessoa cruel, cuja única preocupação era a própria fortuna e alimentar seu ego doentio", e acrescentou: "Ouvi dos seus próprios lábios que ele não é fã de Taylor Swift."

Em seu post no Tumblr, Taylor alegou que Braun "roubara" o trabalho de toda a sua vida, sem lhe dar "a oportunidade de comprá-lo". Acrescentou que o seu "legado musical estava prestes a pertencer a alguém que tentara destruí-lo". Taylor escreveu ainda que estava feliz por ter "assinado com uma gravadora que acredita que eu devo ter os direitos sobre tudo o que eu criar" e pediu que os artistas fossem donos das próprias músicas. Declarou esperar que a próxima geração de músicos e compositores "leia isso e aprenda a se proteger melhor em uma negociação".

Swift sabia que era o foco da compra da Big Machine, pois o seu material era uma parte crítica do contrato original. Apesar de a Big Machine também ser a gravadora de outros artistas de sucesso como Sheryl Crow, Lady Antebellum e Rascal Flatts, o catálogo de Taylor consistia em oitenta por cento dos lucros da gravadora na época da venda. A *master* é a primeira gravação de uma música, a partir da qual são feitas as cópias para a venda e a distribuição. Portanto, quem tem posse sobre elas detém os direitos autorais sobre todos os formatos. Isso significa que os originais de Swift eram um ativo essencial nessa transação.

Àquela altura, a história ganhara as manchetes da mídia, e o antigo chefe da gravadora deu uma declaração. Borchetta foi rápido em sua refutação, negando que o acordo fora uma surpresa para Taylor. "Duvido que ela tenha descoberto junto com todo mundo...", escreveu ele. "Taylor teve todas as oportunidades do mundo de comprar os direitos não só de suas *masters*, mas de todos os vídeos, todas as fotos, tudo associado à sua carreira. Ela escolheu deixar como estava."

Então mostrou mensagens que trocou com ela sobre o acordo, e acrescentou que Braun era um grande apoiador do trabalho de Swift, embora ela tivesse se recusado a se apresentar no show *Manchester One Love* e na parada de *Parkland*: "Scooter sempre foi favorável a Taylor. Ele me ligou para falar especificamente sobre Manchester, para convidá-la para uma participação. Ela recusou."

As palavras dele foram bastante solidárias a Braun e pareciam destinadas a lançar Taylor sob uma ótica negativa. "Scooter sempre foi e continuará sendo um apoiador e sincero guardião de Taylor e de sua música", disse ele. Braun e Borchetta negaram qualquer intenção de fazer o mal de sua parte.

Quando Taylor declarou que regravaria os álbuns antigos, oferecendo aos fãs uma forma de comprar as músicas nos termos dela após a expiração do seu contrato com a Big Machine, tudo se complicou ainda mais.

Durante uma entrevista ao *Good Morning America*, a correspondente Tracy Smith perguntou se ela estava planejando fazer novas versões de todos os álbuns. "Ah, sim", respondeu Swift. "Esse é o plano?", questionou Smith. "Sim, definitivamente", afirmou ela. "Vou estar ocupada."

Taylor declarou que Borchetta e Braun a haviam informado no AMA que ela não poderia cantar na premiação as músicas das quais eles eram os detentores, a não ser que ela abandonasse o plano de regravar os álbuns. Ela estava ansiosa para apresentar seu trabalho na premiação, pois na ocasião seria nomeada a nada menos que Artista da Década. Também alegou que os dois empresários lhe disseram que não poderia usar seu antigo material no iminente documentário da Netflix. "Para mim, a mensagem era muito clara", escreveu nas suas redes. "Era basicamente: seja uma boa menina e cale a boca ou será punida." Ela declarou que não estavam falando de qualquer música, mas de canções que "escrevi no chão do meu quarto, e vídeos com os quais sonhei e pelos quais paguei com dinheiro que ganhei tocando em bares, clubes, arenas e estádios".

Havia precedentes desse tipo de disputa. Em 2012, durante uma briga épica com a Universal por conta dos valores dos royalties digitais, a banda Def Leppard proibiu a gravadora de usar a sua música de qualquer outra forma que não o seu formato físico e começou a gravar "falsificações" dos seus antigos hits — sobre os quais teriam setenta por cento do lucro — para usar em downloads e serviços de streaming. Antes disso, a banda britânica Squeeze lançou regravações de suas músicas antigas, como o álbum *Spot the Difference*. Mais uma vez, disputavam contra a Universal.

Em geral, esse tipo de disputa é resolvido em sigilo, com advogados tediosamente inspecionando contratos e leis maçantes até encontrarem uma solução. Porém, a batalha entre Taylor e Scooter Braun se desenrolou diante do mundo inteiro. Todas as vezes que Swift falava sobre o assunto nas suas redes sociais, alcançava instantaneamente 85 milhões de seguidores, muitos dos quais compartilhavam as suas palavras no mesmo instante, ajudando-as a chegar a outros milhões.

A hashtag #IStandWithTaylor [#EuApoioaTaylor] virou *trending topic* no Twitter, e Swift mostrou que o mundo corporativo não a intimidava.

Não demorou muito para que Braun e Borchetta fossem bombardeados com ameaças de morte. Eles recuaram quanto à polêmica do AMA, mas a declaração que deram não abordou pontos específicos quanto ao documentário da Netflix. A polêmica se estendeu até a sexta-feira anterior à premiação, quando Braun postou uma carta aberta a Taylor, expondo as alegações de ameaças de morte que a sua família sofrera por parte dos Swifties. Pediu que Taylor pedisse aos fãs que parassem de ameaçar Scooter e sua família, de acordo com o *US Sun*.

No AMA, a cantora chegou com um figurino e tanto para apresentar um medley dos seus maiores hits e celebrar a sua coroação como Artista da Década. A sua camiseta branca simples exibia os títulos dos seus álbuns anteriores: *Taylor Swift, Fearless, Speak Now, Red, 1989* e *Reputation*, o que inevitavelmente foi interpretado como uma alfinetada nada sutil na Big Machine, ainda mais porque a roupa não incluía o seu álbum mais recente, *Lover*, que não pertencia à gravadora. Alguns acharam o estilo parecido com um uniforme penitenciário, comparando a sua atitude a quando Prince apareceu com a palavra *SLAVE* no rosto no BRIT Awards de 1995, em protesto à sua gravadora, Warner, que possuía os direitos sobre o seu nome e sobre todas as músicas que ele assim lançasse.

Quando recebeu o prêmio de Artista da Década, Taylor fez um discurso cheio de indiretas. "É verdade que no último ano tive as experiências mais incríveis e as mais difíceis, e muitas delas nem vieram a público", informou. "Quero agradecer a vocês por serem a única constante na minha vida. Essa indústria é muito estranha." Em abril de 2020, Taylor repudiou um álbum ao vivo lançado com o nome dela, apontando-o como "ganância sem vergonha" e de mau gosto. O álbum, *Live from Clear Channel Stripped 2008*, gravado durante a era *Fearless*, quando Taylor tinha 18 anos, foi lançado pela Big Machine.

No Instagram, ela deixou claro o seu posicionamento. "Esse lançamento não foi aprovado por mim. Tenho a impressão de que Scooter Braun e os seus apoiadores financeiros, a 23 Capital, Alex Soros, a família Soros e o Carlyle Group, viram o balanço patrimonial e perceberam que pagar 330 milhões de dólares não era exatamente uma escolha sábia, e eles precisam de dinheiro." Acrescentou: "Esse para mim é só mais um caso de ganância sem vergonha em tempos de coronavírus. É de extremo mau gosto, mas bastante transparente."

Em outubro de 2020, Braun vendeu as *masters* dos primeiros seis álbuns de Swift à firma de investimentos da família Disney, a Shamrock Holdings. O acordo, no valor de 405 milhões de dólares, foi visto como uma grande vitória para Braun, que teve um lucro generoso em cima do seu investimento inicial. Taylor não ficou nada feliz. Ela disse que as gravações originais "não estavam à venda para mim".

"Essa foi a segunda vez que a minha música foi vendida sem o meu conhecimento", alegou ela. "A carta me informou que eles queriam falar comigo antes de finalizar a compra para me informar, mas Scooter Braun pediu que não fizessem contato comigo nem com a minha equipe ou o acordo seria cancelado." A declaração afirmava que Braun continuaria a lucrar com a obra dela "por muitos anos".

Ao olhar para trás, Braun admite ter arrependimentos quanto a essa polêmica. "Aprendi uma lição importante com tudo isso", confessou. Ele admitiu que tinha certas hipóteses de como o caso iria se desenrolar. "O meu arrependimento é ter presumido que, assim que o acordo fosse fechado, todos conversariam comigo, avaliariam a minha intenção e o meu caráter e diriam: 'Ótimo, vamos trabalhar juntos.' Esperei isso de pessoas que não conhecia, e aprendi... que não posso agir assim de novo." Ele reconheceu que Swift "provavelmente achou a situação injusta" e acrescentou que "desejava o melhor a todos os envolvidos".

Já Taylor contou à *Variety* que estava com a consciência tranquila. "Bem, eu durmo muito bem à noite, pois sei que estou certa e que daqui a dez anos terá sido positivo eu ter me manifestado quanto aos direitos dos artistas sobre a sua arte, sei que levantamos questões como: será que contratos de gravação deveriam ter um tempo de duração menor? Ou: como estamos ajudando os artistas se não damos a eles o direito de serem os primeiros a vetar a compra da sua obra, se assim desejarem?"

Ao se posicionar em favor de si mesma e da sua música, ela encontrou a força para ser mais sincera sobre questões maiores. No passado, ela fora uma celebridade apolítica, mas em maio de 2020 Swift opinou sobre uma das questões mais acaloradas da época. Nesse ano, George Floyd, um homem negro, foi assassinado por um policial em Mineápolis, Minnesota, após ser detido porque um caixa de loja suspeitou que Floyd havia usado uma nota de vinte dólares falsa para fazer uma compra.

Enquanto Mineápolis e outras cidades dos Estados Unidos fervilhavam com a morte de Floyd, Donald Trump fez ameaças on-line, dizendo: "Quando começa a pilhagem, logo vem o tiroteio." Alguns, incluindo a Taylor do passado, teriam cautelosamente evitado se envolver em um debate tão polêmico, mas a Taylor de 2020 era diferente. "Depois de atiçar o fogo da supremacia branca e do racismo durante todo o seu mandato, você tem a audácia de dissimular superioridade moral e ameaçar com violência?", escreveu ela em um tuíte para Trump. "Vamos vencer você nas urnas em novembro", prometeu.

O tuíte logo atraiu milhares de curtidas e compartilhamentos. Em algumas horas, foi curtido mais de 800 mil vezes e retuitado mais de 200 mil. Foi um desabafo notável devido ao seu impacto direto. Ela não entrou cautelosamente na esfera política; em vez disso, veio com artilharia pesada para uma das batalhas culturais mais intensas da época, evitada por muitas celebridades. Mas Swift entrou de cabeça, referindo-se até à "supremacia branca", um termo que muitos dos maiores críticos de Trump tinham medo de usar contra o republicano.

A mensagem dela também trouxe um fim abrupto à ideia de que ela era uma espécie de simpatizante de Trump. Como acontece com muitos cantores de country, presumiu-se que Taylor fosse republicana. Em 2017, o *Guardian* apontara que as músicas de Swift "ecoam a obsessão do Sr. Trump com vinganças mesquinhas em suas recorrentes referências às brigas com outras celebridades", acrescentando que ela parecia "não só um produto do período Trump, mas uma emissária musical dos valores do presidente". Esses argumentos pareciam um exagero, para dizer o mínimo, mas o fato de aparecerem no editorial de um respeitado jornal de circulação nacional mostrou que havia quem acreditasse neles.

Taylor também se manifestou no Twitter quando vieram à tona cenas do assassinato de Ahmaud Arbery pelas mãos de um ex-policial branco e seu filho, enquanto Arbery fazia uma corrida ao ar livre. "Estou totalmente arrasada e horrorizada com esse assassinato absurdo, a sangue-frio e motivado por racismo", escreveu. Então, em junho de 2020, ela se pronunciou novamente. No Twitter, exprimiu que a "injustiça racial está profundamente arraigada nos governos locais e estaduais, e mudanças PRECISAM ocorrer". Taylor acrescentou que, para alcançar o grau de transformação necessária, os Estados Unidos "precisam eleger pessoas capazes de lutar contra a violência policial e o racismo de todos os tipos". Para apoiar essa declaração, ela compartilhou o link de um artigo escrito por Barack Obama, no qual o ex-presidente dos Estados Unidos argumentava sobre a mesma questão.

Parte dessa jornada ficou evidente no documentário *Miss Americana*, lançado pela Netflix em 2020, no qual as câmeras seguiram Swift ao longo das turnês de 2018 e 2019 e ela falou sobre a vida e a carreira. Em uma cena, Taylor é informada de que poderia haver alguns problemas com a mídia se ela declarasse o voto em um candidato democrata nas eleições do Tennessee. "No passado relutei em expressar publicamente as minhas opiniões políticas, mas, devido a inúmeros acontecimentos na minha vida e no mundo nos últimos dois anos, penso muito diferente sobre isso agora", escreveu ela na época. Também acrescentou que acredita "na luta pelos direitos LGBTQ", e denunciou a discriminação com base em gênero e raça.

No documentário, Taylor é alertada de que poderia perder fãs e gerar notícias de que estava se opondo a Trump. "Não me importo se escreverem isso!", declarou ela, complementando estar triste por não ter se posicionado nas eleições de 2016, mas que nada poderia ser feito em relação a isso agora. "Estou dizendo neste exato momento que sei que isso é o certo... preciso estar do lado certo da história", afirmou. "Se eu ficar malvista por dizer 'Não coloquem um racista homofóbico na presidência', então, serei malvista. Não me importo."

Sua postura cautelosa no passado pode ser explicada em parte pela comunidade musical da qual surgiu. Para muitas pessoas, qualquer artista envolvido com a música country é logo ligado aos republicanos e às ideias mais conservadoras. Essa suposição só se sustenta até certo ponto. De acordo com os arquivos da comissão federal eleitoral, em 2020 Tim McGraw e Faith Hill fizeram doações para a campanha presidencial do candidato democrata Joe Biden.

The Chicks, anteriormente Dixie Chicks, se pronunciaram contra George Bush durante a Guerra do Iraque, iniciada em 2003, e posteriormente se apresentaram em um evento do Partido Democrata. Na verdade, quando surgiu, a música country tinha forte conexão com movimentos sindicais e com as lutas pela justiça social.

O country tem as suas raízes na música dos negros, mas seus artistas são hoje quase majoritariamente brancos. Também é um dos gêneros que menos se apoia em protestos. Suas músicas abordam uma variedade de temas, mas falar a verdade como forma de empoderamento raramente foi um deles. Esse cenário começou a mudar, e Taylor foi apenas uma parte disso. Em 2020, a CMT, antiga Country Music Television, uniu-se a outros canais nas redes sociais para apoiar o movimento Black Lives Matter e condenou a violência policial. A emissora também se juntou a um apagão coletivo de oito minutos e 46 segundos para simbolizar quanto tempo o policial ficou ajoelhado pressionando o pescoço de Floyd. Dolly Parton disse à *Billboard* que "é claro que vidas negras importam", e complementou: "Será que estamos achando que só as nossas bundinhas brancas importam? Não!"

No entanto, a imagem de que a música country é conservadora não é nada injustificada. A pesquisa Gallup conduzida durante os governos de George Bush apontou que sessenta por cento dos fãs do estilo se identificavam como republicanos, e a retaliação que as Chicks sofreram do mundo country por se posicionarem contra Bush foi cruel.

Enquanto isso, as engrenagens da carreira de Taylor continuavam a girar. Ela participou da adaptação do musical *Cats*, de Andrew Lloyd Webber, para o cinema em 2019, o que se provou uma experiência agridoce. No que foi pouco mais que uma "ponta", ela apareceu como Bombalurina, uma astuta gata de bengala laranja, já passada uma hora e meia de filme. A personagem é uma gata atraente, orgulhosa e travessa, que usa um característico casaco vermelho. Taylor também escreveu a letra da canção "Beautiful Ghosts", de Lloyd Webber, para a adaptação. "Sentamos ao piano e toquei uma melodia para ela", lembrou-se Lloyd Webber. "Foi uma alegria. Ela é uma verdadeira profissional. Incrível."

Fazendo alusão à dificuldade do período de filmagens, ele afirmou que "Beautiful Ghosts" foi "uma das poucas experiências agradáveis" do projeto e "provavelmente *a única* experiência agradável do projeto". O empreendimento foi um fiasco: deu um prejuízo de 113,6 milhões de dólares e foi unanimemente descrito como um dos piores filmes de todos os tempos. O *Los Angeles Times* declarou que foi "tão desconfortável aos olhos quanto possível para um espetáculo hollywoodiano"; o *Detroit News* afirmou que foi "o maior desastre da década e possivelmente do milênio até o momento"; já a *Rolling Stone* deu zero estrelas e expôs que o filme fez a audiência "clamar por misericórdia".

A faixa de Swift é cantada por outros membros do elenco — a *Vox* disse que essa "talvez seja a melhor parte" —, e ela canta a própria versão nos créditos finais. Em entrevista à *Billboard*, Taylor descreveu poeticamente essa canção de anseios, afirmando que foi "cantada por uma jovem voz que está se perguntando se terá dias de glória", que "anseia pelo pertencimento que vê os outros encontrarem" e "busca por ele, temendo nunca ter belas lembranças de dias passados para recordar na velhice".

Por mais que o filme tenha sido um fiasco amplamente ridicularizado, Swift tirou aspectos positivos da experiência. "Não vou decidir retroativamente que não foi a melhor das experiências", declarou ela. "Nunca teria conhecido Andrew Lloyd Webber ou visto como ele trabalha, e agora ele é meu parceiro. Pude trabalhar com dançarinos e artistas incríveis. Não tenho do que reclamar."

"Realmente me diverti muito em *Cats*", ela garantiu a Andrew Lloyd Webber, que a entrevistou para a revista *Vogue*. "Acho que amei a estranheza do projeto. Amei como senti que nunca teria outra oportunidade como essa na vida."

Por mais que a sua breve passagem na produção cinematográfica não tenha sido um sucesso, Taylor logo a compensaria com um novo álbum. Descrito pela própria como uma "carta de amor para o amor", o seu sétimo álbum foi a calmaria após a tempestade. Com a maior variedade de estilos que ela já tentara colocar em um disco até o momento, *Lover* trazia electropop, pop rock e synthpop, indo do country e do folk ao funk e ao pop bubblegum. Ela afirmou que o álbum era um convite para celebrar o amor em "toda a sua enlouquecedora, apaixonante, empolgante, encantadora, assustadora, trágica e maravilhosa glória".

A inspiração surgiu a partir da sensação revigorante deixada após a turnê de *Reputation*. "Dessa vez, eu me sinto mais confortável para me mostrar com coragem como alguém vulnerável, porque os meus fãs são corajosos para serem vulneráveis comigo", afirmou ela. A vontade de ser bem-sucedida permanecia, mas estava estruturada de forma mais saudável. Resumindo, ela se lembrara de que a música precisa ser divertida.

Taylor gravou o novo álbum em seis estúdios diferentes: três em Los Angeles, um em Nova York, um em Auckland e outro em Londres, com grande parte das faixas gravadas em "takes únicos". Isso significa que a emoção e a narrativa das canções foram capturadas com mais autenticidade, contou ela à *Vogue*. "Quando você se apresenta ao vivo, está narrando, entrando na história e fazendo caras e bocas, dando diferentes sentidos a uma música toda vez que a interpreta", explicou.

Lover foi seu trabalho mais ambicioso até então, e a obra mais carregada de suas opiniões. Ela escreveu "Miss Americana & the Heartbreak Prince" após as eleições de 2018, usando o ensino médio como uma metáfora para a política norte-americana. "The Man" foi inspirada nas injustiças pelas quais as mulheres passam na indústria musical, enquanto "You Need to Calm Down" se manifesta em favor dos direitos LGBTQ. Nos distanciávamos assim da sua adolescência, quando ela era orientada a não se envolver com qualquer questão remotamente política.

Swift escreveu a faixa-título sozinha ao piano, tarde da noite, em uma das suas propriedades em Nashville. Quando pareceu completa, ela a apresentou ao seu colaborador de longa data, Jack Antonoff, em um estúdio em Nova York. Eles passaram seis horas lapidando a versão final. Ela disse ao *New York Times* que a faixa estava bastante clara na sua imaginação. "Na minha mente, eu tinha a imagem das duas últimas pessoas na pista ao som de uma música lenta, às três da manhã", comentou. "Seja lá qual for o som disso."

Para Taylor, foi como se o sol tivesse saído após um longo período de trevas: em termos conceituais, ela queria que *Lover* fosse como "o assoalho de madeira de um celeiro, cortinas rasgadas balançando na brisa e campos de flores". O rosa e os tons pastel da arte da capa foram um afastamento e tanto da arte e da estética sombria e em preto e branco de *Reputation*.

Quando foi lançado em 23 de agosto de 2019, o álbum foi como uma brisa de ar fresco na esgotada cena musical. *Lover* rendeu cerca de um milhão de cópias apenas na pré-venda. Na semana do lançamento, vendeu mais do que os outros 199 álbuns nas paradas juntos, o primeiro álbum a alcançar esse número desde o lançamento anterior de Taylor: *Reputation*. Para surpresa geral, todas as 18 músicas do novo álbum figuraram na *Billboard* Hot 100, e ela ultrapassou o próprio recorde de artista feminina com mais músicas presentes simultaneamente na Hot 100.

Foi o seu sexto álbum consecutivo a estrear como número um na *Billboard* 200 dos Estados Unidos, e ficou no topo das paradas em inúmeros outros países, incluindo Austrália, Canadá, México, Reino Unido, Nova Zelândia, Letônia e Grécia. Vendeu mais 3,2 milhões de cópias no mundo só em 2019, tornando-se o álbum de artista solo mais vendido daquele ano.

Para adoçar ainda mais o lançamento, enquanto sua carta de amor para o amor voava das prateleiras, ela estava muito apaixonada. Não que fosse confortável para ela falar sobre o seu relacionamento com Joe Alwyn publicamente. "Aprendi que, se eu deixar, as pessoas acham que podem opinar, e o nosso relacionamento não está aberto à discussão alheia." Alwyn dava declarações similares sempre que o tópico surgia em entrevistas. "Sei que as pessoas querem saber desse lado das coisas", disse à *Vogue* britânica. "Acho que temos sido bem-sucedidos em ser muito reservados, e agora as pessoas entenderam isso... mas realmente prefiro falar sobre meu trabalho."

Durante outra entrevista, dessa vez com a *Total Film*, Alwyn explicou um pouco melhor sua postura. "Não acho que isso seja algo que desejo mostrar para ser analisado por pessoas que não têm nada a ver com o assunto." Porém, ele admitiu estar lisonjeado pelo fato de ela ter escrito músicas sobre ele. Ao ser perguntado pelo *Sunday Times* se ele se importava, Joe respondeu: "Não, não mesmo. Não. Vejo como um elogio."

Mas Taylor incluiu uma página de diário que fazia referência ao relacionamento na edição deluxe de *Lover*. "Estou basicamente morando em Londres, escondida, tentando nos proteger do mundo cruel que só quer destruir tudo", escreveu no diário em janeiro de 2017. "Estamos juntos há 3 meses e ninguém descobriu."

O *Telegraph* descreveu *Lover* como "electropop animado e feminista sobre o amor na juventude" e "um álbum bem compilado com músicas inteligentes, leves e rápidas". Disse que: "apesar de abordar questões políticas", "o principal assunto" de Taylor Swift "permanece o antigo clássico pop: todas as facetas do amor". A obra "abandona a fúria que consumia seu antecessor" e "opta por baladas de amor sinceras", afirmou a *Rolling Stone*. "Digamos apenas que a antiga Taylor não pode atender ao telefone agora, porque está muito ocupada escrevendo músicas que têm a ver com ela de novo", concluiu. O *New York Times* afirmou que a viu "ressurgir intacta das trevas", enquanto a *Vanity Fair* declarou que a produção unia "muitas das melhores iniciativas do pop atual".

No *Guardian*, Alexis Petridis se perguntou se Swift estaria "estagnada" com *Lover*. O álbum "oferece inúmeras evidências que Swift é apenas uma compositora melhor do que qualquer um dos seus concorrentes nos mais altos escalões do pop", escreveu, "Mas a sua abordagem de atender a todos os gostos me parece consolidação, não progresso." A revista *Slate* considerou o álbum enfraquecido pelos esforços de Taylor para agradar a sua audiência, e o *Observer* questionou se a obra foi "uma retração parcial até Swift decidir seu próximo passo".

Seu próximo passo seria muito surpreendente. Em dezembro de 2019, ela fez 30 anos. Taylor passara quase metade da vida sob o olhar público e disse que uma lição essencial que aprendeu na época em que atingiu esse marco foi que "não dá para microgerenciar a vida". Poucos meses depois, a Covid-19 mostraria a todos que é verdadeiramente impossível gerenciar a vida, mas é possível escolher as respostas que damos ao que ela nos apresenta. Enquanto uma pandemia sem precedentes no período moderno varria o globo, Taylor enxergou a possibilidade de repensar como gravava suas músicas, como as gravava e como as lançava.

Capítulo 12

Antes de impactar o mundo, a doença atingiu a amada mãe de Taylor. Em 2019, Andrea foi diagnosticada com câncer pela segunda vez, depois de ter entrado em remissão após o primeiro diagnóstico, quatro anos antes. Ao dar a notícia, Taylor confirmou que o pai, Scott, também tivera a doença. "Meus pais já tiveram câncer, e a minha mãe está lutando contra isso de novo." Ela disse que a notícia lhe trouxe uma nova perspectiva: "Tudo isso me ensinou que existem problemas de verdade, e existe todo o resto", escreveu ela à *Elle*.

Em 2020, enquanto lutava contra um câncer de mama, Andrea foi diagnosticada com um tumor no cérebro. Taylor disse que os médicos o descobriram quando a sua mãe, com 62 anos na época, estava fazendo quimioterapia. "Ela estava fazendo a quimio, que já é um processo dificílimo para qualquer um", disse Swift à *Variety*. "Durante o tratamento, eles encontraram um tumor." Ela acrescentou que "os sintomas desse tipo de câncer não são nada parecidos com o que já enfrentamos anteriormente", então " tem sido um momento muito difícil para nós enquanto família". Como em uma canção, ela se mostrava vulnerável ao se expressar e esperava que suas declarações ajudassem outras pessoas que estivessem passando pelo mesmo problema.

Taylor confirmou as especulações de que diminuíra a turnê para passar mais tempo com Andrea. Para Swift, era irracional fazer shows por nove meses enquanto a mãe enfrentava tantos desafios. "Todos amam as suas mães", comentou, pois "são todas importantes". Mas, para ela, a mãe sempre foi "uma verdadeira força motriz", porque "falo com ela antes de tomar quase todas as minhas decisões". Taylor fez homenagens musicais comoventes à mãe em várias canções, incluindo "Best Day" e "Soon You'll Get Better".

Enquanto isso, as engrenagens da carreira continuavam girando. É muito difícil sustentar esse nível de sucesso quando se opta por tantas mudanças criativas como Taylor fez. Essas transformações ficaram óbvias quando ela surgiu com o lançamento surpresa de seu novo álbum, *Folklore*. Escritas durante a quarentena da Covid-19, as músicas se combinaram como "uma coletânea de canções e histórias que fluíam como um fluxo de consciência", afirmou. A natureza mais suave das faixas refletia que uma Taylor workaholic fora forçada a desacelerar.

A pandemia da Covid trouxe desafios para gravar e produzir o álbum, mas Swift e seus dois produtores principais, Aaron Dessner e Jack Antonoff, conseguiram trabalhar juntos de forma remota. Os dois estavam em estúdios em Hudson Valley e Nova York, respectivamente, enquanto Taylor gravava os vocais em um estúdio na sua casa em Los Angeles. Ela deu ao estúdio o nome de Kitty Committee [Comitê dos bichanos] e, de lá, ela e os produtores mantinham contato, enviando arquivos musicais uns para os outros.

"Por coincidência, [Dessner] também compôs faixas instrumentais na tentativa de não enlouquecer durante a pandemia, então ele me enviou um arquivo com uns trinta instrumentais, e o primeiro que abri se tornaria 'Cardigan'", disse ela à revista *Rolling Stone*. "Ele enviava uma faixa, fazia novas e as adicionava ao arquivo. Eu escrevia toda a melodia de uma música, e ele não sabia o tema, o nome, ou onde eu colocaria o refrão", contou ela.

De alguma forma, esse jogo de tênis à distância funcionou, principalmente com Dessner. Como guitarrista da banda The National, ele estava acostumado a trabalhar virtualmente, já que ele e os colegas de banda moram em diferentes partes do mundo. Em entrevista à *Billboard*, Dessner explicou que escreveu muitas músicas na primeira fase de *lockdown* e as compartilhou com Swift. "Achei que demoraria um tempo para as ideias surgirem e não criei expectativas quanto ao resultado", revelou ele. "Porém, algumas horas depois de compartilhar as músicas, a tela do meu telefone se acendeu com uma mensagem de voz de Taylor com a versão completa de uma canção. E essa dinâmica nunca mais parou." Ele acrescentou que Swift é "uma das artistas mais talentosas, empenhadas e profundamente cuidadosas que já encontrei", com uma "humanidade palpável e acolhedora e uma emoção crua" em suas músicas.

Foi um período curioso para Swift, pois as únicas pessoas que sabiam que ela estava produzindo um álbum eram a equipe que trabalhava no projeto, o namorado, Joe, a família e a equipe de gestão. Alwyn se envolveu na composição de duas faixas do álbum, "Exile" e "Betty" — posteriormente, ele disse à *GQ Hype*: "Foi a coisa mais imprevisível que aconteceu durante o *lockdown*. Não foi, tipo, 'são três da tarde, hora de escrever uma música!'", explicou. "Era só uma brincadeira ao piano, cantando mal e entreouvindo o que o outro estava fazendo e, depois, pensando: 'E se a gente tentasse desenvolver isso juntos pra valer?'" Ele contou que foi "divertido" e que estava orgulhoso da "boa recepção" que as canções tiveram.

O isolamento que grande parte da humanidade viveu durante a Covid influenciou as faixas desse álbum, que explorava inúmeros temas, incluindo o escapismo e a melancolia. Deixando de lado o foco habitual em temáticas autobiográficas, Swift brincou com a ficção. O ritmo relaxado e mais simples combinou bem com o estilo de vida que as pessoas foram forçadas a levar com as restrições da quarentena. O tom introspectivo, bem distante de faixas anteriores como "Bad Blood", "Shake it Off", entre outras, parecia perfeito. Após ter registrado a própria vida tão bem nos álbuns anteriores, ali estava ela, registrando a história de todos nós. O álbum parece guardar a essência daquele momento.

Swift redigiu uma "Introdução" para o álbum, que foi publicada pela *Billboard*. Colocada como uma "explicação" para *Folklore*, era um belo texto por si só. Nela, Taylor escreveu que o processo do álbum tinha "começado com simbolismo", na forma de "imagens que surgiam na minha mente e despertavam a minha curiosidade". Depois, ela revelou algumas dessas imagens. "Estrelas desenhadas ao redor de cicatrizes. Um cardigã que, vinte anos depois, ainda guarda o cheiro da perda. Navios de guerra afundando no mar, cada vez mais e mais fundo. O balanço pendurado em uma árvore, no meio do bosque em que cresci."

Ela também escreveu sobre "o mês de agosto banhado de sol, degustado como uma taça de vinho", "as mãos que se seguram mesmo separadas por uma camada de plástico" e "uma única linha que, para o bem ou para o mal, conecta você ao seu destino". Essas imagens mentais logo "ganharam rostos, ou nomes, e se tornaram personagens".

A repentina notícia do lançamento do álbum surpreendeu a quase todos. Em 23 de julho de 2020, Swift postou nove fotos na sua conta do Instagram. Nenhuma delas tinha legenda, mas juntas formavam uma imagem em preto e branco de Taylor, em pé, sozinha no meio de uma floresta. Todos ficaram curiosos. O post seguinte anunciava que o oitavo álbum de estúdio seria lançado à meia-noite. Ela escreveu: "A maior parte do meu planejamento para este verão acabou não acontecendo, mas algo que não planejei REALMENTE aconteceu. E foi o meu oitavo álbum de estúdio: *Folklore*."

As faixas que se destacam incluem "The Last Great American Dynasty", uma composição animada com tons de folktrônico/indie, "Cardigan", que é uma balada minimalista que mistura folk, soft rock e indie, e "Betty", que, com gaita, guitarra e produção geral, propõe um aceno para o passado. O álbum vendeu 1,2 milhão de cópias só em 2020, quando os fãs em quarentena se deleitaram com o presente inesperado.

A obra alcançou nota máxima no *Sydney Morning Herald, i News* e *Daily Telegraph*. A *Rolling Stone* afirmou que foi o projeto mais intimista de Swift até o momento, graças às suas habilidades para compor e sua "profunda perspicácia, compaixão e empatia". A *BBC* declarou: "Esta é uma cantora mais comedida do que aquela que conhecíamos" e "ela acertou um rico manancial de melancolia que combina perfeitamente com a nossa época". *Folklore* é "um álbum incomum, ao menos para a maior estrela pop do mundo", opinou o *Independent*, que concluiu: "Também é brilhante." Para Chris Willman, a mudança de estilo de Taylor foi um "verdadeiro ato de limpeza do paladar musical".

O mais próximo de uma crítica negativa em todas as publicações de renome foi a fala confusa do *New York Times*. Lidar com o "desolado, teimoso e supercontrolado" indie rock é "uma floresta difícil de penetrar", apontou. "Por vezes ela consegue, duelando até cansar", acrescentou, "mas, quando é derrotada, a obra merece todo o revirar de olhos que recebe".

Costumava-se esperar anos por um novo álbum de Taylor, e então dois foram lançados de uma vez. Depois de surpreender o mundo com *Folklore*, ela fez o mesmo com *Evermore*. "Para ser clara, nós não conseguíamos parar de compor", essa foi a explicação básica de Swift, compartilhada no Instagram, a respeito do motivo de lançar um novo álbum menos de cinco meses depois do outro. "Para tentar me expressar de forma mais poética", continuou, "é como se estivéssemos parados na orla da floresta folclórica e tivéssemos uma escolha: dar meia volta e ir embora, ou nos embrenhar ainda mais fundo nessa floresta musical".

Eles escolheram se embrenhar ainda mais. Taylor e sua equipe gravaram em Los Angeles, Hudson Valley e Londres, mas a verdadeira jornada era na própria música, habilmente organizada pelos produtores Aaron Dessner, Jack Antonoff e Bryce Dessner, que produziram uma atmosfera acolhedora com arranjos simples e letras vulneráveis. De "Willow", que tem uma pegada mais Ed Sheeran, até "Gold Rush", com o seu estilo *1989*, e a glória natalina de "'Tis the Damn Season", esse é um álbum incrível.

O lançamento de *Evermore* foi anunciado com poucas horas de antecedência. Em 10 de dezembro de 2020, com seu 31º aniversário batendo à porta, Taylor compartilhou nove fotos no Instagram. Juntas, elas formavam uma imagem mostrando a cantora de costas, com o cabelo trançado diante de uma floresta. "Vocês sempre são tão gentis, solidários e carinhosos no meu aniversário, então, dessa vez, pensei em lhes dar algo de presente!", escreveu ela na postagem seguinte, anunciando formalmente o lançamento do álbum.

Uma canção chamber folk rica em metáforas, "Willow" traz violões dedilhados, xilofones, flautas, cordas e percussão para criar uma atmosfera maravilhosa que tem um nível muito superior ao das produções habituais de Swift. Seguindo um compasso de valsa oscilante "Coney Island" também virou uma favorita dos fãs logo de início; em "Dorothea", o jazz do piano e o folk da bateria formam um belo pano de fundo para uma das letras mais ricas da sua carreira até então. O álbum vendeu um milhão de cópias na primeira semana de lançamento.

Ao dar nota máxima para o segundo álbum consecutivo de Taylor, o *Sydney Morning Herald* afirmou que ela estava "mais forte do que nunca", e que o álbum revelava "a [sua] habilidade de assumir uma personagem, escrevê-la até a exaustão, e partir para a próxima imersão enquanto permanece perfeitamente intacta". A *NME* declarou que *Evermore* era uma "irmã mais nova e independente" de *Folklore*, que era a "irmã mais velha introspectiva e romântica". O *Guardian* disse que "nem tudo funciona aqui", mas, juntos, *Folklore* e *Evermore* "argumentam a favor da habilidade de Swift de se metamorfosear e navegar entre gêneros com sua música".

Os comentários negativos foram quase inexistentes. "Ela ainda está um pouco contida em *Evermore*", apontou o *Observer*, com "música em tons pastel que embaçam o seu ponto de vista outrora perspicaz". O *Washington Post* mencionou que o álbum era longo demais, e o *Los Angeles Times* o categorizou como as sobras de *Folklore*. *Evermore* "não entregou o frisson impactante de *Folklore*", opinou o *Telegraph*, "contudo, é mais um presente de composição musical elegante e comovente".

Os dois álbuns mostravam, mais uma vez, que Swift é uma amante da literatura, pois ambos estavam recheados de referências literárias.

Desde a referência a "road less travelled" [a estrada menos percorrida] em "Illicit Affairs" até "Peter losing Wendy" [Peter perdendo Wendy] em "Cardigan", no álbum *Folklore*, e as temáticas de Daphne du Maurier em "Tolerate It", no álbum *Evermore*, eles são como duas coletâneas literárias.

Depois desses lançamentos, Taylor se sentiu mais confortável para compartilhar um pouco da relação que tinha com Joe Alwyn e o quanto pode parecer "assustador" se apaixonar por alguém que tem um "estilo de vida muito realista e normal". Ao falar à *Rolling Stone*, ela explicou: "Muitas vezes, quando estou ansiosa, consigo controlar como sou enquanto pessoa e posso agir normalmente e racionalizar as coisas, mas é incontrolável se há vinte fotógrafos lá fora, nos arbustos. O que eles vão fazer? E se seguirem nosso carro? E se atrapalharem a nossa vida?" Ela acrescentou: "Não posso controlar se haverá uma manchete estranha e falsa sobre nós na mídia amanhã."

Swift também contou que Alwyn era "totalmente" compreensivo e simpatizava com a vida de Taylor enquanto figura pública. "Mas acho que ao entrar no relacionamento que temos agora, tomei decisões que fizeram a minha vida se parecer mais com uma vida real e menos com um mero enredo a ser comentado pelos tabloides", afirmou ela.

Em março de 2021, na 63ª edição da cerimônia do Grammy, em Los Angeles, Alwyn desfrutou de uma conquista pelas suas contribuições no álbum. Apesar de não ter subido ao palco com Swift para receber o prêmio, ela o elogiou durante o discurso. "Joe é a primeira pessoa para quem toco cada uma das músicas que escrevo, e eu me diverti muito compondo com você na quarentena", disse.

Enquanto os dois álbuns desbravavam novos caminhos, também era o momento de voltar a um território mais familiar: o lançamento das novas versões do seu antigo repertório. Foi extraordinário ela ter ido tão doce e suave em *Folklore* e *Evermore*, e tão determinada e cheia de energia ao reivindicar o próprio trabalho. Ela começou pelo segundo álbum, *Fearless*, pois queria se reconectar com aquela "energia", afirmou. A equipe produziu tudo, exceto as faixas não lançadas, buscando replicar as gravações originais, incluindo arranjos similares, mas com instrumentos e vocais mais definidos e controlados em algumas partes. A produção foi mais assertiva e emitiu uma sensação geral mais acolhedora. Quanto aos vocais, o som mais maduro de Taylor ocasionalmente não se mostrou a combinação ideal para os sentimentos juvenis de *Fearless*, mas as faixas "vault" foram adições bem-vindas, dando um vislumbre da mente de Taylor na época em que o álbum original foi produzido. "Só ela conseguiria fazer o capitalismo descarado parecer um ato de moralidade", apontou o *Los Angeles Times*. Foram vendidas 980 mil cópias da regravação em 2021.

Depois, veio a versão de *Red*, que se tornou um acontecimento épico com trinta faixas. Como em todos os lançamentos Taylor's Version até o momento, as novas gravações não têm o objetivo de remodelar as canções. Em vez disso, as faixas foram diligentemente regravadas nota por nota, a fim de substituir os originais e reduzir o valor que tinham. As diferenças não seriam perceptíveis ao ouvinte ocasional e não eram para ser. Para os ouvidos mais atentos, porém, alguns aspectos do instrumental estavam um pouco mais dinâmicos, dando a sensação de uma apresentação ao vivo. A bateria está mais vigorosa em "I Knew You Were Trouble", e o violão mais destacado em "22".

Algumas mudanças tornaram a regravação mais sofisticada do que a original. Era inevitável que os vocais de Swift tivessem melhorado desde as versões originais, trazendo uma camada extra de distinção. A versão de dez minutos de "All Too Well" foi a inclusão mais notável da nova obra e fechou o tempo total de duração do álbum em duas horas e 11 minutos. A arte da capa retrata Taylor de batom vermelho, com um casaco bege e uma boina de veludo marrom, sentada em um conversível vintage, um Chevrolet Cabriolet 1932, com um fundo outonal típico de Swift.

O álbum "parece com uma peça de roupa que você adora recém--saída da máquina de lavar", articulou o *New Yorker*, já o *Guardian* apontou que a nova maturidade vocal da cantora "ameniza levemente o tom raivoso e deliciosamente vingativo" do original, a *NME* amou a "coletânea extensiva", e o *Independent* afirmou que era uma "versão melhor e mais enérgica de um álbum pop maravilhoso".

O *Wall Street Journal* observou o impacto do álbum como um todo, e não nas faixas individuais. *Red (Taylor's Version)* está "remodelando a indústria da música", declarou, apontando como as músicas regravadas estavam ultrapassando os números das originais nos serviços de streaming, viralizando no TikTok, angariando acordos de licenciamento "lucrativos" para uso em filmes. Para o lançamento, várias empresas famosas entraram na onda de Swift. Desde marcas de doces, como M&M's e Skittles até equipes esportivas, como o Kansas City Chiefs, estavam associando o termo 'Taylor's Version' às suas marcas nas redes sociais.

A influência da artista era profunda. A *Billboard* a escolheu como artista número um do ano de 2021, dizendo que ela "reescreveu as regras da indústria musical e teve um dos anos mais impactantes da sua célebre carreira pop sem lançar um álbum inédito". Swift foi a cantora mais bem-paga do mundo naquele ano, faturando cerca de 65,8 milhões de dólares líquidos. Ela tinha alcançado o topo do sucesso e conseguiria subir ainda mais? A verdade, porém, é que a "Taylormania" estava apenas começando.

Capítulo 13

Como Taylor Swift consegue? Ela deu ao mundo um vislumbre da sua fórmula mágica para compor em uma noite de setembro de 2022, quando participou do Nashville Songwriter Awards e fez um discurso ao receber o prêmio de Compositora da Década. Foi um discurso e tanto desde a frase introdutória.

"Amo fazer o que temos a sorte de chamar de trabalho", declarou. Ao explicar que "compor é o trabalho da minha vida, o meu hobby, a minha maior emoção", disse estar "sem palavras por vocês, meus colegas, terem decidido me honrar dessa forma por um trabalho que eu continuaria fazendo mesmo que nunca fosse reconhecida".

Ela revelou que estabelece "secretamente categorias de gêneros para as letras que escrevo... são três, para ser exata", que são "carinhosamente chamadas Canetas Pena, Canetas Tinteiro e Canetas Gel". As músicas no estilo "Pena" surgem quando "as palavras e a formulação das frases são mais rebuscadas", ou se estava "inspirada para escrever após ler Charlotte Brontë ou assistir a um filme no qual todos usam camisas bufantes e espartilhos".

O seu estilo mais comum, "Caneta Tinteiro", significa "histórias ou referências modernas, com um toque poético", como "pegar uma expressão comum e mudar o seu significado". Swift afirmou que essas faixas "soam como confissões escritas e seladas em um envelope, [que são] sinceras demais para serem enviadas". A "Caneta Gel", argumentou, "combina com esse nome em todos os sentidos". Trata-se de músicas "despreocupadas, saltitantes, perfeitamente sincopadas às batidas" e letras que "não se importam se você as leva a sério, pois elas mesmas não se levam a sério". Essas palavras foram profundamente dissecadas pelos Swifties.

Para concluir, ela alegou que "compor é uma vocação, e poder chamar essa atividade de carreira me faz sentir muito sortuda", então, "todos os dias, seja grato por isso e por todas as pessoas que acreditam que vale a pena ouvir as suas palavras". Nashville foi "a escola responsável por me ensinar isso".

Nesse discurso, ela também revelou que uma das faixas do seu novo álbum se chamava "Mastermind". Seu décimo álbum, *Midnights*, foi lançado à meia-noite de 21 de outubro de 2022. Ao longo das faixas, ela parecia estar se divertindo muito, e estava mesmo. Desde a sonhadora e introdutória "Lavender Haze" e a igualmente extasiante "Snow on the Beach", até os vocais distorcidos de "Midnight Rain" e finalizando com a animada, confessional e electropop "Mastermind", Swift soa como nunca ouvimos antes. "Haze" ganhou um destaque especial por ter sido inspirada no relacionamento com Joe. "Estou nesse relacionamento há seis anos, e durante esse tempo tivemos que desviar de rumores estranhos, fofocas de tabloide ou apenas ignorar tudo isso", comentou. "Então, essa música é sobre ignorar esse tipo de coisa para proteger o que é real." Alwyn colaborou na faixa "Sweet Nothing".

Nenhum dos dois estava disposto a revelar mais sobre o relacionamento em entrevistas. Em meio a rumores persistentes de que haviam noivado, o ator declarou: "Se eu recebesse uma libra toda vez que alguém me diz isso, teria muitas moedas." E acrescentou: "A verdade é que, se a resposta fosse 'sim', eu não diria, e se fosse 'não', também não diria."

O novo álbum alcançou a pontuação máxima da *Rolling Stone*, do *Guardian* e do *Independent*. As "várias canções minimalistas, misteriosas, sinceras e intensas têm uma característica crepuscular que não combina com o brilho recorrente de Taylor", disse o *Times*, mas "no geral", *Midnights* atrai o ouvinte porque "apesar de todos os seus detalhes modernos, ele é um álbum essencialmente antiquado de uma cantora/compositora sobre a imperfeição humana".

A *NME* disse que foi um "retorno resplandecente à essência do pop", acrescentando que o álbum "mostra Swift em sua forma mais sincera, nos conduzindo por revelações que só podem vir à luz — ou ser vocalizadas — durante a madrugada". O *Observer* descreveu *Midnights* como "um álbum de fascinante reflexão notívaga", e a *Variety* afirmou que era um "retorno ao pop confessional eletrônico, pelo qual vale a pena perder o sono". O site Clash Music apontou que "para quem já foi conquistado pela arte de Taylor", *Midnights* "pode muito bem ser considerado o melhor álbum dela até hoje, um lembrete de que a mágica prevalece diante das frustrações, fantasias e maldições sobre as quais ela canta em sua mais recente obra, que beira à perfeição".

Contudo, algumas publicações, incluindo o *New York Times* e o *Washington Post*, consideraram que o álbum não era tão inovador. *Midnights* "mostra Swift em um ponto crucial", falou o *Telegraph*, mas se perguntou "se esse é o sinal do fim do seu império ou um novo amanhecer do pop".

Em vez de embarcar em uma turnê específica, Taylor escolheu enaltecer o novo álbum e todos os anteriores. A *The Eras Tour* foi a sua sexta grande turnê e, como não podia ser diferente, a maior. Ao longo de 146 datas, em cinco continentes, iniciada em 17 de março de 2023, em Glendale, na Califórnia, e com data planejada para terminar em 23 de novembro de 2024, em Toronto, no Canadá. Idealizada como um passeio por todas as várias "eras" da cantora, o show tinha duração de mais de três horas, com uma setlist de 44 músicas divididas em 10 atos que representam os conceitos de todos os álbuns até então.

Como costuma acontecer com Taylor, a turnê teve um impacto muito maior do que as datas e as apresentações em si. Só a demanda astronômica por ingressos se tornou uma saga debatida em todo o mundo. Mais de 22 milhões de pessoas em toda a Ásia fizeram fila virtual para comprar ingressos para o show de Singapura. Nos Estados Unidos, cerca de 3,5 milhões de usuários se cadastraram para o programa de pré-venda Ticketmaster Verified Fan. Quando as vendas começaram, em 15 de novembro de 2022, o site não aguentou a demanda e caiu em uma hora, desconectando ou congelando e deixando os usuários frustrados. Mesmo com esse desastre, cerca de 2,4 milhões de ingressos foram vendidos, quebrando o recorde de maior venda de ingressos em um dia para um artista. Swift superou Robbie Williams, que vendera 1,6 milhão de ingressos para a turnê *Close Encounters*, em 2005.

A Ticketmaster informou que houve uma "demanda histórica sem precedentes com milhões de acessos", mas houve um transtorno ainda maior quando cambistas virtuais compraram uma grande quantidade de ingressos e os colocaram à venda em sites de revenda de ingressos por preços exorbitantes. A questão virou política: diversos membros do Congresso dos Estados Unidos pediram o cancelamento da fusão de 2010 entre a Ticketmaster e a Live Nation, e o Departamento de Justiça do país iniciou uma investigação federal. O presidente Joe Biden parece ter dito que "o capitalismo sem competição não é capitalismo, é exploração".

Em um acontecimento que o professor de direito William Kovacic chamou de "reajuste de políticas Taylor Swift", a Ticketmaster anunciou que começaria a divulgar com mais transparência a taxa de serviço incluída nas compras depois que os fãs exigiram mudanças e a Comissão Federal de Comércio propôs uma nova regulamentação. Meses depois, a Tickemaster pediu desculpas a Swift e seus fãs durante uma audiência no Senado norte-americano. "Precisamos melhorar, e faremos isso", disse Joe Berchtold, presidente da Live Nation, empresa matriz da Ticketmaster, aos legisladores. Taylor declarou ter sido "insuportável" ver os fãs sofrerem para comprar os ingressos e insistiu que a empresa havia garantido a ela que seria capaz de lidar com a demanda. Um grupo de fãs decidiu processar a empresa, acusando-a de fraude, cartel e violação das leis antitruste.

Vale ressaltar que houve um impacto positivo no comércio e na economia das cidades que receberam os shows, o que ajudou os comércios locais dos ramos de hotelaria, vestuário, transporte e turismo. De acordo com a *Fortune*, o gasto líquido dos consumidores da turnê foi de 4,6 bilhões de dólares só nos Estados Unidos. Alguns políticos, incluindo o primeiro-ministro canadense Justin Trudeau e o presidente chileno Gabriel Boric, chegaram a pedir que Swift levasse a turnê para seus países. O prefeito de Budapeste, Gergely Karácsony, redigiu uma carta solicitando que a turnê passasse pela Hungria.

Aqueles que garantiram o ingresso teriam uma surpresa. Iniciando com as faixas de *Lover*, a setlist dos shows começava com "Miss Americana & the Heartbreak Prince" e "Cruel Summer". Outras canções que se destacaram foram "Fearless", a épica versão de dez minutos de "All Too Well", a animada "We Are Never Ever Getting Back Together" e duas canções surpresa, que variavam de um show para outro. A turnê recebeu pontuação máxima em uma variedade de publicações. O *Telegraph* a descreveu como "um dos shows pop em estádio mais ambiciosos, espetaculares e encantadores de todos os tempos" e o *Times* afirmou que a performance mostrava Swift como "uma gênia do pop em seu auge". A *Variety* declarou que a turnê tinha gerado uma receita de 2 bilhões de dólares até outubro de 2023.

A *The Eras Tour* foi imortalizada em um documentário de show clássico, compilado a partir de um período de seis noites no SoFi Stadium, em Inglewood, área residencial de Los Angeles, que se tornou um gigante cinematográfico. "Vocês não vão se livrar de mim, porque vou me sentar com vocês e assistir ao filme", anunciou ela à multidão que lotou o evento de estreia realizado no extenso complexo de shopping centers Grove, em Los Angeles, em 2023. Na ocasião, usou um vestido Oscar de la Renta azul-bebê, acompanhado de uma sombra da mesma cor e de suas marcas registradas: delineado gatinho e batom vermelho. Também usou um colar de diamantes e os cachos presos em um coque baixo. Ela dançou no assento a maior parte do filme. Os fãs gritaram, cantaram e dançaram do começo ao fim, e muitos mal se sentaram ao longo das quase três horas de filme.

Muitos fãs usaram vestidos brilhantes e botas de cowboy para o evento. Até vestidos de baile foram vistos. Na estreia, Taylor disse aos fãs que eles eram as "personagens principais" do filme e que tinham feito a turnê ser "mágica". Ela acrescentou que "o fato de essa turnê ter sido uma grande aventura tem tudo a ver com a o carinho que vocês tiveram por ela e pelos shows".

Mesmo antes do lançamento, o filme já estava quebrando recordes. A rede de cinemas norte-americana AMC Theatres divulgou que, em seus 103 anos de história, o filme da *The Eras* batera o recorde de maior faturamento com venda de ingressos em um dia. Em 24 horas de lançamento, a AMC anunciou que a pré-venda dos ingressos no mundo já tinha ultrapassado os 100 milhões de dólares. Só no primeiro dia, as vendas chegaram a 26 milhões de dólares, quebrando recordes de bilheteria.

O filme "mais do que justifica o alarde" e é "espetacular, cuidadosamente produzido e, de certa forma, captura tudo o que foi incrível no show ao vivo", apontou o *Times*. "Swift é um rolo compressor que não mostra sinal algum de pausa, tipo, nunca", concordou o *Telegraph*. "Seja chorando ou revoltada, seja destruída ou sarcástica", ela "expõe todas as suas diferentes versões na *The Eras Tour*", assegurou o *Screen Daily*. "Você vai cantar com todas elas." A *NME* definiu o show como um "feito impressionante", pois "no espaço de uma performance ininterrupta, Swift às vezes é uma artista excêntrica, brincalhona e, em outras, uma estrela country ou um verdadeiro ícone pop". Foi um "atestado cacofônico do seu megaestrelato", admitiu o *Guardian*.

Porém, o filme da *The Eras* foi um raro exemplo de quando Swift não atinge *exatamente* as expectativas em termos de números. Não há dúvidas de que foi um grande sucesso, estreando com um recorde de 92 milhões de dólares nos Estados Unidos e 123,5 milhões de dólares no mundo durante o fim de semana de 13 a 15 de outubro. Mas as previsões tinham sido mais altas: 100 milhões de dólares nos Estados Unidos e 150 milhões de dólares no mundo. Chegou-se a questionar se o fato de os espectadores terem sido encorajados a dançar e cantar durante a exibição de duas horas e 48 minutos poderia ter desanimado possíveis compradores. No Reino Unido, um porta-voz da *Odeon* afirmou que os fãs podiam "celebrar cantando e dançando", enquanto o *Cineworld* disse que podiam "*shake it off* e dançar". Os cinemas independentes também reclamaram da comunicação precária com a produtora do filme quanto à distribuição, o que pode atrapalhar as vendas.

Contudo, havia pouquíssima dúvida quanto à influência constante de Swift. Enquanto os cinemas ecoavam os sons e os passos dos Swifties, uma universidade na Europa lançou um curso de literatura que foi anunciado como o primeiro inspirado na obra da cantora. A cadeira eletiva da Universidade de Ghent, na Bélgica, tem como foco os temas, os estilos e as técnicas de famosos escritores literários históricos a partir da perspectiva de Swift. É notável o quanto o material produzido por ela "transborda" dos clássicos da literatura inglesa e lança mão de temáticas que também aparecem em *Romeu e Julieta*, Jane Eyre e *As aventuras de Alice no país das maravilhas*, dentre outros.

Claro, o curso atraiu críticas de alguns puristas da literatura. Um jornalista flamenco foi fulminante ao escrever que "estamos em uma faculdade, não no jardim de infância". Outros, porém, foram mais encorajadores. Jonathan Bate, professor que leciona Shakespeare, defendeu que Swift era uma "gigante da literatura", declarando que iria "compará-la (favoravelmente) aos maiorais da poesia e da prosa". A diretora do curso, Elly McCausland, escreveu que tinha "recebido e-mails de alunos e professores do mundo inteiro, cujo interesse em literatura fora reacendido por causa de Taylor". Em entrevista ao *Sun*, acrescentou: "Já foram escritos livros suficientes sobre Shakespeare e outros homens brancos."

Existem outros estudos acadêmicos sobre a cantora. *Taylor Swift and Literature* foi o nome de um curso de verão na Queen Mary University of London. Houve um módulo chamado *Taylor Social Psychology*, no Arizona, e um curso *All Too Well 10 Week Version*, na Universidade de Standford. O Clive Davis Institute, em Nova York, ofereceu um curso explorando "a evolução de Taylor Swift como empreendedora musical criativa, o legado dos compositores de pop e country, os discursos de juventude e infância feminina e as políticas de raça na música popular contemporânea". Alguns se perguntaram quanto tempo levaria até a abertura de um curso de faculdade inteiro sobre Taylor Swift.

Em abril de 2023, uma fonte próxima a Alwyn disse à *People* que ele e Taylor tinham se separado devido a "diferenças de personalidade". Havia muita especulação sobre o status do relacionamento depois que o ator não compareceu à estreia da *The Eras Tour*, o que foi explicado inicialmente pelo fato de ele não gostar dos holofotes. Quando, após quatro shows, ela substituiu a faixa "Invisible String", do álbum *Folklore*, na setlist por uma música sobre um amor do passado, "The 1", em Arlington, Texas, algumas pessoas suspeitaram que esse era o jeito dela de insinuar que o namoro tinha ficado no passado.

"Eles passaram por fases difíceis no passado e sempre se resolveram, então os amigos acharam que eles ficariam um tempo distantes, mas acabariam voltando", comentou a fonte. No fim das contas, porém, eles "não deram certo juntos". Logo depois, ela lançou uma canção extra do álbum *Midnights*, e muitos imaginaram ser uma referência ao fim desse relacionamento. Na letra, ela afirma que o homem por quem é apaixonada não se casaria com ela porque ela tem a "necessidade patológica de agradar todo mundo". Em determinado momento, especulou-se que o casal havia se casado em segredo, mas essa informação foi negada.

"Eles tinham muito em comum e se apaixonaram enquanto estavam em uma bolha de reclusão, quando ela decidiu fugir do mundo durante a era *Reputation*", contou uma fonte à *People*. "Depois, veio a pandemia, e eles ficaram juntos durante o *lockdown* e nutriram a relação durante esse período de isolamento. Mas ele não a 'conhecia' de verdade fora daquela bolha." Esse término foi mais inesperado do que os anteriores. Muitos fãs da cantora e grande parte da mídia tinham acreditado que o relacionamento com Alwyn duraria por muito tempo.

De acordo com relatos, apenas três meses depois, ela tinha um novo namorado: a estrela do futebol americano Travis Kelce. Nascido em 1989 em Westlake, Ohio, Kelce jogou nos times escolares de futebol americano, basquete e beisebol. Ele se destacou no primeiro e jogou pelo Cleveland Heights e o Cincinnati Bearcats, e foi forçado a ficar no banco um ano inteiro por ter sido pego no exame antidoping depois de ter fumado maconha. Ao voltar, foi recrutado pelo Kansas City Chiefs.

Kelce já tinha passado por experiências com a fama antes de conhecer Swift, tendo participado do reality show *Catching Kelce* e interpretado uma versão ficcional de si mesmo no primeiro episódio da série de comédia *Moonbase 8*. Ele também apresentou o *Saturday Night Live* em março de 2023 e fez comerciais para várias marcas, incluindo a Pfizer e a Bud Light. O jogador namorou a vencedora do seu reality show, Maya Benberry, e a influencer Kayla Nicole.

Contudo, essas experiências não o prepararam para a atenção que começou a receber a partir do momento em que começaram a surgir rumores de um relacionamento com Swift. Após semanas de especulações frenéticas, ela foi vista no Arrowhead Stadium para assistir Kelce e o seu time derrotarem o Chicago Bears por 41x10. Quando, depois disso, ela foi ao MetLife Stadium para assistir ao jogo entre o Chiefs e o New York Jets, as fofocas saíram de controle.

CAPÍTULO 13

O famoso efeito Swift logo foi percebido no esporte de Kelce. Houve um aumento de mais de 400 por cento nas vendas de uniformes com o nome de Kelce, e o Jets vendeu, em um só dia, mais ingressos no jogo contra o Chiefs do que desde o início da temporada. A NBC tirou vantagem dessa euforia para promover o jogo no estádio do Jets na semana seguinte, produzindo uma propaganda com a música "Welcome to New York", de Taylor. Funcionou: o jogo (ao qual a cantora também compareceu) teve uma média de 27 milhões de espectadores, tornando-se a partida de domingo à noite mais assistida da NFL desde o Super Bowl LVII.

A empolgação em torno do relacionamento coincidiu com o alarde por conta do lançamento mais aguardado até aquele momento: *1989 (Taylor's Version)*. "Nasci em 1989, reinventei-me pela primeira vez em 2014, e uma parte de mim foi recuperada em 2023 com o relançamento deste álbum que tanto amo", escreveu ao anunciá-lo.

É lógico que houve algum drama. Os usuários do serviço de streaming da Apple tiveram problemas para baixar e ouvir o lançamento. Uma das novas faixas, "Slut!", fazia referência a uma das músicas do álbum original (um metamomento que os Swifties adoraram). Enquanto em "Blank Space" ela se referia a si mesma como um "jardim de rosas cheio de espinhos", em "Slut!" ela cantava sobre "espinhos de amor que cobrem esta rosa".

A nova versão foi "um sucesso", declarou o *Times*, e as faixas (as novas e as antigas) contribuem como uma "aula em composição bem-sucedida". O "melhor álbum [de Swift] (...) jamais sairá de moda", disse a *NME*, enquanto a *i News* apontou que a regravação confirmava que "poucas estrelas pop conseguem competir com a efervescência de Swift enquanto compositora". As músicas "fazem parte do melhor pop do século XXI", declarou o *Independent*, e "alguns acréscimos razoáveis de produção ou alguns vocais melhorados não vão mudar isso".

Para enfatizar o tamanho do sucesso, em uma semana, as vendas do *1989 (Taylor's Version)* superaram as do álbum original. Com 1 milhão e 287 mil de vendas nos Estados Unidos, o original tivera um começo melhor do que qualquer outro álbum em mais de uma década, e Swift conseguiu ultrapassar o próprio recorde de vendas com a regravação, com o equivalente a 1 milhão e 653 mil de vendas nos Estados Unidos (a primeira semana de vendas mais lucrativa de sua carreira) e 3,5 milhões no mundo, de acordo com a sua gravadora, a Republic Records.

A influência e a popularidade de Taylor continuam crescendo em um ritmo tão impressionante que às vezes parece que o mundo inteiro é fã dela. Quando o rapper Flavor Flav, do Public Enemy, foi à estreia do filme da *The Eras Tour*, ele compartilhou que assistira à "incrível" Swift nas duas turnês anteriores. "Sou Swiftie há milênios, cara", afirmou. E não somos todos? Taylor está na ativa desde 2004, é uma estrela desde 2006, a queridinha da América desde 2010, uma superestrela desde 2013 e, desde então, eclipsou até mesmo o status de megaestrela para se tornar algo que o mundo pop não via há muito tempo. "Existe Taylor Swift e existem todos os outros", afirmou o *Times* em 2023, mas mesmo essa declaração não fez justiça ao seu status aos trinta e poucos anos. A *Bloomberg Businessweek*, que não é uma publicação dada a hipérboles, afirmou que ela é "a indústria da música"; o principal jornal, *USA Today*, anunciou uma vaga para "correspondente Taylor Swift", que seria responsável por cobrir apenas a artista. Foi um momento e tanto para a garota da Pensilvânia que supostamente seguiria uma carreira no mercado financeiro.

Só que Taylor é mais do que uma estrela pop ou uma celebridade. Mais até do que uma megaestrela, talvez. Ela é o fenômeno cultural de uma geração. Mas como se tornou tão popular, famosa, bem-sucedida e influente?

Podemos começar pela própria música. Ela é uma artista perfeita, claro. Ela entrega tudo ao vivo, e mesmo que o seu alcance vocal não se equipare ao de cantoras como Adele, Mariah Carey e Beyoncé, seus shows são, no mínimo, tão potentes, impressionantes e impactantes quanto os das outras três cantoras.

Algumas das suas músicas retratam acontecimentos momentâneos; já outras, como "Fifteen", são narrativas cujos versos revelam um período de tempo e uma sequência de eventos. Apesar de as suas letras serem sofisticadas para o estilo pop, nunca parecem muito eruditas ou elitistas. Na verdade, a progressão dos acordes é praticamente sempre padrão e descomplicada. À medida que os versos e, depois, os refrões se desenvolvem, continuamos ouvindo o que é esperado. Porém, as sacadas verbais são mais que memoráveis, quase impossíveis de ignorar. Uma estrela pop pode ter todo talento vocal do mundo (e algumas têm); mas pouquíssimas (se é que há alguma) na cena pop atual têm a habilidade de Taylor como compositora.

Ela conseguiu reinventar o próprio estilo musical ao longo dos anos, saindo do country para o pop, e depois acrescentando elementos indie e alternativos em álbuns como *Folklore* e *Evermore*. Essa habilidade de evolução atrai uma audiência maior e demonstra sua versatilidade como artista — o que só aumenta seu apelo. Porém, como já vimos, por mais que os estilos tenham mudado, as principais forças permanecem.

Comparada a alguém que escolhe não se arriscar muito, como Adele, Swift ultrapassa os próprios limites, e o carinho que tanto fãs quanto críticos têm por ela reflete isso. Ao perceber que, justa ou injustamente, é esperado que as cantoras sempre se reinventem, ela encarou o desafio. E venceu: Taylor Swift nunca sai de moda.

Por fim, há um elo incrivelmente poderoso entre artista e público. Ela se conecta com a identidade deles de uma forma incrivelmente eficaz. O público ainda se identifica com ela, mesmo após se tornar uma celebridade multimilionária. É possível se identificar com o conteúdo das suas letras, a emoção da sua música e as suas declarações públicas, principalmente quando se trata dos millennials, que cresceram com ela, atingindo os marcos da vida em períodos parecidos. E uma nova geração de fãs a descobriu graças a sua produção de materiais e conteúdo frequente no TikTok (rapidamente apelidado de SwiftTok) durante a pandemia. Ela entrou na vida desses jovens justamente quando eles mais precisavam de alguém — ou algo — novo.

Muitos dos fãs que cresceram com ela nas últimas duas décadas se tornaram pais nesse período, e alguns até começaram a levar os filhos aos shows e a postar vídeos deles cantando a ponte de "Long Live". Enquanto isso, os fãs mais velhos podem reviver a juventude indiretamente ao segui-la. Nós a vimos crescer diante dos nossos olhos, na vida real. A jovem virou uma mulher forte e poderosa, mas que não tem medo de mostrar fraquezas e falhas. As suas músicas são recortes minuciosos e detalhados das emoções da vida; ela não só as aborda, mas se aprofunda, o que ressoa e se relaciona com gerações e culturas. Muito mais que canções, elas se parecem com romances ou filmes para o ouvinte.

Quando escreve, Swift não está só produzindo música pop genérica, e sim contando histórias, pintando quadros e comunicando emoções tão profundas que parece ter lido o diário dos fãs. Todas as músicas são como capítulos de um romance, e não pertencem só a ela, mas a eles também. Nas suas letras, compartilha uma parte da sua alma, e, na opinião dos fãs, não é algo que outros artistas estejam fazendo hoje.

Essa vulnerabilidade é incrivelmente potente. Em uma era na qual muitas pessoas, famosas ou não, compartilham recortes positivos pouco fiéis da vida nas redes sociais, a autenticidade se tornou algo raro e, por isso, é valiosíssima. Swift sempre expõe as próprias vulnerabilidades, incluindo o desejo por vingança, nas músicas. Enquanto muitos artistas finjam ser vulneráveis, e outros ocasionalmente toquem no assunto da vingança, grande parte da composição de Swift passa por esse terreno. Isso se conecta com as experiências pessoais dos seus ouvintes. Graças à essa autenticidade, eles conseguem encontrar as próprias histórias na narrativa dela.

Swift encorajou os fãs mais jovens a não só desenvolverem uma conexão com ela, mas uns com os outros. Essa união entre os Swifties os fortaleceu e os tornou mais amigáveis do que os fãs de outros grandes artistas pop recentes. Os de Justin Bieber e do One Direction se tornaram verdadeiros exércitos, porém distantes entre si, já que todos ansiavam pela atenção romântica de seus ídolos. Quase todos passariam por cima uns dos outros por uma ligação de Facetime com eles. A maioria dos fãs de Taylor, porém, não deseja esse tipo de relacionamento com ela, então conseguem se conectar uns com os outros com mais profundidade.

Eles têm utilizado essa união para o bem. Todo material da artista, seja música, arte visual ou página on-line, é rico em *easter eggs*. Ela é famosa por esconder mensagens, referências e pistas nas letras, nos clipes e até nas artes dos álbuns. Ela criou o próprio universo e convidou os Swifties para desvendar os mistérios dele juntos. Isso é muito mais do que estratégia de marketing, é uma forma de se comunicar com os fãs direta e pessoalmente, o que cria uma experiência compartilhada incrível que vai muito além da mera música. Antes do lançamento de *1989 (Taylor's Version)*, Swift revelou uma série de jogos de palavras no Google que aparecia no formato de um ícone de baú azul quando alguém digitava "Taylor Swift" na barra de busca, e ela deu aos fãs a tarefa de os desvendarem juntos a fim de descobrir os títulos das próximas faixas do *vault*. Juntos, eles resolveram 33 milhões desses enigmas em menos de 24 horas.

Ela se comunica com os Swifties pessoalmente, respondendo-os nas redes sociais, onde soma mais de 280 milhões de seguidores hoje, e até mesmo convidando alguns deles para sessões secretas. Apesar de sua imensa fama e fortuna, ela não parece se esconder em uma espécie de torre de marfim das celebridades. Ela está ali com os fãs, mostrando triunfos e dificuldades. É como uma amiga deles e para eles, pois não pertence só ao palco, mas aos corações deles. Swift é a estrela-guia deles, uma protetora fiel da integridade artística e uma amiga de verdade. Ela os emocionou com sua música, sua coragem e sua gentileza constante. Espera-se que eles continuem a apoiá-la corajosamente, para todo sempre.

Os fãs não se identificam apenas com a música, mas com o caráter dela. A forma com que ela enfrentou outras celebridades, os gigantes dos streamings e os maiorais da indústria, como Scooter Braun, é inspiradora para fãs mais jovens. Ela não se deixou intimidar e encontrou maneiras de superar os obstáculos ou derrubá-los por completo.

Conhecida por decisões inteligentes nos negócios e pela luta pelos direitos dos artistas, a batalha que travou pelos direitos das suas *masters* ganhou força. Essa luta pública lhe garantiu respeito e a colocou em uma posição única comparada a outros artistas, destacando-a como uma figura em defesa da autonomia na indústria musical.

A onipresença de Swift também é parte da história. Diferentemente de Adele, que de maneira intencional se retira dos holofotes entre o lançamento dos álbuns, Swift continua aparecendo, com exceção do isolamento às vésperas do lançamento de *Reputation*. Por mais que haja uma ênfase na sua onipresença, ela não se mostra desesperada por atenção e, por isso, esta lhe é continuamente concedida. Sua energia criativa é notável quando a comparamos com outros nomes familiares. No estágio equivalente de sua carreira, Rolling Stones, Bob Dylan e Bruce Springsteen já tinham lançado seus trabalhos mais importantes há muito tempo. Quem não acha que, para ela, o melhor ainda está por vir? Talvez a única artista que contradiga a afirmação de que Swift é uma estrela "única em sua geração" seja Beyoncé, que já vendeu mais 200 milhões de discos mundo afora e disfruta de um poder de influência similar. Quando Beyoncé foi à estreia do filme da *The Eras Tour*, Swift escreveu em um post no Instagram que a diva foi uma enorme influência para ela, ensinando-a a "quebrar as regras e a desafiar as normas da indústria".

As opiniões que Taylor emite também têm relevância. As ações dela vão muito além da música, e ela é conhecida pelo apoio e pela defesa da comunidade LGBTQ+, dos direitos das mulheres, da mudança na lei de direitos autorais e várias outras questões atuais. Essa disposição para se posicionar quanto a temas importantes solidificou o seu papel como muito mais que uma cantora, mas uma influenciadora cultural. Ela pode até ter deixado de se posicionar no passado, mas, assim que começou a fazê-lo, aumentou a potência de sua marca pessoal.

Todos esses fatores cooperaram para colocá-la em um nível inigualável na cena cultural atual. Ela se tornou um colosso, o que lhe cai muito bem. O prestígio que detém também pode ser percebido no respeito que algumas das figuras mais reverenciadas da indústria musical têm por ela. Geralmente, os artistas contemporâneos se elogiam com o objetivo de angariar fãs uns dos outros. Porém, quando a realeza da música elogia um artista, costuma ser o elogio mais puro e sincero.

Ao falar no sucesso de Swift, Billy Joel fez a seguinte declaração ao *New York Times*: "Só posso compará-la ao fenômeno da Beatlemania." Um dos Beatles, Sir Paul McCartney, afirmou que as composições dela o inspiram; enquanto outro, Ringo Starr, confirmou ser seu fã. Carole King a definiu como uma raridade, pois é incrível enquanto compositora, cantora e *performer*. Dolly Parton disse que "ela está lá em cima, provavelmente é a número um", e Shania Twain a chamou de "incrivelmente brilhante". Já Bruce Springsteen a considerou uma "compositora extraordinária". Nenhum desses artistas precisa elogiá-la para receber em troca alguma vantagem, por isso suas palavras têm um peso imenso.

Os benefícios da fama e do sucesso estratosféricos de Swift podem ser contabilizados de diversas formas. O dinheiro é só uma delas, mas é um bom indicativo. De acordo com reportagens de outubro de 2023, Taylor se tornou bilionária. A Bloomberg anunciou que ela tem o poder aquisitivo de 1,1 bilhão de dólares, tornando-se uma das poucas bilionárias a alcançar esse marco por meio da música. "Swift evoluiu de uma adolescente fenômeno do pop-country a uma celebridade mundialmente famosa", declarou.

Ela ganhou mais de 500 milhões de dólares da sua fortuna com os royalties de suas obras e com as turnês, sendo que 190 milhões de dólares foram estimados só com a primeira etapa da *The Eras Tour*, e outros 35 milhões de dólares apenas com as duas primeiras semanas de exibição do filme do show. Os outros 500 milhões de dólares de sua fortuna vêm com a valorização do valor do seu catálogo musical, e estima-se que ela tenha 125 milhões de dólares em imóveis, incluindo seis casas e um avião particular no valor de 10 milhões de dólares. Como compositora solo de um quarto dos seus maiores sucessos e coautora de muitos outros, ela lucrou mais com o sucesso do que algumas estrelas pop menos criativas.

A maioria dos cantores pop e dos outros artistas que atingiram o status de bilionários tiveram que se apoiar em "trabalhos paralelos", como marcas de cosméticos, coleções de moda e investimentos em bebidas alcoólicas para chegar a essa fortuna. Jay-Z tem uma empresa de bebidas e ações da Uber, e Rihanna fez grande parte de sua fortuna com a uma marca própria de cosméticos e de lingerie. Bruce Springsteen é um dos poucos músicos que, assim como Taylor, atingiu a marca do bilhão por meio da música.

Como já vimos, quando Taylor era criança, seus pais torciam para que ela trabalhasse no mercado financeiro e ganhasse uma fortuna no mundo corporativo. Em vez disso, ela alcançou uma riqueza inimaginável por meio de um caminho muito mais poético. No entanto, sua verdadeira riqueza não é financeira. Em uma época de artistas fabricados que fracassam assim que alcançam a fama, ela permaneceu no jogo e fez isso de um jeito único. Ela está em sintonia com os seus pontos fortes e as suas vulnerabilidades, que apresentou ao mundo, usando-os como armadura ao navegar pela impiedosa rota da fama. Ainda mais reviravoltas, desafios e dilemas vão cruzar seu caminho enquanto segue gravando e fazendo turnês, mas, por ora, ninguém pode competir com Taylor Swift. Ela é simplesmente soberana.

Bibliografia

BLAIR, Linda. *Birth Order: What Your Position in the Family* Really *Tells You About Your Character.* Londres: Piatkus, 2013.

CAMERON, Julia. *O caminho do artista: Desperte seu potencial criativo e rompa seus bloqueios.* Rio de Janeiro: Sextante, 2017.

GOVAN, Chloe. *Taylor Swift: The Rise of the Nashville Teen.* Londres: Omnibus Press, 2012.

JEPSON, Louisa. *Taylor Swift.* Londres: Simon & Schuster, 2013.

NEWKEY-BURDEN, Chas. *Adele: The Biography.* Londres: John Blake, 2011.

SPENCER, Liv. *Taylor Swift: The Platinum Edition.* Toronto: ECW Press, 2013.

Este livro foi composto na tipografia Minion Pro,
em corpo 12/17, e impresso em papel off-white,
no Sistema Cameron da Divisão Gráfica
da Distribuidora Record.

